Die Mitte und das Ganze

Gedanken zum Bauen

Mit Projekten von Herwig und Andrea Ronacher

Die Mitte und das Ganze
Inhaltsverzeichnis

3. Die ökologische Herausforderung — Auftrag der Gegenwart

4. Feinstoffliche Aspekte — das Thema der Zukunft

5. Ausklang

„Das Wahre ist das Ganze. Das Ganze aber ist nur
das durch seine Entwicklung sich vollendende Wesen." [1]
G.W.F. Hegel

Vorwort

Kaum eine andere Tätigkeit zeigt uns so klar und unmittelbar den Zusammenhang von Geist und Materie wie das Bauen. Wie jedes Erschaffen zuvor eines Gedankens bedarf, ist auch das Bauen nur möglich, wenn zuerst die Idee geboren und zu Papier gebracht oder auf dem Bildschirm eines Computers fertig konstruiert wird, bevor sie schließlich in vielfacher Vergrößerung in die Realität umgesetzt wird.

Von welchem Geist eine Kultur geleitet wird, zeigt sich daher ganz unmittelbar in ihren Bauten. Auch heute, nahezu 15 Jahre nach Erscheinen des Buches „Architektur und Zeitgeist" [2], würden wir Paul Schmitthenners Forderung nach einem „Bauen des Alltags mit Anstand und Würde" als wichtigstes Gebot der Stunde nennen. Damit will nicht gesagt sein, dass dem Prozess des Planens und Bauens etwas Unbewegliches, Schweres, Experimentierfeindliches anhaften sollte. Natürlich muss das Bauen das geistige Feld widerspiegeln, welches die Basis für das zeitgenössische Empfinden und Denken der Menschen ist. Dazu gehört nicht nur das Ausschöpfen neuer technischer Möglichkeiten, sondern auch das Ergründen möglicher neuer Formen. Deren Auswahl sollte aber generell unter dem Aspekt der Zuträglichkeit für die Menschen und für die gesamte Umwelt geschehen. Die dringend notwendige Geisteshaltung lautet nicht so sehr Selbstbewusstsein als vielmehr — Demut.

Die dringend notwendige Geisteshaltung lautet: Demut.

Architektur ist sichtbarer Ausdruck der seelisch-geistigen Kräfte jener Menschen, die sie schaffen. Dem Architekten fällt daher die Aufgabe zu, Medium für Menschen zu sein, welche sich aufgrund ihrer Lebenssituation nicht selbst Häuser entwerfen und schaffen können, in ihrem Innersten aber Vorstellungen und „Träume" davon haben. Die Eingriffe in das Vorstellungsvermögen anderer sollten daher behutsam erfolgen.

Dieses Eingreifen ist ein tiefes Eindringen in das Bewusstsein anderer Menschen. Es erfordert ein hohes Maß an Empathie. Bei jeder Formgebung sind aber deren Auswirkungen nicht nur auf den Auftraggeber, sondern auch auf die anderen davon betroffenen Menschen abzuwägen. Dort wo Vorstellungen der Menschen von „ihren Räumen" fragwürdig erscheinen, ist es selbstverständliche Pflicht des Architekten aufzuklären, zu helfen und zu führen.

Die Ausbildung zum Architekten vollzieht sich vorwiegend noch auf technischer Ebene.

Die Ausbildung zum Architekten vollzieht sich vorwiegend noch auf technischer Ebene. Aspekte wie Gefühle und Wohlbefinden spielen während des gesamten Architekturstudiums so gut wie keine Rolle. Unser gebautes Umfeld der letzten 100 Jahre ist in hohem Maße Ausdruck dieser Geisteshaltung. Anders im anonymen, traditionellen Bauen, bei welchem Bauwerke stets auch Ausdruck einer geistig-seelischen Kraft sind. In ihnen drückt sich nicht nur die Seele des Individuums, sondern auch die Seele einer Gemeinschaft aus.

Der Grund, warum die Überwindung unseres heutigen, mechanistischen Denkens und Handelns so zögerlich erfolgt, ist wohl darin zu suchen, dass nahezu die gesamte „Architektur-Elite" von dieser Denkweise eingenommen wurde. Es wagten nur Wenige, andere Wege zu gehen, wie beispielsweise der Anthroposoph Rudolf Steiner oder der katalanische Baumeister und Architekt Antoni Gaudí, dessen Bauwerke von Millionen von Menschen bewundert, aber vom Mainstream der Architekturkritik kaum gewürdigt werden.

Aber die Wende, welche viele Bereiche menschlichen Tuns und Handelns erfasst hat, wird schließlich auch die Architektur erreichen. Monotone Klötze, vordachlose Kisten, zersplitterte Kuben entsprechen nicht den Bedürfnissen der meisten Menschen. Diese spüren längst, dass diese Formen kein Äquivalent für ihre Seele sind.

Viele Menschen leiden an diesen Formen, da sie aufgrund ihrer sozialen und finanziellen Situation nicht in der Lage sind, sich ihre nächste gebaute Umwelt auswählen zu können, und sie schaffen es nicht, durch seelisch-geistiges Training trotzdem stark zu bleiben. Auf der anderen Seite können Formen der Harmonie einen wichtigen Beitrag zu mehr Zufriedenheit und Glück bei den Menschen leisten.

Der geistige Umbruch, in dem wir uns befinden, wird auch die Architektur verwandeln. Sie kann einen ganz zentralen und vor allem für alle Menschen sicht- und erlebbaren Beitrag zu einer Wende leisten.

Es gibt kaum Programmatisches, welches sich den dogmatischen Lehren der Moderne entgegenstellt oder diese auch nur in Teilbereichen in Frage stellt. Vergleichbar mit der Entwicklung in der Medizin befinden wir uns in der Architektur erst am Anfang.

Den Worten Hermann Hesses folgend: *„Die höchste Kunst bedarf des Erklärens und aller angewandten Psychologie nicht, sie stellt ihre Gestaltungen hin und vertraut ihrem Zauber, ohne das Nichtverstandenwerden zu fürchten"*, aber auch nach dem Aufruhr in gewissen Kreisen der „Fachwelt" nach dem Erscheinen des Buches „Architektur und Zeitgeist", haben wir uns in den vergangenen 15 Jahren intensiv der Umsetzung unserer Projekte gewidmet, ohne diese weiter zu kommentieren bzw. zu besprechen. Aber die Zeit bleibt nicht stehen, und neben der persönlichen Überzeugung, dass es erforderlich ist, wichtige Themen des Spannungsfeldes von Mensch und Architektur anzusprechen und Dogmen des internationalen Stils dort zu hinterfragen, wo sie gegen Menschen und Umwelt gerichtet sind, haben sich auch neue Themen aufgetan, die unserer Meinung nach einer Darstellung bedürfen.

Rudolf Steiner und Antoni Gaudí, zwei Vorboten der „organischen Architektur"

Formen der Harmonie können einen wichtigen Beitrag zu mehr Zufriedenheit und Glück bei den Menschen leisten.

Es gibt kaum Programmatisches, welches sich den dogmatischen Lehren der Moderne entgegenstellt oder diese auch nur in Teilbereichen in Frage stellt. Vergleichbar mit der Entwicklung in der Medizin befinden wir uns in der Architektur erst am Anfang.

Die Triebfedern für dieses Buch waren vor allem die folgenden:

Erstens ist es uns ein großes Anliegen, vor allem jungen Architekten zu vermitteln, dass es zwischen den Dogmen der gelehrten Architektur und den sogenannten anonymen Alltagsbauten einen breiten Raum für hochwertige Architektur gibt, welchen zu füllen viel Freude bereiten und beruflichen Erfolg bedeuten kann.

Zweitens wollten wir aufzeigen, dass es für unsere Landschafts-, Stadt- und Dorfbilder meist verträglicher ist, aus den archaischen Formen zu schöpfen, anstatt sich den gerade aktuellen Modetrends zu unterwerfen, was letztlich zu derart heterogenen, unruhigen und für die Allgemeinheit unbefriedigenden Orts- und Landschaftsbildern geführt hat. Dies hat nicht nur dem Berufsstand des Architekten ein schlechtes Image beschert, sondern sorgt auch dafür, dass die Architekturschaffenden selbst zunehmend schlechtere Voraussetzungen für neue Gestaltungen vorfinden.

Drittens möchten wir mit einem breiten Spektrum an gebauten Beispielen demonstrieren, dass der angebliche Widerspruch von Bautradition und regionaltypischer Architektur einerseits und zeitgemäßen sowie zukunftsorientieren Themen andererseits — wie Energieeffizienz und Solararchitektur sowie die Erfüllung der Sehnsucht nach viel Licht und Transparenz — ein künstlich konstruierter ist.

Die Auflösung dieser vermeintlichen Diskrepanz lässt sich aber nicht alleine durch Worte vermitteln, sondern bedarf der beispielhaften Darstellung.

Der Titel dieser Publikation „Die Mitte und das Ganze" steht für das „Sowohl — als auch", für die Ganzheitlichkeit der Sichtweise, welche in unserer Zeit so dringend gebraucht wird.

Dieses Buch ist in vier Kapitel gegliedert:

Im *ersten Kapitel* wird die Bedeutung der Mitte sowohl im Allgemeinen als auch im Speziellen dargestellt; Letzteres anhand von Beispielen des Bauens um eine stärkende Mitte, mit welcher eine Atmosphäre der Ordnung, der Besinnung, der Ruhe und Ausgewogenheit und anderer positiver Gefühle verbunden ist. — Als bauliche Beispiele werden innerhalb dieser grundsätzlichen Abhandlung über die Mitte Wohnhäuser dargestellt.

Das *zweite Kapitel* beschreibt den Wert dessen, was bereits ist, und darf als Plädoyer für die konstruktive Auseinandersetzung mit den natürlichen Gegebenheiten und den traditionellen Bauprinzipien verstanden werden. Die wichtigsten Abschnitte dieses Kapitels wurden dem Buch „Architektur und Zeitgeist" entnommen, dessen Gedanken aber weiter vertieft und aktualisiert. — Konkret werden Althaussanierungen bzw. Neustrukturierungen historischer Bausubstanz vorgestellt.

Die Mitte und das Ganze

Bauen im Kontext von
Natur und Tradition

Auch das Thema des *dritten Kapitels*, die Auseinandersetzung mit der ökologischen Herausforderung, stellt eine Weiterführung der Gedanken unseres ersten Buches dar, wurde aber vor allem um aktuelle Aspekte rund um die Solararchitektur und die Nachhaltigkeit im Bauen erweitert. — Zentrales Thema ist wiederum das Bauen mit Holz, welches hier durch öffentliche Bauten repräsentiert wird.

Das *vierte Kapitel* dokumentiert eine neue Dimension aufgrund einer unaufhaltsamen Wandlung des Bewusstseins auf unserem Planeten. Vereinfacht lässt sich diese Wandlung mit der Botschaft ausdrücken, dass Geist über Materie steht. Diese Erkenntnis ist drauf und dran, die Medizin, die Psychologie und viele weitere Wissenschaftsbereiche, ja die gesamte Gesellschaft zu revolutionieren. Sie sollte auch Auswirkungen auf die Architektur haben. Der Baukörpertypus des Wellnesshotels ist jener, dessen bauliche Umsetzung der Einheit Körper – Geist – Seele in höchstem Maß gerecht werden sollte. Daher ist dieser Bauaufgabe das Thema der Feinstofflichkeit bzw. des Spannungsfelds von Geist und Materie zugeordnet.

Die ökologische Herausforderung —
Auftrag der Gegenwart

Es war für uns nicht immer leicht, mit dieser Haltung und der daraus abgeleiteten Architektur außerhalb der Akzeptanz durch Lehre und Medienberichterstattung stehen zu müssen. Daher bin ich dankbar dafür, dass ich immer wieder die Kraft fand, gegen den Strom zu schwimmen, wenn mir dies als richtig und notwendig erschien.

Feinstoffliche Aspekte —
das Thema der Zukunft

Mein Dank gilt meinen Eltern, die mich sowohl den Glauben an das Gute als auch Wachsamkeit gelehrt haben. Des Weiteren möchte ich allen Mitarbeitern danken, ohne welche die Planung und Realisierung einer so großen Zahl von Projekten nicht möglich gewesen wäre. Und natürlich danke ich allen Bauherren, die uns in so hohem Maße, und so viele von ihnen immer wieder, das Vertrauen schenkten und uns gestatteten, für sie die Grundlagen ihres Lebens und Wohnens zu schaffen. Dadurch wurde uns erst ermöglicht, ein Maß an Schaffensdurst zu stillen, wie es nur wenigen Menschen gegönnt ist.

Besonderer Dank gebührt Kurt Höretzeder, der mir über seine hohe Kompetenz als grafischer Gestalter hinausgehend, ein besonnener und wertvoller Partner bei inhaltlichen Fragen war.

Herrn Gerald Klonner, dem Verlagsleiter des Verlags Anton Pustet, danke ich für das große Interesse an den Inhalten des Buches und für die Bereitschaft, dieses in das Verlagsprogramm aufzunehmen.

Schließlich aber danke ich meiner Frau Andrea von ganzem Herzen, die mir seit zweieinhalb Jahrzehnten mit ihrer fachlichen und menschlichen Kompetenz, Weisheit und Beharrlichkeit ein ruhender Pol und damit ein wichtiges Regulativ in meinem privaten und beruflichen Leben ist.

Der Titel dieser Publikation „Die Mitte und das Ganze" steht für das „Sowohl — als auch", für die Ganzheitlichkeit der Sichtweise, welche in unserer Zeit so dringend gebraucht wird.

„Es treten aber im Gebiete der Kunst seit rund 1760 Erscheinungen auf, die es nie und nirgendwo in der Weltgeschichte gegeben hat. Mit so großer symbolischer Kraft sprechen sie von Erschütterungen im Inneren der geistigen Welt, daß es einmal unverständlich erscheinen wird, daß die Betrachtung der Kunst nicht sogleich alles verraten hat." [3]
Hans Sedlmayr

1. Die Mitte und das Ganze

Vom Verlust der Mitte

Die geistige Bedeutung der Mitte wurde bereits in uralten philosophischen und religiösen Lehren, wie etwa im Tao, betont: *„Leben aus der Mitte bedeutet in erster Linie, daß Sie in keiner Richtung gebunden sind. Dann können Sie von Ihrem Zentrum aus ungehindert in jeder Richtung direkt und ohne Verzug in Aktion treten, sich beteiligen und wieder zu Ihrem Kern zurückziehen. [...] Ein Mensch, der aus seiner Mitte lebt, kann von hoher Spiritualität erfüllt sein und sich dennoch froh und heiter jeder Art sinnlicher Genüsse hingeben. Wenn er damit fertig ist, kehrt er zur Mitte zurück, ohne daß eine Spur des Geschehens seinen Geist gefangen hält. Dies ist der Ausdruck wirklicher Freiheit."* [4]

Die Mitte als Synonym für Ausgewogenheit und Ruhe

Demnach ist der beste Standort für den Überblick die Mitte. Es gilt das Ganze zu sehen und die Mitte zu stärken. Die Mitte ist als Synonym für Ausgewogenheit und Ruhe zu verstehen. Auf der anderen Seite ist leicht festzustellen, dass wir heute der Gefahr ausgesetzt sind, wegen einer noch nie da gewesenen Informationsflut den *„Blick aufs Ganze"* [5] zu verlieren, und damit den *„Verlust der Mitte"* [6] beklagen müssen.

In der Architektur äußert sich diese Problematik unter anderem in der Diskrepanz zwischen der dringend notwendigen Ökologisierung des Bauens und der Realität des ständig steigenden Energieverbrauchs. Die heutige Architektur wird trotz vielfältiger Interpretation doch schwer verstanden, und ihre Intentionen sind für viele nicht nachvollziehbar.

Der Disput in Form von These und Antithese kann zur Synthese, also zur geistigen Mitte führen. Dies ist ein aufbauender, ein konstruktiver Prozess. Das Auseinandertreiben der Standpunkte bis hin zur Unversöhnlichkeit ist hingegen ein Phänomen, welches das Potenzial der Zerstörung in sich trägt.

Ein Dialog ist dann befruchtend und aufbauend, wenn Gesprächspartner grundsätzlich mit der Bereitschaft des Verstehenwollens der Standpunkte des jeweils

M.C. Escher
„Entwicklung", 1937

anderen miteinander reden. Hingegen sind wir dort gefährdet, wo wir nicht mehr verstehen wollen oder können. Nicht verstehen, nicht überblicken, bedeutet Unsicherheit und führt zu Angst.

Dieser Aufruf zum Blick aufs Ganze und zur Stärkung der Mitte gilt für sämtliche Bereiche menschlicher Handlungen, wird aber hier im Speziellen bei Architekturschaffenden eingefordert. Die Entwicklung der letzten Jahrzehnte zeigt uns leider das Gegenteil: Studenten werden mehr denn je zur Findung neuer, andersartiger Formen getrieben, deren Gestalt weder durch bautechnische Logik noch durch ökonomische und schon gar nicht durch ökologische Prinzipien begründet werden kann. Das daraus resultierende Dilemma betrifft nicht nur die Gesellschaft im Allgemeinen, nicht nur die gebaute Umwelt, sondern vor allem die Architekturstudenten selbst.

Wenn sie aufgrund ihrer Ausbildung begonnen haben, an solche Formen zu glauben, warten auf sie draußen „ungläubige Bauherren", welche sie mit der harten Realität konfrontieren. Diese lautet keineswegs: „Wir wünschen uns ein expressionistisches oder dekonstruktivistisches Haus, quasi eine gebaute Skulptur ohne Anspruch an die Funktion und ohne Limit der Baukosten." Nein, Bauherren erwarten sich vom Architekten die Erfüllung einer langen Wunschliste innerhalb eines fast immer unrealistisch niedrigen Budgets. Das ist die bittere Realität. Und es wäre die Aufgabe unserer Universitäten, ihre Studenten auf diese Situation vorzubereiten. Der ehemalige Kammeramtsdirektor der Ingenieurkammer für Steiermark und Kärnten, Herr Dr. Pany, hat diese Problematik sehr pointiert beschrieben: *„Kein Konzern der Welt kann es sich erlauben, gegen die Wünsche des Marktes zu produzieren, nur die Architekten glauben beharrlich, dass dies möglich ist!"* [7]

Diesen Mangel an Realitätssinn können wir auch als den „Verlust der Mitte" charakterisieren, zugleich Titel des bekanntesten Werkes (erstmals erschienen 1948) des umstrittenen, aber zweifelsohne bedeutsamen Kulturphilosophen Hans Sedlmayr (1896–1984).

So unzeitgemäß Hans Sedlmayrs metaphysische Gedanken zum Zeitpunkt seines Wirkens waren, so unzeitgemäß mag es vielen Menschen auch heute noch erscheinen, ihn zu Wort kommen zu lassen. Bei genauerem Hinsehen aber, und vor allem mit Blick auf die prominentesten Weisheitslehrer unserer Zeit, wie etwa Deepak Chopra, welche uns die Erkenntnisse darüber näherzubringen versuchen, was der menschliche Geist (bzw. der Körper-Geist) ist, wird uns die Aktualität solchen Denkens und die Bedeutung seiner Gedanken bewusst. *„Der menschliche Körper-Geist ist Teil eines bewussten, denkenden Intelligenzfeldes. In jeder Sekunde unserer Existenz tauscht sich der örtlich lokalisierte Ausdruck dessen, was wir Körper-Geist nennen, auf der Ebene von Energien und Informationen mit dem örtlich nicht lokalisierten Ausdruck dessen aus, was wir Universum nennen."* [8]

Hans Sedlmayrs Buch beginnt mit einer Bestandsaufnahme der Situation der Künste seit dem 18. Jahrhundert, der Darstellung der Suche nach dem verlorenen Stil mit dem Stilchaos des 19. Jahrhunderts, der verzweifelten Suche nach einem neuen Weg. Er beschreibt die Zerspaltung der Künste, welche plötzlich autonom werden wollen, dabei aber zwangsläufig degenerieren müssen, die Wegnahme des Organischen und Menschlichen aus den Künsten, die Austreibung des Architektonischen aus der Malerei mit der Auflösung der Perspektive, den Angriff auf die

Rudolph Steiner schuf organische Architektur als Gesamtkunstwerk.

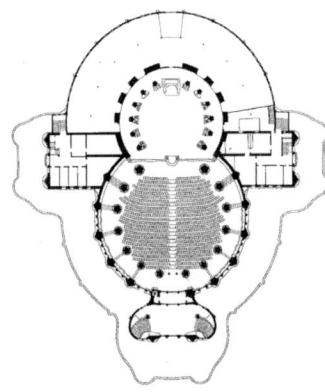

Das erste Goetheanum von Rudolf Steiner wurde 1913 erbaut und zur Gänze aus Holz errichtet.

Hans Sedlmayr

Hans Sedlmayr konstatiert
den Dekonstruktivismus.

Architektur. Was wir heute als Architektur verstehen, ist nach Sedlmayr in vielerlei Hinsicht genau das Gegenteil von dem, was man früher darunter verstand. Die Entfesselung des Chaos mit der Suche nach Neuem um jeden Preis wurde von ihm vorhergesagt.

Es ist, als hätte er bereits vor 60 Jahren den Dekonstruktivismus in der Architektur am Ende des 20. Jahrhunderts beschrieben:

„Es gibt die Sucht nach Neuem um jeden Preis, es gibt das oberflächliche zynische Spiel und den bewussten Bluff, es gibt die kalte Ausnützung dieser Kunst als Mittel, alle Ordnungen aufzulösen, es gibt hundertfach den gewinnsüchtigen Schwindel und den Betrug der Selbstbetrogenen, die schamlose Selbstdarstellung des Gemeinen: das Zerrbild der Apokalypse." [9]

Laut Sedlmayr ist es schließlich der Surrealismus, der letzten Endes alle Masken abwirft, offen und schamlos Gott und den Menschen schmäht, die Toten und die Lebenden, die Schönheit und die Sittlichkeit und letztlich die Kunst als Dummheit bezeichnet.

Im zentralen Kapitel in „Verlust der Mitte" fasst Sedlmayr die wichtigsten Tendenzen bzw. Symptomgruppen zusammen, die für die Zustände der Kunst und Architektur bereits um die Mitte des 20. Jahrhunderts bezeichnend waren. Diese Prinzipien haben nichts von ihrer Aktualität und Bedeutung verloren, sondern treten heute für den außenstehenden Betrachter viel klarer in Erscheinung.

Nachfolgend werden die im Werk Sedlmayrs für die Architektur bedeutenden Aspekte zusammengefasst und kurz beschrieben.

„Die Aussonderung reiner Sphären" (Purismus, Isolation): Damit ist die Trennung der Künste in reine Architektur, reine Zeichnung oder etwa reine Malerei gemeint, aber auch das Verhältnis der Kunst zu anderen Gebieten, die Trennung von Kunst und Wissenschaft sowie von Kunst und Religion. Innerhalb der Architektur des 20. Jahrhunderts ist dieser Purismus zu deren Markenzeichen geworden. Im Gegensatz zum Dialog der Materialien, welcher uns vor allem im anonymen, ländlichen Bauen so ausgewogene und harmonische Bauten geschenkt hat, hält die moderne Architektur „Monologe". Sie liebt es zu klotzen, egal ob mit reinem Stahlbeton, Nurglas oder Holzkuben. Es offenbart sich hier derselbe Geist wie im Umgang mit Natur und Landwirtschaft. So wie die industrialisierte Agrartechnik mit ihren Monokulturen die Funktionsweisen natürlicher Ökosysteme ignoriert, so wird im Bauen die harte Form zeitgenössischer Architektur-Selbstdarstellung durch Materialmonologe zelebriert.

Monokultur in der Landwirtschaft

Diese Tendenz verbindet sich in der derzeitigen Architektur auffallend mit dem zweiten von Sedlmayr genannten Symptom: *„Die Neigung, ins Extreme zu gehen"*. Die Kunst neigt laut Hans Sedlmayr seit der Französischen Revolution dazu, Gegensätze bis zur Unversöhnlichkeit auseinanderzutreiben, was parallel dazu in Weltanschauung und Politik geschah. Beim modernen Bauen strebt die Kunst hin zu höchster Rationalität, bei der modernen Malerei neigt sie zum absolut irrationalen Punkt: Verstand und Gefühl, Vernunft und Triebe, Glauben und Wissen, Herz und

„Die Neigung,
ins Extreme zu gehen"

1. Die Mitte und das Ganze

Kopf, Leib und Geist, Seele und Geist werden auseinandergerissen und zu Widersachern erklärt. Dieses Erschaffen von Feindbildern wurde im 20. Jahrhundert sowohl in der Medizin als auch in der Landwirtschaft zum tragenden Prinzip, um die Produktion von Giftstoffen, welche gegen vermeintliche Feinde der Menschen in Form von Medikamenten einerseits und Schädlingsbekämpfungsmitteln andererseits eingesetzt werden, zu rechtfertigen. Das Auseinanderreißen des Ganzen in Teilaspekte und möglichst viele Wissensbereiche ermöglicht es, den Menschen so sehr zu verwirren, zu verunsichern und zu verängstigen, dass er sich von einer feindlichen, ihm böse gesinnten Natur umgeben sieht. Diesen Weg in der Wissenschaft weiterzugehen, bedeutet in letzter Konsequenz, alle Wissensgebiete so lange zu zerlegen, bis man irgendwann „von Nichts alles weiß".[10]

Die tiefe Problematik, welche den beiden hier beschriebenen Symptomen innewohnt, hat Volkwin Marg in seiner Schrift zur Ausstellung „Konstruktion und Deutung" treffend beschrieben. *„Seit der Antike waren Technik — das griechische ‚techne' — und Kunst — das deutsche ‚können' — begrifflich nahe Verwandte und meinten beide die gleiche ‚Kunstfertigkeit'. Ob römisches Pantheon, gotische Kathedrale, Renaissancekuppel oder Barockbrücke — Technik und Kunst inszenierten baulich stets gemeinsam ihr Gesamtkunstwerk. Die ‚kulturelle Lücke' zwischen traditional fortschreitender Technik und emotional nachfolgender Kunst tat sich erst auf mit der sich beschleunigenden Bewusstseinsspaltung infolge der industriellen Revolution. Seither zeigen Baukunst und Baumeister ein Janusgesicht, einerseits das des Ingenieurs für zu erfindende neue Konstruktionen und andererseits das des Architekten für deutende Inszenierungen in der tradierten Formensprache der Beaux-Art-Architektur."*[11] Der Autor bedauert die Trennung von Kopf und Herz als Einheit, was sich im Bauen als Kluft zwischen Technik und Kunst manifestiert.

Symbolisiert wird laut Volkwin Marg diese plötzliche Trennung ganz deutlich durch die Grafik auf den Euronoten: *„Auf der einen Seite ist als verbindendes Symbol eine Brücke als Ingenieur-Kunstbauwerk abgebildet, auf der Kehrseite ist als Symbol für die kulturelle Gemeinsamkeit Europas dessen Formensprache in der Architektur abgebildet. Interessant — Europa definiert sich kulturell über die Baukunst, aber es versteht sich janusgesichtig: hier die ratio der Technik, da die emotio der Kunstsprache. Aber noch interessanter wird es, wenn wir alle sieben Euroscheine nacheinander durchblättern: 5 = römisch, 10 = romanisch, 20 = gotisch, 50 = Renaissance, 100 = Barock, 200 = 19. Jahrhundert, 500 = 20. Jahrhundert/Gegenwart. Die Ingenieurkunst des Brückenbaus auf der Seite schreitet von Epoche zu Epoche fort und gipfelt in der Gegenwart des 500-Euro-Scheines mit der Eleganz weit spannender Schrägseilbrücken. Die Formensprache der Baukunst entwickelt sich ebenfalls von Epoche zu Epoche, aber plötzlich verschlägt ihr es in der 500-Euro-Gegenwart die tradierte Formensprache und stattdessen ist ein unverständliches Stammeln mit Rastern wahrzunehmen und irgend-*

Das Auseinanderreißen des Ganzen in Teilaspekte und möglichst viele Wissensbereiche ermöglicht es, den Menschen so sehr zu verwirren, zu verunsichern und zu verängstigen, dass er sich von einer feindlichen, ihm böse gesinnten Natur umgeben sieht.

welche nichts sagenden Raster sind aus dem Lot gekippt." [12] Marg fordert für die zeitgemäße Architektur, im Sinne einer humanistischen Tradition, das Wiederfinden der Einheit von Kopf und Herz: *„Der vernünftige Kopf — rational manifestiert in der Logik der Konstruktion — und das empfindsame Herz — emotionell kommunizierend in Generationen alter Formensprache — gehören als Ying-Yang der Baukunst zusammen. Ich sehe keine Probleme, die Kluft zwischen Technik und Kunst kulturell zu überbrücken; und darum ärgere ich mich über das dreiste Gehabe der scheinklugen Gurus, die mit dem Chaos kokettieren und die traditionell gewachsene tektonische Sprache in Fraktale zertrümmern oder mittels verquaster Philosophie zu Blobs aufblasen."* [13]

Als drittes Symptom für den Verlust der Mitte nennt Hans Sedlmayr *„Die Vorliebe für das Anorganische"*. Symptom dafür ist das Auftreten neuer, künstlicher Werk- und Baustoffe, welche organisches Material durch anorganisches ersetzen. Dieser Tendenz wird wohl zwischenzeitlich durch die Baubiologie und Ökologie entgegengewirkt. Deren Bedeutung bleibt aber leider nach wie vor auf kleinere Objekte, vornehmlich das Wohnhaus, beschränkt.

„Der Zug zum Unteren, zum Dunklen und Dumpfen": Symptomatisch für dieses Prinzip ist etwa die Kultivierung des asymmetrischen Pultdaches, welches früher nur untergeordneten, barackenartigen Baukörpern verliehen wurde; nun aber, nach dessen Entdeckung durch die „Architekturelite", ist es in den heiß umkämpften Markt der Fertighausindustrie getreten, einen Markt, dem jedes Stilmittel recht ist, um wirtschaftlich zu überleben. Diese Dachform des „Untergeordneten" hat seither die Baukultur des Alltags in Stadt-, Dorf- und Wohnsiedlung auf ein deprimierendes Niveau gedrückt.

Aber auch bewusste Hässlichkeiten als intellektuelles Spiel, wie leicht schräge Dachkanten oder „Gestaltung durch bewusste Nichtgestaltung" und viele Formen des neuen Dekonstruktivismus, können wir heute diesem System zuordnen.

Viele Jahrzehnte nach der Auflistung dieser Symptome ist überdeutlich geworden, dass sie in die Künste gelangt sind. Für den im System Gefangenen können diese aber nicht mehr als Problem gewertet werden, sondern dienen paradoxerweise geradezu als Qualitätskriterien zeitgenössischen Kunstschaffens und wurden zum willkommenen Mittel der Kritik durch die zeitgenössische Kunst. Dabei gilt offensichtlich das Motto: Je fragwürdiger die Kunst, desto notwendiger sind diese Kriterien für ihre Existenzberechtigung — seien sie auch noch so sehr gegen den Menschen gerichtet.

Die Zusammenschau dieser Symptomgruppen ergibt die Diagnose: Die Kunst leidet an einem *„Verlust der Mitte. Die Kunst strebt fort von der Mitte."*

Hans Sedlmayr begnügt sich aber keineswegs damit, Symptome aufzuzeigen und Kritik an der Situation der Künste zu üben, vielmehr hält er ein Plädoyer für die Heilung „dieser Situation" und sieht die Lösung nicht in einer Rückkehr zu alten Zuständen: *„Diese Irrtümer können sich meistens nur dadurch behaupten, daß sie nicht mit der vollen Wahrheit kämpfen — die sie nicht kennen oder nicht kennen wollen — sondern mit Verdunkelungen, Zerrbildern oder Bruchstücken der Wahrheit."*

1. Die Mitte und das Ganze

So treiben Irrtum und Gegenirrtum sich immer weiter von der Mitte weg. Alles in allem kann man heute nur ahnen, daß auf allen diesen Irrwegen doch auch um ein tieferes und umfassenderes Bild des Menschen und Gottes im Menschen [...] gerungen wurde, und daß dieses abgedrängte Bedürfnis zu tiefen und furchtbaren Erfahrungen des Toten, des Chaotischen und Dämonischen geführt hat, die zu einer großen Auferstehung, Ordnung und Reinigung im Gesamtzustand des Menschen und seiner Welt auffordern. Deshalb ist es aber auch unmöglich, die Heilung durch eine bloße Rückkehr zu den alten Zuständen zu suchen.“ [14]

Betrachten wir die Entwicklung der Architektur der letzten Jahrzehnte, so stellt eines der größten Hindernisse auf dem Weg zu einer „Architektur der Mitte“ bzw. zu einem „Bauen des Alltags mit Anstand und Würde“ im Sinne Paul Schmitthenners die beharrliche Weigerung des Großteils der Lehrenden und der Architekturkritiker dar, dem „kultivierten Normalen auf hohem Niveau“ Wertschätzung entgegenzubringen. Dadurch entsteht eine Verzerrung der Realität. Die Baukunst findet auch nach Jahren des Experimentierens ihre Mitte nicht.

Die fehlende Wertschätzung der Kultivierung des „Normalen" auf hohem Niveau

Nicht gelten lässt Sedlmayr die öfter gehörte Verteidigung der modernen Kunst, dass sie, indem sie das Chaos ihrer Zeit ausdrücke, ja nur „wahrhaft“ sei. Denn diese Feststellung könne nur zur Rechtfertigung benutzt werden, wenn man die falsche These vertrete, dass Kunst wesentlich Ausdruck der Zeit sein solle oder sein müsse. *„Und diese These ist selbst nur Symptom eines Denkens, das in der Zeitlichkeit aufgeht. Die Kunst ist ‚Ausdruck der Zeit‘ nur nebenbei und wesentlich außerzeitlich: Epiphanie des Zeitfreien, Ewigen in der Brechung der Zeit. Die Leugnung dieses Ewigen ist essentiell auch Leugnung der Kunst. Auch ist nur ‚das mittlere Talent immer in der Zeit befangen und muß sich aus denjenigen Elementen nähren, die in ihr liegen‘ (Goethe). Die Leistung des wahren Künstlers kommt nicht aus der Zeit, sie sprengt das Gefängnis der Zeit, ja diese ihre Leistung ist geradezu die Definition des Schöpferischen.“* [15]

Für Sedlmayr steht die Kunst daher nicht außerhalb der geltenden Gesetze und der für die Menschheit vorgegebenen Aufgaben: *„‚Die größte sittliche Aufgabe‘ — im individuellen wie im kollektiven Leben — ‚besteht im Aufbau des Lebens jenseits der Perspektive der Zeit, der Sorge um die Zukunft‘, rein im Hinblick auf das ‚Ewige im Menschen‘, auf seinen ‚Ursprung‘, nicht im zeitlichen, sondern im zeitfreien Sinn.“* [16]

Der Autor bringt damit zum Ausdruck, dass Kunst und Architektur selbst nur Symptom für einen gestörten Gesamtzustand des Menschen sind, und er schlägt vor, zu prüfen, ob nicht in anderen Gebieten des menschlichen Schaffens vielleicht früher und deutlicher als in der Kunst der Erkrankungsprozess rückläufig geworden sei. Am Beginn des 21. Jahrhunderts können wir tatsächlich feststellen, dass in anderen Gebieten ein Umdenkprozess — zumindest bei einer Minorität von Menschen — in Gang gesetzt wurde. Sedlmayr hoffte, dass die Erde, von welcher der Mensch lebt, diesen zwingen werde, einzusehen, dass gewisse Formen seines Denkens und Handelns zerstörerisch sind und zur Verwüstung im buchstäblichen Sinn führen. Er hoffte, dass das anorganische, mechanische Denken durch die Erde selbst widerlegt wird und dass in der Kultur der Erde Bewegungen auftreten werden, die die natürlichen Verhältnisse mühsam wiederherstellen, und damit auch die Basis der höheren Kultur.

Umdenkprozess am Beginn des 21. Jahrhunderts

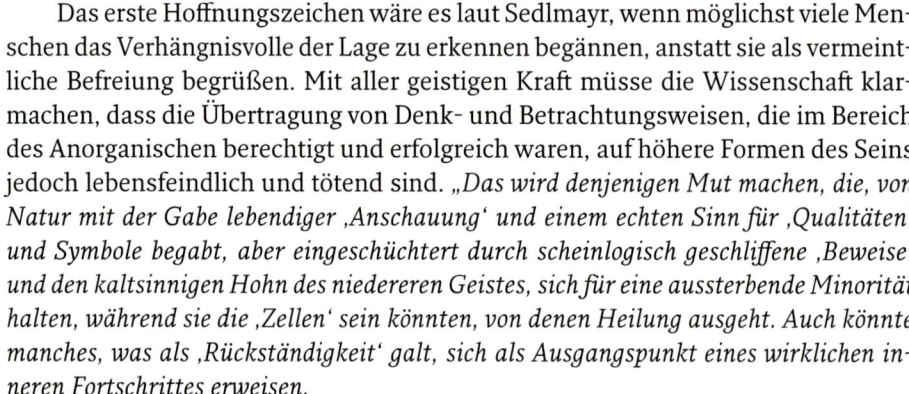

Der Traum vom autonomen Menschen war verhängnisvoll.

Das erste Hoffnungszeichen wäre es laut Sedlmayr, wenn möglichst viele Menschen das Verhängnisvolle der Lage zu erkennen begännen, anstatt sie als vermeintliche Befreiung begrüßen. Mit aller geistigen Kraft müsse die Wissenschaft klarmachen, dass die Übertragung von Denk- und Betrachtungsweisen, die im Bereich des Anorganischen berechtigt und erfolgreich waren, auf höhere Formen des Seins jedoch lebensfeindlich und tötend sind. „*Das wird denjenigen Mut machen, die, von Natur mit der Gabe lebendiger ‚Anschauung‘ und einem echten Sinn für ‚Qualitäten‘ und Symbole begabt, aber eingeschüchtert durch scheinlogisch geschliffene ‚Beweise‘ und den kaltsinnigen Hohn des niederen Geistes, sich für eine aussterbende Minorität halten, während sie die ‚Zellen‘ sein könnten, von denen Heilung ausgeht. Auch könnte manches, was als ‚Rückständigkeit‘ galt, sich als Ausgangspunkt eines wirklichen inneren Fortschrittes erweisen.*

Wir glauben nicht, durch Erkenntnis Heilung ‚machen‘ zu können, aber wir glauben, durch verbesserte und vertiefte Erkenntnis, heilende, wiederherstellende Kräfte entbinden und verstärken zu können." Zentraler Punkt ist dabei, „*daß erkannt wird, daß der Traum vom autonomen Menschen verhängnisvoll und zerstörerisch war, was die Betrachtung seiner Folgen in Kunst und Natur am sinnfälligsten beweist.*"[17]

Diese Notwendigkeit des Eingebundenseins des menschlichen Geistes in die kosmische Intelligenz beschreibt ein halbes Jahrhundert später Deepak Chopra im Hinblick auf die Zufriedenheit und das Glück der Menschen folgendermaßen: „*Alle diese Rhythmen zusammen gestalten die Symphonie des Universums, und der Körper-Geist ist laufend darum bemüht, seine Rhythmen auf die Rhythmen des Universums abzustimmen. Den Körper-Geist vom Rest des Kosmos abzutrennen heißt, die Dinge völlig anders wahrzunehmen, als sie wirklich sind. Der Körper-Geist ist ein Teil eines größeren Geistes, er ist Teil des Kosmos, und kosmische Rhythmen üben eine tiefgreifende Veränderung in unserer Physiologie aus. Das Universum spielt wirklich so etwas wie eine Symphonie der Sterne. Und wenn unser Körper-Geist in diese Symphonie einstimmt, geschieht alles ganz spontan und mühelos und die Fülle des Universums fließt in fröhlicher Ekstase durch uns hindurch.*"[18]

Am Ende des Buches „Verlust der Mitte" zeigt Hans Sedlmayr den Weg, wie die Heilung erfolgen könnte: Er müsste darin bestehen, „*[...] innerhalb der neuen Zustände das ewige Bild des Menschen festzuhalten, wiederherzustellen. Dieses ewige Bild kann aber nicht vom Menschen selbst erdacht werden. Sonst stünden wir wieder bei dem Gott der Philosophen. Das Menschliche ist nicht festzuhalten ohne den Glauben, daß der Mensch — potentiell — Ebenbild Gottes sei und eingeordnet in eine — wenn auch gestörte — Weltordnung. Da ist der feste Punkt. Der Hebel ist nicht außen anzusetzen, im Allgemeinen, sondern in uns selbst. [...]*

Das Zutrauen ist nicht aufzugeben, daß der einzelne, indem er sich selbst heilt, zur Heilung des Ganzen beitragen kann."[19]

Mit diesen Worten wird die Aktualität Sedlmayrs offenkundig. Denn dies ist wohl die wichtigste Botschaft der sogenannten „Zeitenwende", dass wir bei uns oder besser in uns mit unserem Geist beginnen müssen, die Heilung zu erwirken. Nie ist dieser Auftrag aufweckender, klarer und deutlicher an Suchende und Zweifelnde erteilt worden, am Zustand nicht zu verzweifeln, sondern in der Tiefe eine Chance zu sehen:

Deepak Chopra

1. Die Mitte und das Ganze

„Die Hoffnung liegt dort, wo am tiefsten unter diesen Zuständen gelitten wird. [...] Dazu ist aber zu sagen: daß unter all dem im 19. und 20. Jahrhundert mit am tiefsten die Künstler gelitten haben, gerade diejenigen, deren Auftrag es war, in furchtbaren Visionen den Sturz des Menschen in seiner Welt sichtbar zu machen. [...] Und am meisten leidet unter diesen Umständen das Abendland. Daher ist hier die geistige Hoffnung (mag es ihm äußerlich noch so schlecht gehen).“ [20]

Hans Sedlmayr ist schließlich der Ansicht, dass der herbeigesehnte Aufbruch am spätesten im Bereich der Kunst einsetzen wird. Betrachtet man die umfassende gegenwärtige kritische Literatur zu medizinischen, wissenschaftlichen, gesellschaftspolitischen oder religiösen Themen, so ist genau das eingetreten, was er vorausgesehen hat:

„Was aber die Kunst betrifft, so wird es zunächst vielleicht noch nicht möglich sein, vielleicht noch lange nicht, etwas in die leere Mitte zu setzen. Dann aber muß wenigstens das Bewußtsein davon lebendig bleiben, daß in der verlorenen Mitte der leergelassene Thron für den vollkommenen Menschen, den Gottmenschen, steht. Diejenigen, denen dieses Bewußtsein gegeben ist und die es bewahren, werden die ‚Neue Zeit‘ sehen, auch wenn sie sie noch nicht betreten dürfen.“ [21]

Diese Ausführungen können als Auftrag für unsere Zeit angesehen werden, um die Erinnerung an die große Kunst am Leben zu erhalten und die Größe neuer Kunst zu erahnen.

Menschen, die sich anderen Gebieten des neuen Denkens — etwa der Wiederentdeckung des Geistigen Heilens — geöffnet haben, können sich wohl vorstellen, wovon Sedlmayr spricht. Zumindest ihnen sollte es möglich sein, auch für die Kunst und Architektur vollkommen neue Ansätze zu erwarten.

Wie wir bereits weiter vorne festgestellt haben, ist sowohl für die alten als auch für die neuen Weisheitslehrer solches Wissen grundlegend und selbstverständlich. Die Erkenntnis, dass unser eigenes Glück und Unglück immer in Zusammenhang mit dem Ganzen steht und der ruhende Pol der Mitte für dieses Verständnis von großer Bedeutung ist, finden wir auf unterschiedlichste Weise ausgedrückt. Wie etwa im Buch „Krankheit als Weg“: *„Deshalb müssen wir lernen, in allem uns selbst zu erkennen und dann Gleichmut üben. Gleichmut meint, die Mitte der Polaritäten aufzusuchen und von hier aus das Pulsieren der Pole zu betrachten. Der Gleichmut ist die einzige Haltung, die es erlaubt, die Erscheinungsformen anzuschauen, ohne sie zu bewerten.“* [22]

Denkt man an die globale politische Situation unserer Zeit und an ihre Brisanz, so wird man verstehen, warum Kunst und Architektur vom neuen Denken noch kaum erfasst sind. Aber auch für sie gilt, was Thorwald Dethlefsen und Ruediger Dahlke über Krankheit und Heilung sagen: *„Die Gegensätze einen sich nicht von selbst — wir müssen sie handelnd erleben, um sie überhaupt erst einmal zu unserem Besitz zu machen. Haben wir beide Pole integriert, dann erst ist es möglich, die Mitte zu finden und von hier aus das Werk der Gegensatzvereinigung zu beginnen.“* [23]

In vielen Wissens- und Schaffensbereichen sind also Menschen auf dem Weg zur „strahlenden Mitte“. Es sollte daher nur eine Frage der Zeit sein, bis Künstler und Architekten in einer maßgeblichen Zahl folgen.

Der Aufbruch wird am spätesten im Bereich der Kunst einsetzen.

Thorwald Dethlefsen

Ruediger Dahlke

„Es gibt einen Weg, die Frage nach dem wahren Nutzen, dem wahren
Interesse zu beantworten; es ist der Weg der Moral, der Ethik. Sein Leitstern
ist die Aufhebung des egoistischen Nutzenbegriffs. In Wahrheit nützt mir nicht,
was mir allein nützt, sondern was den Mitmenschen, der Gemeinschaft,
der Gesellschaft nützt." [24]
Carl Friedrich von Weizsäcker

Der Blick aufs Ganze

Die Jahrtausendwende wird
laut Werner Heisenberg
eine Gedankenwende sein.

Das autobiografische Hauptwerk Werner Heisenbergs mit dem Titel „Der Teil und
das Ganze" deutet an, „daß die Jahrtausendwende auch eine Gedankenwende sein
wird" [25], in welcher der Wechsel zu einer neuen Sichtweise, von der Einzel- in die
Ganzheitsforschung, vollzogen wird. Diese Prophezeiung gilt zuallererst für die Spiritualität als Überbegriff der Rückverbundenheit des Menschen mit der geistigen Welt.

Über ganzheitliche Medizin, ganzheitliche Umweltpolitik, ganzheitliche Wirt-
schaftslehre oder ganzheitliche Geistes- und Religionsphilosophie sind bereits Werke
verfasst worden. Therapeuten, Ärzte, Psychologen, Philosophen und Wissenschaftler bringen unser mechanistisch bzw. materialistisch determiniertes Weltbild ins
Wanken.

Die Gedanken von Thorwald Dethlefsen, Ruediger Dahlke und Weisheitslehrer
wie Eckhart Tolle haben — so universell und uralt sie auch immer sein mögen —
tatsächlich um die Jahrtausendwende eine so große Zahl an Menschen erreicht,
dass Philosophie, Theologie und Medizin an der Schwelle zu einer sanften Revolution stehen. In westlichen und östlichen Weisheitslehren und Religionen wird

Überwindung des Ichs

schließlich die Überwindung des Ichs, des Egos, als Grundvoraussetzung für die
Erlösung des Egoismus und für die Schaffung eines höheren Ganzen gefordert:
„Je mehr sich ein Ego abgrenzt, umso mehr verliert es das Gespür für das Ganze, von dem
es immer nur ein Teil ist. Es entsteht im Ego die Illusion, etwas ,allein' machen zu können. Doch ,allein' heißt wörtlich ,All-eins' und meint ,Einssein mit allem' und gerade
nicht höchste Abtrennung vom übrigen. Es gibt in Wirklichkeit kein echtes Gesondertsein
vom Rest des Universums. Lediglich unser Ich kann es sich einbilden. In dem Maße, wie
das Ich sich abkapselt, verliert der Mensch die ,religio', die Rückverbindung zu seinem
Urgrund des Seins." [26]

„Kein Muster ist eine
abgetrennte Einheit."
Christopher Alexander

Mit Christopher Alexander gibt es schließlich auch für die Architektur Erkenntnisse und Aussagen, die die Notwendigkeit eines Blickes auf das Ganze zum Ausdruck bringen: „Kein Muster ist eine abgetrennte Einheit. Jedes Muster kann in der
Welt nur so weit Bestand haben, als es von anderen Mustern gestützt wird: von den
größeren Mustern, in die es eingebettet ist, von den Mustern gleichen Maßstabs, die es
umgeben, und von den kleineren Mustern, die in ihm eingebettet sind.

Es ist dies eine grundlegende Auffassung von der Welt. Sie besagt, daß etwas zu
bauen nicht bedeuten kann, bloß dieses abgetrennte Ding zu bauen; vielmehr muss auch
die Welt rund um dieses Ding und innerhalb dieses Dings instand gesetzt werden, sodaß
die größere Welt an dieser einen Stelle zusammenhängender und mehr ein Ganzes wird
und das Ding, das man macht, während seines Entstehens seinen Platz im Gewebe der
Natur einnimmt." [27]

Mit Meinhard von Gerkan und Volkwin Marg fühlen sich zwei äußerst promi-
nente und erfolgreiche Architekten einer Architekturhaltung verpflichtet, welche
das Bauen als Dialog versteht, „einem Dialog mit den Bedingungen — den sozialen,

1. Die Mitte und das Ganze

den funktionalen, den ökonomischen, den technischen, den rechtlichen und denen der Verantwortung gegenüber unserem menschlich gestalteten Lebensraum als Ganzem. Für uns ist die Stadt wichtiger als das einzelne Haus. Wir verstehen unseren Lebensraum als ein lebendiges Mosaik. Für uns ist das gesellschaftlich Gemeinsame wichtiger als das Individuelle.“ [28]

Tatsächlich besteht ja mit jeder neuen Bauaufgabe die Chance, die Gesamtsituation eines Ortes zu verbessern. Es kann ein Dorf nicht zu alt, eine Siedlung nicht zu gewöhnlich, ein Stadtteil nicht zu hässlich sein, als dass es nicht möglich wäre, auch dort mit dem Bauwerk auf die Umgebung zu reagieren und den Ort als gesamten gestalterisch aufzuwerten. Erst recht sollte dies für schöne, gewachsene Dörfer und Städte gelten. Dabei sollten zunächst die am Ort herrschenden Formen, Materialien und Proportionen studiert und heutige, zeitgemäße Antworten gefunden werden.

Traditionelle Architektur ist das Ergebnis von Bauaufgabe, Material, Klima, Menschen und Technik.

Diese These wird wahrscheinlich von sehr vielen Menschen mitgetragen, entspricht aber keineswegs der Praxis im heutigen Bauen. Zu stark sind die Berührungsängste der Moderne gegenüber traditionellen Bauformen.

Leider werden in der Architekturkritik der letzten Jahrzehnte der Einsatz und die Weiterentwicklung traditionsbezogener und regionaltypischer Bauformen immer wieder mit Konservativismus gleichgesetzt.

„Bekanntlich hat ja der Konservativismus zwei Facetten: die bloße Reproduktion des Kulturerbes und die unkritische Hinnahme der heutigen kommerziellen Banalitäten“ [29], mit dieser Aussage wird einerseits den heutigen Planern die Fähigkeit abgesprochen, das kulturelle Erbe weiterentwickeln zu können, andererseits muss dem entgegengehalten werden, dass *„kommerzielle Banalitäten“* keineswegs auf traditionelle Bauformen beschränkt bleiben, sondern dass auch die modernen Strömungen jeweils über kurz oder lang kommerzialisiert werden. Neue Tendenzen und Formensprachen werden nach ihrer Erfindung und Entwicklung zunächst nur durch einzelne Architekten kultiviert, innerhalb weniger Jahre gelangen sie jedoch, wenn auch in etwas primitiverer Form, in das Repertoire der „Kommerzialisten“.

Natürlich wird es vielen Architekten mit ausgeprägtem Gefühl für Ästhetik schwerfallen, das täglich vorgefundene Umfeld von Baulichkeiten als richtigen Ansatzpunkt für das eigene Bauschaffen zu verstehen. Aber sind es nicht die vielen neuen Errungenschaften des Bauens des 20. Jahrhunderts selbst, welche uns vor dieses Dilemma stellen? Sind es nicht die zahllosen Formalismen, welche bei so manchen Zeitgenossen ein Gefühl des Unbehagens auslösen und sie in eine neuerliche radikale Abkehr von gewohnten Formen stürzen?

Beim Bauen in vorhandener Umgebung kann man grundsätzlich zwei mögliche Fragestellungen unterscheiden, die die Einstellung zu dieser Aufgabe widerspiegeln: Sehe ich mich selbst und meine Architektur als Teil einer größeren Gesamtheit? Oder stelle ich mich und meine Architektur gegen das Ganze, verneine ich das Übrige? Bedenkt man dabei, dass die Einstellung zum „Übrigen“ ja nicht eine theoretisch-philosophische Angelegenheit ist, sondern dass durch die Realität des Bauens Empfindungen bei anderen Menschen ausgelöst werden, ist klar, dass es letztlich bei dieser Frage in hohem Maße um Egoismus oder Gemeinschaftssinn geht.

Heute wird von vielen Menschen die Möglichkeit eines allgemeinen ästhetischen Konsenses von vornherein ausgeschlossen.

Sehe ich mich selbst und meine Architektur als Teil einer größeren Gesamtheit?

Es sei hier die Vermutung ausgesprochen, dass es vielen Menschen, die Formen erschaffen, auf das Erreichen eines solchen Konsenses in ästhetischen Fragen gar nicht ankommt. Leider ist der Begriff des „Sich-Anpassens" allzu inflationär gebraucht worden, sodass er kaum mehr dazu geeignet ist, in diesem Zusammenhang verwendet zu werden. Sein Gebrauch führt unweigerlich zu Missverständnissen, da ihn die einen noch im positiven, die anderen längst im negativen Sinne verwenden. Vielleicht kann das Gemeinte besser mit „einordnen" bezeichnet werden. Die richtige Form des Einordnens kann im einen Fall ein Sich-Unterordnen bedeuten, im anderen ein Sich-Überordnen, je nach Wertigkeit des neu zu planenden Objektes.

Ordnungsprinzipien

Grundsätzlich müssen wir Menschen jedenfalls zur Kenntnis nehmen, dass wir, wohin wir auch schauen, Ordnungsprinzipien wahrnehmen können, und dass es vermessen ist, unsere eigenen Ideen losgelöst von diesen zu verwirklichen. Dies gilt keineswegs nur für den Umgang mit bestehender Bausubstanz bzw. für deren Erweiterung, sondern für jegliches Umfeld, welches vorgefunden wird.

Kein Architekt sollte es anstreben, sich den Strömungen der Zeit zu entziehen. Im Gegenteil, die Auseinandersetzung mit zeitgenössischen Denk- und Gestaltungsansätzen ist notwendig und logisch. Sie bedingt das kritische Hinterfragen von traditionellen Bauformen und ermöglicht die kontinuierliche Weiterentwicklung des Bauens. Damit der Architekt aber weiß, was er tut, wenn er ein Haus entwirft, wäre vor einer Übernahme zeitgemäßer Formen das Studium und das Verstehen traditioneller und ortsgebundener Bauformen eine wichtige Voraussetzung. Im Kapitel zwei wird dieser Themenkreis ausführlicher behandelt.

Das Gemeinsame verkennen

Der Mangel an der Fähigkeit, ganzheitlich zu denken, hat dazu geführt, die Kraft des Gemeinsamen zu verkennen, nicht zu begreifen, dass es eine höhere Ebene der architektonischen Qualität gibt, die mehr bedeutet als die Verwirklichung von „Einzelheiten".

Was die Stellung des „Ichs" zum Übrigen, zum Gesamten betrifft, so gleichen Künstler und Architekten am ehesten Spitzensportlern, denen im Verlauf ihres Lebens immer wieder vermittelt wurde, dass sie gegen andere zu kämpfen haben. Dabei täten sie besser daran, dem Rat von Thorwald Dethlefsen und Ruediger Dahlke zu folgen: *„Das große Werk bedeutet immer Opfer des Ichs, immer Tod des Egos. [...] Erst wenn wir lernen, langsam und schrittweise unsere Ich-Starre und unsere Abgrenzung in Frage zu stellen und uns zu öffnen, beginnen wir, uns als Teil des Ganzen zu erleben und damit auch Verantwortung für das Ganze zu übernehmen. Dann begreifen wir auch, daß das Wohl des Ganzen und unser Wohl das gleiche sind, weil wir als Teil gleichzeitig auch eins sind mit allem."* [30]

An der Schwelle zum neuen Jahrtausend betritt mit Eckhart Tolle ein Weisheitslehrer die Bühne der Menschheit, der mit seinen Büchern „Jetzt!" und „Eine neue Erde" die Botschaft der Überwindung des Egos mit einer solchen Überzeugungskraft verkündet, dass Heisenbergs Postulat von der „Gedankenwende zur Jahrtausendwende" als nahezu erfüllt angesehen werden kann.

Kunst und Architektur können unseren Planeten in seiner Gesamtheit besser, schöner und heiler machen, wenn diese Grundsätze von einer kritischen Masse von Formschaffenden erkannt werden.

Eckhart Tolle als Botschafter
für die Überwindung des Egos

> „Architektur hat viele Aufgaben zu erfüllen.
> Ihre vornehmste ist es, Formen der Harmonie zu schaffen,
> die den Menschen eine Erhöhung des Bildes der Natur bieten."
> **Herwig und Andrea Ronacher**

Fünf Aspekte
für ganzheitliches Bauen

Um die Mitte in der Architektur wiederzufinden, wird in diesem Kapitel der Versuch unternommen, die Gesamtheit der Aspekte, welche gutes Bauen ermöglichen, in eine überschaubare, einfache Ordnung zu bringen.

Einige dieser Aspekte, wie die neue ökologische und baubiologische Gesinnung, die vor allem in der Wiederentdeckung natürlicher Baustoffe wie Holz und Lehm zum Ausdruck kommt, haben bereits zu einer Trendwende im Bauen geführt. Nachdem es in dieser Hinsicht schon einzelne Vorreiter gab, ist zwischenzeitlich ein Teil der Architekten gewillt — nicht zuletzt aufgrund der Wünsche bzw. Forderungen ihrer Auftraggeber, meist privater Bauherren —, sich den Herausforderungen des Baustoffs Holz zu stellen. Und auch was ökologisches und baubiologisches Denken ganz allgemein betrifft, so nehmen einige der planend Tätigen zu Recht für sich in Anspruch, diese Forderung zu berücksichtigen.

Andere wichtige neue Ansätze, welche der Geisteshaltung des 20. Jahrhunderts noch weit ferner stehen, wie die Geomantie bzw. ihre östlichen Entsprechung, Feng Shui, haben es naturgemäß wesentlich schwerer, von Fachleuten, wie Architekten und Bauingenieuren, akzeptiert zu werden. Diese wurden in den letzten Jahrzehnten mit einem Design vertraut gemacht, welches von Mathematik, Bauphysik, Rastermaß, Funktionalität und Wirtschaftlichkeit bestimmt war. Nun plötzlich feinstoffliche Aspekte, Energieströme oder das Chi, wie es nach Feng Shui genannt wird, als entwurfsrelevante form- und detailbestimmende Elemente zu akzeptieren, fällt dem überwiegenden Teil der Architekten äußerst schwer. Und dies, obwohl in der Heilkunst die Fortschritte durch Homöopathie, Kinesiologie, Licht- bzw. Energiearbeit — Phänomene, die auf derselben feinenergetischen Ebene erklärbar sind — unübersehbar geworden sind.

Schon etwas näher sollten hingegen dem technisch vorgebildeten Architekten die Gesetze der „heiligen Geometrie" und der Bionik stehen, obwohl es sich hierbei um Wissensbereiche handelt, die weder in technischen Lehranstalten und Architekturfakultäten vorkommen noch von geschäftstüchtigen Möbelhausmanagern oder von Tageszeitungsredakteuren entdeckt wurden, wie etwa das zur breiten Mode gewordene Feng Shui. Dem ist aber ganz und gar nicht so. Bionik blieb bislang vornehmlich Flugzeugkonstrukteuren vorbehalten, und die heilige Geometrie den Esoterikern. Dennoch haben beide Gemeinsamkeiten und können der Architektur des neuen Jahrtausends wichtige Impulse liefern.

Betrachtet man das Bauen als ganzheitlichen Schöpfungsprozess, so stellen Ökonomie und Ökologie keine Gegensätze dar. Wenn die Erde durch Verstoß gegen die Grundsätze ökologischen Handelns Schaden erleidet, so geschieht dies letztlich auch dem Einzelnen, unabhängig davon, ob man dies erkennen kann oder ob die Kurzsichtigkeit der Menschen solch ein Erkennen verbietet.

Durchaus aber können technische, funktionale, ökonomische, manchmal sogar ökologische Bedingungen in Widerspruch zu einer ästhetisch einwandfreien Lösung

Geomantie, Feng Shui

„Heilige Geometrie", Bionik

*Ökonomie und Ökologie —
keine Gegensätze*

stehen. Wir sprechen dann in der Architektur von einem Gestaltungskonflikt. Eine technisch, funktionell oder auch wirtschaftlich gute Lösung kann trotz ihrer Vorzüge das Auge kränken. Der Umgang mit diesem Konflikt wurde in verschiedenen Epochen der Baukunst unterschiedlich gehandhabt. In der Regel wurde er ausgetragen. Das heißt, er wurde gelöst. Als ein — vielleicht das prominenteste — Beispiel dient der Triglyphenkonflikt [31] beim klassischen griechischen Tempel. Wie bei fast allen Konfliktlösungen war auch hier eine Lösung nur durch einen Kompromiss zu erzielen.

Es soll nun versucht werden, die zuletzt angeführten Wissensgebiete gemeinsam mit den anderen Aspekten zukunftsorientierten Bauens zu einer übersichtlichen Ordnung zusammenzufügen.

Der Kreis mit fünf Segmenten in der inneren Schale ist eine — aber ganz bestimmt nicht die einzige — Möglichkeit, den Anspruch der Ganzheitlichkeit guter Architektur darzustellen, als eine Annäherung an die komplexe Frage: Was macht gutes Bauen aus?

Diese Frage wird der eine Architekt mit einem Satz beantworten, ein anderer wird eine Vielzahl an verschiedenen Aspekten anführen. Nicht wenige werden vielleicht überhaupt eine Antwort verweigern — teilweise aus Unsicherheit, es könne bei jeglicher Bewertung ein wesentlicher Aspekt vergessen werden, teilweise aufgrund der Sichtweise, Architektur sei ohnehin etwas so Subjektives, Künstlerisches, dass es sich einer objektiven Bewertung von vorneherein entziehe. Trotz der allgemeinen Verunsicherung in der Frage, oder vielleicht gerade deshalb, wird hier ein Vorschlag unterbreitet, wie man sich dem Problem nähern könnte. Demnach wird die Berücksichtigung von fünf Aspekten als Voraussetzung für ein gutes Ergebnis angesehen.

Ästhetik, Funktion, Technik, Ökonomie, Ökologie — diese fünf Aspekte stehen in Wechselwirkung zueinander. Sie bedingen einander, sie können einander widersprechen, sie können gegeneinander „kämpfen". Dabei verhält es sich wie im Leben der Menschen: Wird ein Aspekt übermächtig auf Kosten der anderen, geschieht dies

Versuch einer Ordnung für zukunftsorientiertes Bauen

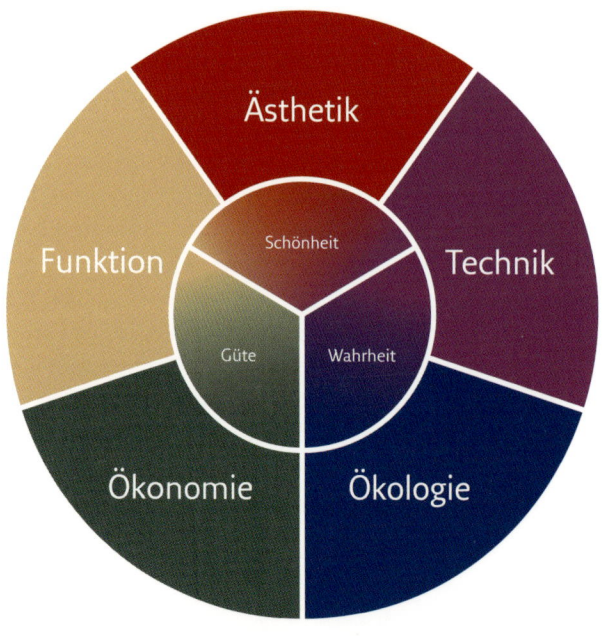

Ästhetik, Funktion, Technik, Ökonomie, Ökologie — diese fünf Aspekte stehen in Wechselwirkung zueinander.

nicht zum Wohle des Individuums. Es schadet uns und anderen. Der Sieg eines Aspekts gegenüber einem anderen verschlechtert das Gesamtergebnis. Je ausgewogener die Gewichtung der einzelnen Aspekte (Elemente), desto besser ist das Ergebnis, der Weg der Mitte ist der Königsweg.

Je nach den Rahmenbedingungen der Bauaufgabe wird natürlich einer der Aspekte höher zu bewerten sein. Es wird der ökonomische Aspekt, dort wo das Budget besonders gering ist, stärker zu berücksichtigen sein, und es wird bei einem sehr wohlhabenden Bauherrn etwa der ästhetische Anspruch durch besonders feine Details in noch höherem Maße befriedigt werden können als bei einer alltäglichen Bauaufgabe. Dennoch wird gutes Bauen immer darauf achten, dass alle Aspekte in einem möglichst ausgewogenen Verhältnis zueinander stehen. Dies ist ein bionisches Prinzip und in diesem Sinne ist gutes Bauen gleichzeitig bionisches Bauen.

Stellt man sich die fünf Aspekte als gleichwertige Segmente eines Kreises vor, so bietet es sich an, Funktion und Technik einerseits, Ökonomie und Ökologie anderseits auf jeweils einer Höhe dieses Kreises zu situieren. Die Ästhetik steht ohne Gegenpol an der Spitze.

Andere wichtige Aspekte des Bauens bleiben gewissermaßen in der zweiten Reihe im äußeren Ring und werden dort entweder einem Hauptaspekt oder mehreren untergeordnet, wobei die zweidimensionale grafische Darstellung nur eine Lage am Schnittpunkt zweier Aspekte zulässt.

Im Gegensatz dazu zeichnet sich die zeitgenössische Architektur vielfach durch Kompromisslosigkeit aus, und zwar insofern, als technische, funktionelle oder auch ökonomische Argumente oft dem ästhetischen Empfinden bedingungslos übergeordnet werden. Die auf Basis dieses Ansatzes postulierte „Neue Ästhetik" kann manchmal tatsächlich zu nachhaltigen Veränderungen in der Empfindung von „schön" und „hässlich" bzw. in der Folge auch des Schönheitsbegriffes führen. Vielfach hat diese Kompromisslosigkeit der Qualität der Architektur jedoch geschadet. Die Architektur einer neuen Epoche sollte aber die genannten Aspekte wieder in Einklang zueinander bringen.

Je ausgewogener die Gewichtung, desto besser ist das Ergebnis. Der Weg der Mitte ist der Königsweg.

Kompromisslose zeitgenössische Architektur

Der Kreis mit fünf Segmenten ist eine Möglichkeit, den Anspruch der Ganzheitlichkeit guter Architektur darzustellen.

Ästhetik

Der Kristall

Die Erfüllung des ästhetischen Aspekts beim Bauen setzt das Entwerfen von Gebilden voraus, welche die Sinne der Menschen positiv ansprechen und somit die Reize, Gefühle, Gedanken positiv beeinflussen. Je stärker Gefühle von Behaglichkeit, Wohlbefinden, Glück und Freude durch das Betrachten, Durchschreiten, Bewohnen oder Betasten von gebautem und gestaltetem Umfeld erlebt werden, desto höher ist das erreichte Maß der Ästhetik. Mit dem Wohlbefinden des Menschen ist in hohem Maße seine Gesundheit verbunden. Der ästhetische Aspekt ist für alle Wahrnehmungen des Menschen von Bedeutung. Daher ist für das Wohlbefinden nicht nur das sichtbare Spektrum unserer Wahrnehmung, also nicht ausschließlich die Bandbreite der Frequenzempfänger unserer fünf Sinnesorgane verantwortlich. Wenn Geomanten heute von der „Kraft" oder von unterschiedlichen „Energien" eines Ortes sprechen, so handelt es sich hierbei um „Qualitäten", für deren Erfassung es auch früher keine wissenschaftlichen Messgeräte gab; wohl aber war ein starkes Gespür für Bauformen vorhanden. Wir brauchen auch keine neuen Messgeräte mit einer Skala für Ästhetik zu entwickeln, sondern sollten einfach bewusster in uns hineinhorchen und all unsere Sinne und Antennen schärfen.

Da in der Regel die isolierte Betrachtung eines Bauwerkes ohne seine Umgebung nicht möglich ist, ist auch eine Betrachtung des ästhetischen Aspekts nur in der Gesamtheit mit seinem Umfeld möglich und sinnvoll. Oder einfacher ausgedrückt: Unsere Häuser sollten mindestens so schön sein wie ihre Umgebung. Eine hässliche Umgebung darf jedoch nie Vorwand für ein hässliches Gebäude sein.

Für die tiefergehende Auseinandersetzung mit dem Thema Ästhetik in der Architektur sei hier das Buch „Glück und Architektur" von Alain de Botton empfohlen. Der Autor nennt fünf „Tugenden von Gebäuden", und zwar die Ordnung, die Balance, die Eleganz, die Kohärenz sowie die Selbsterkenntnis. *„Würden die gründlicher definierten Tugenden bereitwilliger in die Diskussion der Architektur aufgenommen, hätten wir eine größere Chance, jenes Bauwerk, das wir lieben, systematisch zu verstehen und neu errichten zu können."* [32]

Funktion

ÖBf-Bürogebäude

Die Erfüllung des funktionalen Aspekts des Bauens bedeutet das Schaffen von festen Formen und Räumen, welche die Lebensbedürfnisse von Menschen wie Wohnen, Arbeiten, Schlafen etc. optimal erfüllt (manchmal sind aber auch die Bedürfnisse etwa von Tieren und Pflanzen zu berücksichtigen). In der Praxis bedeutet dies etwa die Bewältigung bzw. Organisation vorgegebener Raumprogramme, Raumfolgen und Funktionsabläufe, sodass sich für die Bewohner dieser Räume bestmögliche und angenehme Voraussetzungen ergeben. Die Schaffung kurzer, angenehmer Wege, günstiger Raumproportionen, die optimale Möblierbarkeit, gute, natürliche Belichtungen und dergleichen sind hier angesprochen. Das Thema Funktionalität spielte in den Denkmustern der Moderne eine ganz zentrale Rolle. Thesen wurden aufgestellt und Forderungen formuliert, die von ihren Schöpfern wohl gut gemeint waren, zum Teil der Seele des Menschen aber auch Schaden zugefügt haben. Die städtebauliche Forderung einer totalen Trennung von Arbeiten und Wohnen etwa, oder die Ablösung „organischer" (vom Kern nach außen wachsender) Systeme durch strenge, lineare Gebäudestrukturen, haben in ihrer Eindimensionalität keine nachhaltigen Verbesserungen von Wohnformen und Arbeitsstätten für Menschen gebracht. Die von den Vertretern der Moderne geforderte Bauform der „Wohnmaschine" wird von den Menschen nicht gerne angenommen, und sogar Legebatterien für Hühner werden hoffentlich bald der Vergangenheit angehören. Dennoch ist natürlich Funktionalität eine „architektonische Tugend" und dient, wenn sie sich mit den anderen „Tugenden" der Architektur verbindet, der Erreichung des Gesamtzieles.

Technik

Die Erfüllung des technischen Aspekts des Bauens ist gegeben, wenn aus verschiedensten Bauteilen und Materialien ein Baugefüge entsteht, welches den Ansprüchen an ein Bauwerk hinsichtlich Standfestigkeit, Witterungsbeständigkeit und klimatischer Eignung genügt, und wenn gleichzeitig eine optimale Führung der Ver- und Entsorgungseinrichtungen erreicht wurde.

Ein wesentlicher Teilaspekt eines technisch einwandfreien Bauwerkes ist die Erfüllung des konstruktiven Bautenschutzes, denn mit dem Entstehen eines Bauwerkes beginnt *„der hinhaltende Kampf gegen die Erosion"* [33] (Prof. Gamerith). Bauwerke sind genauso wie unsere natürliche Umwelt den Einflüssen des Klimas, der Hitze und Kälte und vor allem den Niederschlägen wie Regen, Schnee und Eis ausgesetzt. *„Diesen Kampf geordnet zu führen"* [34], ist nur durch logisches Konstruieren, durch Anwendung technischen Wissens möglich. Die Bedeutung hochbautechnischer und bauphysikalischer Belange hat innerhalb der letzten Jahre enorm zugenommen. Der Architekt zum Beginn des neuen Jahrtausends ist ins Spannungsfeld zwischen der Faszination des plötzlich machbar Gewordenen, etwa der völlig transparenten Gebäudehülle, einerseits und einer dringenden ökologischen Forderung der Minimierung des Energieverbrauches bis hin zum Passivhaus andererseits geraten. Hier sind die Planer des neuen Jahrhunderts in einen Widerspruch verfangen, der sie innerlich zu zerreißen droht. Diesen Widerspruch können wir nur auflösen, indem wir die richtige Symbiose suchen. Finden können wir sie in unendlich vielen Vorbildern der Natur. Biologische Technik und Bionik können unsere Lehrmeister werden. Lebendige Systeme verbinden alle Aspekte, die wir auch für gutes Bauen einfordern. Denn dort befinden sich Ökonomie, Funktionalität, Technik und Ästhetik immer im Einklang, und alle Wesen stehen in einem ökologischen Verbund.

Brückenbaukörper
an der Kölnbreinsperre

Biologische Technik und Bionik können unsere Lehrmeister werden. Lebendige Systeme verbinden alle Aspekte, die wir auch für gutes Bauen einfordern. Denn dort befinden sich Ökonomie, Funktionalität, Technik und Ästhetik immer im Einklang, und alle Wesen stehen in einem ökologischen Verbund.

Ökologie

Die Berücksichtigung des ökologischen Aspekts bedeutet in unserem Zusammenhang die Schaffung von Bauwerken mittels Umwandlung von (Roh-)Stoffen in andere (komplexere) Formen innerhalb eines natürlichen Gleichgewichts, d.h. unter den Aspekten einer möglichst geringen Belastung der Umwelt und eines möglichst geringen Energieverbrauchs. Ökologisches Bauen beschränkt sich aber nicht nur auf die Auswahl der Baumaterialien — wobei Umweltkategorien zu beachten sind, zum Beispiel das Treibhausgas-Potenzial, eine mögliche Versäuerung des Bodens und die mit nicht erneuerbaren Energieträgern erzeugten Primärenergieinhalte.

Auch die Wahl des Standortes unterliegt der ökologischen Bewertung. Dass die Ökologie nicht in Widerspruch zu den anderen Aspekten zu stehen braucht, wurde vorher schon betont, und dass uns auch hier die Schöpfung selbst als Maßstab dient, liegt auf der Hand.

Die Idee, ökologische Häuser zu errichten, wurde innerhalb der letzten Jahre immer mehr „gesellschaftsfähig". Ökologische Häuser sind — vor allem mit der Erfindung des „Passivhauses", also eines Gebäudes, welches nahezu oder gänzlich energieautark existiert — die vielleicht bedeutendste Erneuerung im Bauen geworden. Auch Lebewesen sind bestrebt, ihren Energiehaushalt zu minimieren. Ökologisch Bauen bedeutet nicht, Energie zu blockieren, sondern das Maß des Energieflusses in die natürliche Ordnung einzubinden. Ökologisches Gleichgewicht bedeutet für ein Haus, dass Energieverbrauch und Energiegewinn gleich groß sind.

Arche des Waldes

Ökonomie

Die Berücksichtigung des ökonomischen Aspekts bedeutet das Erzielen des besten Ergebnisses unter Verwendung der zur Verfügung stehenden Mittel. Wie bei allen anderen Aspekten, welche gutes Bauen bedingen, ist natürlich auch das Maß der Wirtschaftlichkeit abhängig von der Wertigkeit eines Bauwerkes. Das heißt, dass vor allem bei Gebäuden, welche den Charakter von Repräsentationsbauten haben, zwar dieser Aspekt nicht der wichtigste sein wird, dennoch wird auch hier das beste Ergebnis nur unter Berücksichtigung der ökonomischen Grundlagen zu erzielen sein.

Es gibt wohl kein Bauwerk, bei welchem sich Architekt und Bauherr nicht ein höheres Budget für dessen Verwirklichung wünschen. Aber die Beschränkung ist notwendig, um unsere Kreativität immer wieder zu fordern. Daher wird Baukunst letztlich auch daran zu messen sein, was aus einem vorgegebenen Budget herausgeholt werden kann. Und auch hier dient uns die Natur als Vorbild, die trotz ihrer Fülle und Vielfalt immer sorgsam mit Energie und Masse umgeht.

Und schließlich muss erwähnt werden, dass zur Bewertung der Ökonomie die Kosten nicht nur für die Errichtung eines Gebäudes, sondern auch für dessen Erhalt berücksichtigt werden müssen. Spätestens hier vereinigen sich der ökonomische und der ökologische Aspekt. Denn ein billiges Haus, welches Energie verschwendet, ist nicht nur teuer, sondern auch unökologisch.

Das Weißensee-Haus

Resümee

Erst wenn ökologisches und ökonomisches Denken vereint werden, ist wirklich nachhaltiges Planen und Bauen möglich. Die für viele Menschen bittere Lebensweisheit, dass Erkenntnis meist nur durch (persönliche) Erfahrung möglich ist, gilt in hohem Maße für die Architektur und für das Bauen im Allgemeinen: Auch wenn Funktionalität und Bautechnik auf dem Papier und am Computer vorzüglich gelehrt werden können, so muss doch festgestellt werden, dass die persönliche Erfahrung für den Architekten eine unverzichtbare Voraussetzung für sein Verständnis von Nachhaltigkeit darstellt.

Vor allem das eigene Erfahren in Bezug auf das Erhalten, Pflegen, Erneuern und Reparieren von Bausubstanz, die sich im persönlichen Besitz befindet, führt zu jenem Maß an Vernunft und Logik im Bauen, welches sowohl für die Volkswirtschaft als auch für den eigenen Wohlstand, aber auch für die Qualität der Architektur so wichtig wäre. Was landläufig unter dem Begriff der Nachhaltigkeit verstanden wird, ist in der Praxis leider oft sehr weit vom wirklichen Sinn dieses Wortes entfernt.

Daher ist es von großem Wert, wenn Architekten selbst für sich, für ihre Familien, für ihre nächsten Angehörigen, für ihnen sehr nahestehende Personen bauen und die Entwicklung, welche diese Bauten nehmen, über viele Jahre verfolgen. Erst wenn man die Auswirkungen von Details, welche nicht nach dem Prinzip der Nachhaltigkeit gelöst wurden, am eigenen Leib erfährt und selber für die Kosten aufkommen muss, reift tiefes Verständnis für diesen Begriff nach dem Motto: „Aus Erfahrung wird man klug".

Wohnhaus Architekten Ronacher

Erst wenn ökologisches und ökonomisches Denken vereint werden, ist wirklich nachhaltiges Planen und Bauen möglich. Die Lebensweisheit, dass Erkenntnis meist nur durch (persönliche) Erfahrung möglich ist, gilt in hohem Maße für die Architektur und für das Bauen im Allgemeinen: Auch wenn Funktionalität und Bautechnik auf dem Papier und am Computer vorzüglich gelehrt werden können, so muss doch festgestellt werden, dass die persönliche Erfahrung für den Architekten eine unverzichtbare Voraussetzung für sein Verständnis von Nachhaltigkeit darstellt.

„Wir haben unsere Mitte aus den Augen verloren. Und so geht es den meisten Menschen auch: Sie suchen im Außen und an der Peripherie nach dem, was ihr ureigenstes Wesen ist. Inneres Wesen und äußere Raumgestaltung spiegeln sich hier wieder einmal sehr deutlich: Die Mitte des Hauses spiegelt die Mitte des Selbst wider. — Das Gefühl, nicht wirklich in sich zu ruhen, getrieben oder zerrissen zu sein, spiegelt sich im Bild des Grundrisses wider, wo die Mitte durch Mauern zerteilt oder von Gängen zerfasert ist."[35]

Stefan Brönnle

Die räumliche Mitte in der Architektur

Atriumhaus in Sachsenburg

Die gesamte Schöpfung ist auf einer wohl unendlichen oder zumindest für uns unfassbaren Zahl an Einheiten aufgebaut, und sie alle verfügen über ihre Mitte. Ob Galaxien und Sonnensysteme im Makrokosmos, ob Atomstrukturen im Mikrokosmos, ob die Zellstrukturen oder die beseelten, lebendigen Teile der Schöpfung, nichts funktioniert ohne starke Mitte.

Beim Bauen steht die räumliche Betonung der Mitte vor allem für eine gute Orientierung und Übersicht, und dies kann den Menschen Sicherheit, Ruhe und somit Stärke verleihen.

Eine starke Mitte war bei übergeordneten Bauten aller Hochkulturen eine Selbstverständlichkeit, vor allem bei „Heiligen Räumen". Die Beispiele sind vielfältig und zahllos. Es ist egal, welche Enzyklopädie der Baukunst wir zur Hand nehmen, sie ist voll davon. Stellvertretend für die unzähligen Baukünstler der vergangenen Jahrtausende wollen wir hier die Werke von Andrea Palladio nennen.

Wesentlich ist dabei der Grundsatz, dass die Mitte frei bleibt. Dies gilt sowohl für Gebäude selbst, als auch für Stadt- bzw. Siedlungsstrukturen. Dorf- und Marktplätze spielen eine im wahrsten Sinne des Wortes zentrale Rolle für das Zusammengehörigkeitsgefühl der Bewohner.

Die Architektur der letzten 100 Jahre hingegen sollte neben der Überwindung oder Verleugnung vieler anderer klassischer Bauprinzipien auch die Ausprägung der starken Mitte „überwinden". Diese Diagnose des Verlusts der Mitte fasst am klarsten und einfachsten zusammen, was durch die Moderne geschehen ist. Auch neue Großstadtkonzepte lassen die Ausbildung entsprechender Zentren oftmals vermissen. Was Hans Sedlmayr als Verlust der Mitte im geistigen Sinne beschreibt, vollzog sich also augenscheinlich auch durch die Umsetzung vom Geistigen ins Materielle — übertrug sich also auf Gebautes und auf räumliche Konzepte der Architektur.

Wenngleich in diesem Buch keine städtebaulichen Themen erörtert werden, so soll dennoch darauf hingewiesen werden, dass das Schaffen einer räumlichen Mitte zwischen gebauten Objekten einen wichtigen Aspekt des Städtebaus darstellt. Bereits bei größeren Wohnhäusern, bei Wohnsiedlungen, vor allem aber bei Bauten für die Öffentlichkeit oder bei Hotelkomplexen lassen sich freie Zentren konzipieren, welche der gesamten Anlage bei richtiger Positionierung ein hohes Maß an Orientierung und geschützter Atmosphäre verleihen.

Das Bauen um eine bedeutsame Mitte ermöglicht natürlich auch kurze und übersichtliche Wege für die Menschen, welche diese Häuser bewohnen oder nutzen.

Im Hinblick auf die Ausbildung der baulichen Mitte lassen sich drei Prinzipien unterscheiden, und zwar:

Wohnhaus am Wörthersee

1. Die Mitte und das Ganze

„Das einfache Zentrum": Die Mitte als — mehr oder weniger — zentraler Innenraum innerhalb einer Ebene, also als Zentrum innerhalb eines Objektes in der zweiten Dimension.

„Das Atrium": Die Mitte als zentraler, in der dritten Dimension offener Innenraum, als Zentrum eines Objektes (bei ebenerdigen oder mehrgeschoßigen Bauten).

„Die Hofbildung": Hier wird die Mitte als verbleibender Außenraum innerhalb einer umrahmenden Bebauung gebildet.

Praktisch alle hier dargestellten Projekte lassen sich einem dieser Prinzipien zuordnen. Dies gilt aber auch für die meisten Umbauten bzw. Erweiterungen bestehender Anlagen. Je nachdem, ob solche Häuser bereits über eine ausgeprägte Mitte verfügten oder nicht, ergibt sich speziell für Erweiterungen ein vierter Aspekt der Mitte, nämlich:

„Die Suche nach der neuen Mitte": Diese „gewachsene Mitte" wird in der Regel nicht genau im geometrischen Zentrum liegen, letztlich aber die Idee der räumlichen und geistigen Mitte ebenso erfüllen wie jene in den vorher genannten Neubauten.

Gerade bei Erweiterungen von baulichen Anlagen, aber auch bei Neubauten, die in starker Beziehung zu ihrem Umfeld stehen, spielt neben dem Aspekt der Mitte jener des Bezuges zum Übrigen, zum Ganzen eine starke Rolle. In Opposition zu der These, dass sich zeitgemäße Architektur deutlich vom früher Gebauten abzuheben hat, wird hier die These vertreten, dass die Sicht auf das Ganze bzw. der Blick der Zeitlosigkeit Priorität über das Detail und das Zeitgemäße hat.

Dieser Aspekt steht gewissermaßen im Widerspruch zur immer wieder laut werdenden Forderung der „zeitgemäßen" Architektur, das Neue müsse einen eindeutig ablesbaren Kontrapunkt zum Alten bilden. Ohne dieser Idee ihre grundsätzliche Berechtigung ganz nehmen zu wollen, sagen wir dennoch: Wichtiger als das Einzelne ist das Ganze, und dieses sollte nicht unter der Überbetonung des Details leiden.

„Das einfache Zentrum"

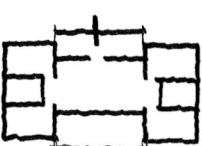

Die Mitte als zentraler Innenraum bei einem Passivwohnhaus für eine Großfamilie am Wörthersee (S. 50)

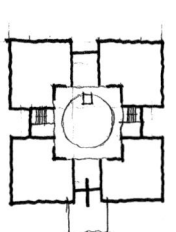

Die Mitte als zentraler Innenraum bei der Österreichischen Bundesforste AG in Purkersdorf (S. 152)

„Das Atrium"

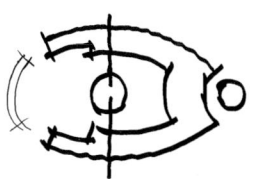

Außenraum und halboffenes Atrium beim Hotel Larimar in Stegersbach (S. 240)

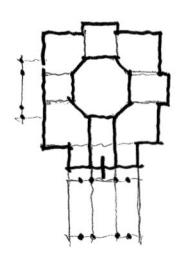

Atrium und Hofbildung mit Laubengang beim Wohnhaus in Sachsenburg (S. 44)

„Hofbildung"

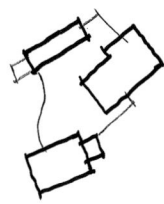

Hofbildung eines gewachsenen Ensembles im Gitschtal in Kärnten (S. 100)

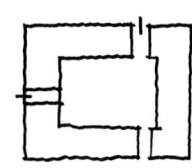

Hofbildung beim klassischen Vierkanthof Kletzmayr — Seminarzentrum (S. 104)

„Suche nach der neuen Mitte"

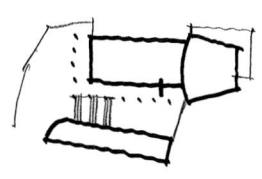

Schaffung einer zentralen Platzsituation beim „Weißensee-Haus" (S. 168)

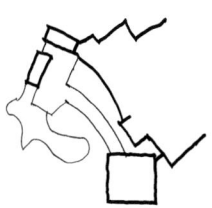

Zentraler, geschützter Außenraum beim Mountain Resort Feuerberg (S. 228)

„Der Herd war in früheren Zeiten die heilige Mitte des Hauses. [...] Der Herd verheißt Feuer, Wärme und Nahrung, im geistigen Sinne ist er der Omphalos, der Nabel und die heilige Mitte des Hauses. [...] Da der Herd mit dem dazugehörigen Kamin das heilige Zentrum war, das mit seiner Weltenachse (dem Schornstein) am First des Hauses den Kontakt zu anderen Welten aufbaut, war er auch das Zugangsportal für göttliche Mächte.“ [36]

Stefan Brönnle

Das Wohnhaus und seine Mitte

Bereits im Buch „Architektur und Zeitgeist" wurde eine einfache Typologie für das Wohnhaus dargestellt. Diese wird hier um die Beschreibung des „Sondertyps" des Atriumhauses erweitert. Bei allen in diesem Buch gezeigten Beispielen, ob bei Wohnhäusern, Hotels oder Bauten für die Öffentlichkeit, kommt der Mitte des Hauses oder des baulichen Ensembles eine wichtige Rolle zu. Fast immer gibt es dabei sowohl eine bedeutsame innere Mitte als auch eine, von einem oder mehreren Baukörpern gefasste, Mitte im Freien.

Doch bevor wir uns dem Thema des Wohnhauses und seiner Mitte nähern, sollen hier noch ein paar Gedanken zur Problematik des Einfamilienwohnhauses bzw. zur privaten Bauherrschaft dargelegt werden.

Bei aller zum Teil berechtigten Kritik von ökologischer Seite gegenüber dem Einfamilienhaus müssen wir uns darüber im Klaren sein, dass das heutige, relativ hohe Ökologiebewusstsein ohne private „Häuslbauer" kaum möglich wäre. Hauptsächlich der selbstverantwortliche und direkt betroffene Bauherr übt Druck auf die Qualität der eingebauten Materialien aus, und diese sollten vor allem natürlich und gesund sein. So waren es auch zuerst die Einfamilienhäuser, in denen wieder Holzböden eingebaut statt PVC-Beläge verlegt wurden und wo der Holzbau nach Jahrzehnten der Vergessenheit wieder Fuß fasste.

Die Idee entsteht im Kopf. Vieles aber, was wir für Ideen halten und was aus unserem Denken heraus entsteht, ist nicht wirklich eine Idee, sondern die Formulierung von abgespeicherten Wunschvorstellungen. Es sind Bilder von Situationen und Objekten, die wir bereits irgendwo gesehen haben. Vielfach projizieren wir diese dann auf ein Grundstück, das vor uns liegt, ohne zuvor die Besonderheit des Ortes genügend ergründet zu haben.

Ist das Grundstück eben, ist es steil geneigt, ist es leicht geneigt, so leicht, dass wir es bei der ersten und zweiten Begehung immer noch für eben halten? Ist es begrenzt durch Objekte, welche Seite ist offen, wohin kann ich mich orientieren? Wo ist Süden, wo Norden? Von welcher Seite kann ich das Haus erschließen, wo kann gut nutzbarer Außenraum verbleiben? Welcher Formensprache bedienen sich die Nachbarn? Kann ich eine ihnen verwandte Sprache sprechen, oder glaube ich, daneben ein Fremder bleiben zu müssen? Was kann ich von ihnen annehmen, ohne mich zu verleugnen?

Dazu kommen Bauvorschriften, von denen viele annehmen, dass sie ihnen von vornherein jegliche Freiheit zum Planen nehmen und so im Nachhinein die willkommene Begründung für ein missgebildetes Haus liefern. So umstritten manche Bauvorschriften auch sein mögen, gute Architektur können sie in den seltensten Fällen verhindern. Einschränkungen bedeuten meist eine zusätzliche Herausforderung, sie können neue Impulse geben, da sie uns zum Umdenken zwingen.

Die Bedeutung des „Häuslbauers" für die ökologische Bewegung

Bauen am Hang ist immer eine große Herausforderung — Wohnhaus in Heiligenblut mit 9 m Höhendifferenz zwischen Garage und Haus und Stiegenaufgang mit Dachverglasung unter der Erde.

1. Die Mitte und das Ganze

Zu Planungsbeginn soll die erste Frage, die wir uns stellen, weder die nach einem Stil noch die nach einem Typus, nicht einmal die nach einem verbindlichen Raumprogramm sein, sondern: Welche Beziehung sollte zwischen Bauwerk und Umfeld entstehen? Was bewirkt die Schaffung von Innenraum für den verbliebenen Außenraum? Auch wenn wir hier in Mitteleuropa nur einige Monate des Jahres im Freien wohnen können, so ist doch das Miteinbeziehen der Natur ein ganz wesentlicher Faktor für die Wohnqualität in seiner Gesamtheit. Je besser es gelingt, Außenraum reell und optisch in den Wohnraum miteinzubeziehen, desto großzügiger, freier und naturnäher wird das Wohngefühl sein; auch wird ein großzügig angelegtes Haus weniger Kubatur benötigen. Durch die fehlende Möglichkeit, das Gelände allzu stark zu verändern, wurden Bauernhäuser früher sehr natürlich ins Gelände gesetzt. Heute hingegen führen die relativ geringen Kosten von Erdarbeiten zu großer Künstlichkeit bei Geländeanschüttungen.

Nachdem wir versucht haben, uns eine Vorstellung darüber zu machen, in welche Beziehung das Haus zu seiner Umgebung treten soll, wird sich daraus die Entscheidung für einen Typus ergeben, der diese Beziehung am besten ermöglicht. Ungeachtet des Stils und der Formensprache, für die wir uns entscheiden, verbleiben für das Einfamilienhaus kaum mehr als drei Grundhaltungen bzw. drei Haustypen: das quadratische Haus, das längsgestreckte Haus sowie das Haus in Hofform. Das Atrium stellt einen Sondertyp dar, der trotz seiner äußerst reizvollen räumlichen Situation nur in sehr warmen Klimazonen verbreitet ist. Jeder dieser Typen hat seine Berechtigung, jeder hat seine Vor- und Nachteile.

Langgestrecktes Wohnhaus in reiner Holzbauweise mit großer, überdachter Terrasse vor dem zentralen Wohnraum

längsgestreckter Typ

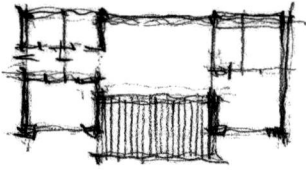

quadratischer Typ

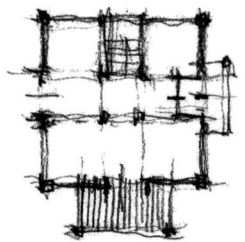

Schaffung eines Hofes

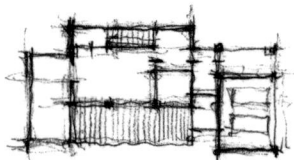

das Atrium

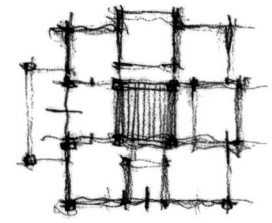

Zwar ist das Verhältnis von Kubatur zu Oberfläche nicht so günstig wie beim quadratischen Grundrisstyp, doch haben schlanke, **längsgestreckte Grundrisse** den Vorteil, dass sie sich außerordentlich sparsam herstellen lassen. Die Zuordnung des Baukörpers zum Grundstück ist gerichteter, der Restgrund lässt sich meist optimal nutzen. Durch die Orientierung einer Längsseite nach Süden können alle Wohnräume zur Sonne hin orientiert werden, wodurch die passive Nutzung der Sonnenenergie am besten gegeben ist. Bautechnisch lässt sich das schlanke, längsgestreckte Haus sehr wirtschaftlich herstellen, da Spannweiten sowohl für die Decken als auch für das Dach klein gehalten werden können. Es gibt daher kaum Situationen, bei denen dieser Haustyp nicht aus gutem Grund gewählt werden sollte, er ist als der Normalfall anzusehen. Die Mitte sollte hier zumindest mittig auf der Längsachse liegen.

Der **quadratische Grundriss** stellt eine sparsame Form mit gleichwertiger, offener und ungerichteter Beziehung nach außen dar. Er hat ein günstiges Verhältnis von Kubatur zu Oberfläche, formt aber den verbleibenden Außenraum am unbestimmtesten. In der Gruppe kann die quadratische Grundrissform einen markanten Schlusspunkt ergeben. Für sich alleine stehend wird das Quadrat vor allem dort einen Sinn haben, wo eine Gleichwertigkeit der verschiedenen Richtungen eine Öffnung nach allen Seiten nahelegt. Das Quadrat ist ein Sonderfall, auch in der Bautradition. Denn ein Grundstück, welches nach allen Seiten in etwa gleichwertig ist, gibt es kaum. Daher wird der quadratische Grundriss eher in Ausnahmefällen der beste für ein Wohnhaus sein, wenngleich er als klassisch angesehen werden kann.

Erst bei größeren Bauaufgaben in Verbindung mit Wohnhäusern scheint die Baukörpergliederung zur **Schaffung eines Hofes** sinnvoll. Die Möglichkeiten reichen dabei von der einfachen L-Form bis zum Halb-Atrium. Ein Wohnhaus, in Hofform angelegt, bietet Behaglichkeit durch teilweise Abschirmung nach außen. Erkauft wird dieser Vorteil allerdings durch ein weniger günstiges Verhältnis von Kubatur zu Oberfläche bzw. durch eine vom Ansatz her kompliziertere Bauform und eine teilweise Einschränkung der passiven Sonnenenergienutzung durch die Schlagschattenflächen des Querbaukörpers. Im Einfamilienhausbau ist daher das Aufgeben der einfachsten Grundformen, wie Rechteck und Quadrat, sorgsam auf seine Sinnhaftigkeit zu prüfen. Die geometrische Mitte liegt hier meist außerhalb des Hauses. Dem Außenraum kommt daher besondere Bedeutung zu.

Eine seltene, aber klassische Grundrissform stellt das Wohnhaus mit **Atrium** dar. Durch die Lage der Mitte im Freien zwischen den umhüllenden Bauteilen kommt diesem Wohnraumcharakter zu. Daher ist es einleuchtend, dass diese Bauform hauptsächlich in Ländern mit mildem Klima sinnvoll ist.

Darüber hinaus kann sie jedoch dort weitere große Vorzüge ausspielen, wo eine Orientierung des Hauses nach außen weniger gewünscht ist als eine Konzentration des Geschehens im Haus auf die innere Mitte, die gleichermaßen als Garten und als Wohnraum für die warme Jahreszeit genutzt wird. Die Umkehr des Zwiebelschalenprinzips, dass die Mitte nicht der wärmste und intimste Teil des Hauses ist, sondern völlig frei bleibt, hat natürlich ihren besonderen Reiz.

1. Die Mitte und das Ganze

Im Folgenden soll die beschriebene Typologie mittels Beispielen von Wohnhäusern illustriert werden. Zuerst wird das Wohn- und Bürogebäude des Verfassers
vorgestellt, welches ein seit Jahren kontinuierlich gewachsenes Ensemble zeigt. Bei
diesem Beispiel findet man viele in diesem Buch beschriebene Aspekte des Bauens, etwa die Mitte im Typus des längsgestreckten Baukörpers, die Hofbildung bei
Häusern, die Bildung einer Mitte im Außenraum, die Anwendung regionaltypischer
Prinzipien, den Umstand des Bauens am Hang, die Umsetzung ökologischer und
energieeffizienter Prinzipien und nicht zuletzt den Baustoff Holz im Dialog. Nach
der Präsentation von typischen Häusern mit längsgestreckten bzw. rechteckigen
Grundrissen folgen quadratische Häuser, Hofbildungen und schließlich ein klassisches Atriumhaus, welches das Prinzip der freien Mitte in sehr klarer Form zeigt.

Ebenerdiges, längsgestrecktes Wohnhaus am Pressegger See aus „Holz und Stein"

Anmerkungen **Kap. 1**

1. HEGEL, Georg Wilhelm Friedrich, Phänomenologie des Geistes, Stuttgart, 1996
2. RONACHER, Herwig, Architektur und Zeitgeist, Heyn Verlag Klagenfurt, 1997
3. SEDLMAYR, Hans, Verlust der Mitte, S. 7f., Wien 1998
4. FISCHER, Theo, Wu wei — Lebenskunst des Tao, S. 18, Neuwied, 1994
5. BECHER, Walter, Der Blick aufs Ganze, München 1985; in diesem Buch wird das Lebenswerk des Kulturphilosophen Otmar Spann beschrieben
6. SEDLMAYR, Hans, Verlust der Mitte, Wien 1998, Erstausgabe: 1948.
7. PANY, Dr. Karl-Peter, ehemaliger Kammeramtsdirektor für Kärnten und Steiermark
8. CHOPRA, Deepak, Bewusst glücklich, S. 51, Berlin 2007
9. SEDLMAYR, Hans, Verlust der Mitte, S. 132, Salzburg, Wien 1998
10. SEDLMAYR, Hans, Verlust der Mitte, S. 192f., Salzburg, Wien 1998
11. MARG, Volkwin, Konstruktion und Deutung, S. 11, Berlin, 2006
12. MARG, Volkwin, Konstruktion und Deutung, S. 19f., Berlin, 2006
13. MARG, Volkwin, Konstruktion und Deutung, S. 21, Berlin, 2006
14. SEDLMAYR, Hans, Verlust der Mitte, S. 207, Salzburg, Wien 1998
15. SEDLMAYR, Hans, Verlust der Mitte, S. 215, Salzburg, Wien 1998
16. SEDLMAYR, Hans, Verlust der Mitte, S. 235, Salzburg, Wien 1998
17. SEDLMAYR, Hans, Verlust der Mitte, S. 244, Salzburg, Wien 1998
18. CHOPRA, Deepak, Bewusst glücklich, S. 50f., Berlin 2007
19. SEDLMAYR, Hans, Verlust der Mitte, S. 246f., Salzburg, Wien 1998
20. SEDLMAYR, Hans, Verlust der Mitte, S. 247, Salzburg, Wien 1998
21. SEDLMAYR, Hans, Verlust der Mitte, S. 248, Salzburg, Wien 1998
22. DAHLKE, Ruediger, & DETHLEFSEN, Thorwald, Krankheit als Weg, S. 76f., München 1994
23. DAHLKE, Ruediger, & DETHLEFSEN, Thorwald, Krankheit als Weg, S. 77, München 1994
24. WEIZSÄCKER, Carl Friedrich von, Der Garten des Menschlichen, S. 140, München, Wien 1977
25. HEISENBERG, Werner, Der Teil und das Ganze, Piper Taschenbuch, 9. Aufl., 2001
26. DAHLKE, Ruediger, & DETHLEFSEN, Thorwald, Krankheit als Weg, S. 343, München 1994
27. ALEXANDER Christopher, ISHIKAWA Sara, SILVERSTEIN Murray, Eine Muster-Sprache, S. 13, Wien 1995
28. GERKAN, Meinhard von, von Gerkan, Marg und Partner, Architecture 2001–2003, S. 17, Basel, 2005
29. MAILLARD, Nadja, Hüpfspiel, Archithese 4.93, Sulgen, 1993; vergl.: Architektur — Kultureller Auftrag, S. 16, Kärntens Haus der Architektur „Napoleonstadel", Klagenfurt 1995
30. DAHLKE, Ruediger, & DETHLEFSEN, Thorwald, Krankheit als Weg, S. 345, München 1994
31. Bei der Dorischen Ordnung sind die Triglyphen in der Regel auf die Säulenachse bzw. auf die Mitte des Interkolumniums bezogen, nur die Ecktriglyphe sitzt genau an der Ecke. Eine Triglyphe ist aber meist schmäler als der obere Säulendurchmesser, sodass die Differenz im letzten Interkolumnium ausgeglichen werden muss. Das geschieht durch Verringerung des letzten Interkolumniums (Eckkontraktion). Diese Maßnahme wurde im Laufe der Zeit so stark perfektioniert, dass die Differenz auf die halbe Baubreite und -länge verteilt wurde (Parthenon).
    Quelle: [akropolis4d] 0.4b
32. BOTTON, Alain de, Glück und Architektur — Von der Kunst, daheim zu Hause zu sein, Frankfurt a. M. 2010, S. 165
33. GAMERITH, Horst, Univ.-Prof. DI. Das genannte Zitat entstammt aus diversen Vorträgen des Universitätsprofessors für Bauphysik an der TU Graz.
34. Ebenda.
35. BRÖNNLE, Stefan, Das Haus als Spiegel der Seele, Saarbrücken 2007, S. 26
36. BRÖNNLE, Stefan, Das Haus als Spiegel der Seele, Saarbrücken 2007, S. 25

1. Die Mitte und das Ganze

Projekte

Wohnhaus und Architekturbüro

Lebens- und zugleich Arbeitsraum, unter einem Dach vereint

Südwestseite des Wohnhauses
vom Garten aus gesehen

Anwesen Architekten Ronacher in Khünburg bei Hermagor
Standort: **Khünburg** (Kärnten)
Planung: **1988–2005**
Ausführung: 1. Baustufe 1990, 2. Baustufe 1992, 3. Baustufe 1999, 4. Baustufe 2005
Auszeichnung: **Österreichischer Eurosolarpreis 2002**
Mitarbeiter: **Harald Madritsch, Klaus Mösslacher, Helene Zavodnik,
Manfred Eder, Bernd Zerza, Thomas Freunschlag**

1. Die Mitte und das Ganze

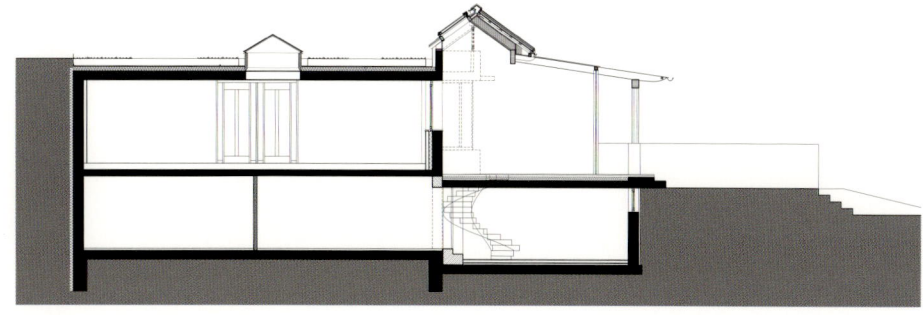

Schnitt durch Bürobaukörper, 2. Baustufe, Wintergarten bei Eingang, Lichtpyramide und Gründach

Die beiden längsgestreckten Baukörper des Wohnhauses und des Bürogebäudes wurden im Jahre 1989 — einem ländlichen Gehöft gleich — in versetzter Höhenlage und in offenem Winkel zueinander gestellt. Der Hof öffnet sich nach Südwesten mit freiem Blick auf die Bergkette der Karnischen Alpen. Die Erschließungsachse des Wohnhauses läuft entlang der Westfassade des Bürokörpers und endet im Hausinneren mit einer zweiläufigen Treppe. Der Windfang bildet die private Weggabelung ins Büro.

1992 wurde der Bürotrakt durch einen großteils unter Terrain liegenden, quadratischen Baukörper erweitert, der über eine Lichtpyramide und über die aus dem Gelände ragende Südfront belichtet wird.

Die zweite Büroerweiterung erfolgte im Jahr 1999 in Form eines flachen, kaum aus dem Gelände ragenden, längsgestreckten Holz-Glas-Traktes, der nach Süden ausgerichtet ist und dessen Dach sowohl mit thermischen Kollektoren als auch mit Photovoltaikmodulen bestückt ist. Gleichzeitig wurde im Zuge dieser Baustufe der Bürozugang im Bereich des privaten Vorgartens aufgelassen, und es wurde mit einem geschwungenen Fußweg über mehrere Terrassenebenen vom neuen Parkplatz aus eine völlig neue Eingangssituation geschaffen. Der private Garten hingegen wurde zu einem „Feng-Shui-Garten" gestaltet — und terrassenförmig mit einer kreisförmigen Mitte — angelegt. Gleichzeitig wurde das Niveau des tiefsten Teiles des Gartens etwas angehoben, sodass er nunmehr vom Wohnhaus gesehen besser und direkter in Erscheinung tritt.

Gebäudekomplex von Nordosten — Teile des Büros verbergen sich unter dem Gründach und werden über Schrägverglasungen belichtet.

Eingangssituation des Architekturbüros
als Wintergarten

Nach zwei Büroerweiterungen und der Schaffung des neuen Parkplatzes war um das Jahr 2000 eine sehr „bürolastige" Gesamtsituation entstanden. Die „Stärkung der Mitte" dieses Ensembles erfolgte schließlich durch die Anlage eines kreisförmigen Gartens im offenen Hof zwischen Wohnhaus und Bürotrakt sowie im Jahre 2005 durch eine Erweiterung des Wohnhauses im Westen durch einen „wintergartenartigen" Anbau.

Das gesamte Baugefüge besteht aus einer Kombination aus konstruktivem Holzbau und Mauermassenbau. Ein zentrales Gestaltungsanliegen in sämtlichen Baustufen war die Verschmelzung der Baukörper und Außenanlagen sowie der Gartengestaltung mit dem Naturgelände auf den verschiedenen Ebenen des Gesamtkomplexes.

1. Die Mitte und das Ganze

Wohnhaus und Architekturbüro. Lebens- und zugleich Arbeitsraum, unter einem Dach vereint

Die Anlage nutzt durch die minimierte Nordfassadenfläche, durch die drei Wintergärten sowie die großzügigen Verglasungen nach Süden die Solarenergie passiv. Die Beheizung sämtlicher Räumlichkeiten erfolgt bereits seit dem Jahr 1990 über eine Wärmepumpe, die über drei 100 Meter tiefe Bohrungen durch Erdwärme gespeist wird. Der Energieverbrauch entspricht dem eines Niedrigenergiehauses.

Heute zeigt sich das Ensemble als Ergebnis von fünf Baustufen.

Urlaubsdomizil am Weißensee

Regionaltypische und dennoch zeitgemäße Architektur

Das Wohnhaus mit großzügig überdachter Terrasse und Laubengang —
das Nebengebäude wurde saniert.

Wohnhaus und Bade-/Saunahaus in Passivhausbauweise
Standort: **Weißensee** (Kärnten)
Planung: **2004–2007**
Ausführung: Saunahaus 2005, Wohnhaus 2008
Mitarbeiter: **Jürgen Fina**

1. Die Mitte und das Ganze

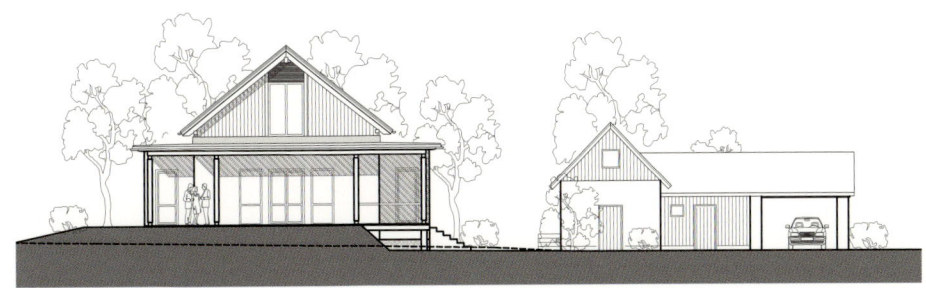

Südansicht — Wohnhaus und Nebengebäude

Dieses ländliche Ensemble stellt die bauliche Erweiterung einer Bootshütte direkt am Weißensee sowie eines bestehenden Nebengebäudes in zwei Baustufen dar. Das ursprüngliche Försterhaus der Österreichischen Bundesforste wurde geschliffen, da es gestalterisch nicht anspruchsvoll und baulich in einem schlechten Zustand war. Die Anlage besteht nunmehr aus einem neuen Wohnhaus und dem restaurierten Nebengebäude auf dem Grundstück, welches durch die Straße vom Ufer des Weißensees getrennt ist. Im unteren, seeseitigen Teil des Areals wurde neben der bestehenden Bootshütte ein Bade- und Saunahaus errichtet.

In seiner Gesamtheit präsentiert sich die Anlage nunmehr mit vier Gebäuden, wobei die beiden neuen Häuser — das Wohnhaus und das Saunahaus — als Passivhäuser errichtet wurden und somit dem höchsten ökologischen und bautechnischen Standard entsprechen. Die beiden neuen Gebäude verfügen über Grundrisse mit ähnlichen Konzepten. Beide Häuser erhielten an der Süd- und gleichzeitig Aussichtsseite einen großzügig überdachten, laubenartigen Vorbau mit flach geneigten Dächern. Dies ermöglicht einerseits viel witterungsgeschützte Freiflächen an der Aussichtsseite, andererseits bietet es vor allem im Sommer ausreichend Sonnenschutz.

Beide Häuser sind zur Gänze aus Holz gebaut, was beim Saunahaus offensichtlich ist, da die komplette Fassade mit Lärchenschalungen beplankt ist; dagegen tritt die Außenfassade des Wohnhauses in weiß verputzter Form in Erscheinung.

Laubengang des Wohnhauses

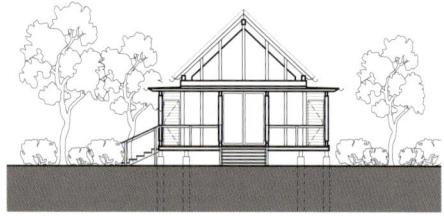 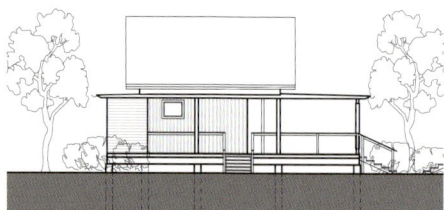

Saunahaus, Südansicht und Westansicht

Das Saunahaus steht direkt am See und ist
wie das Wohnhaus in Passivbauweise errichtet.

1. Die Mitte und das Ganze

Urlaubsdomizil am Weißensee. Regionaltypische und dennoch zeitgemäße Architektur

Die Küche als Erweiterung
des Wohnraumes

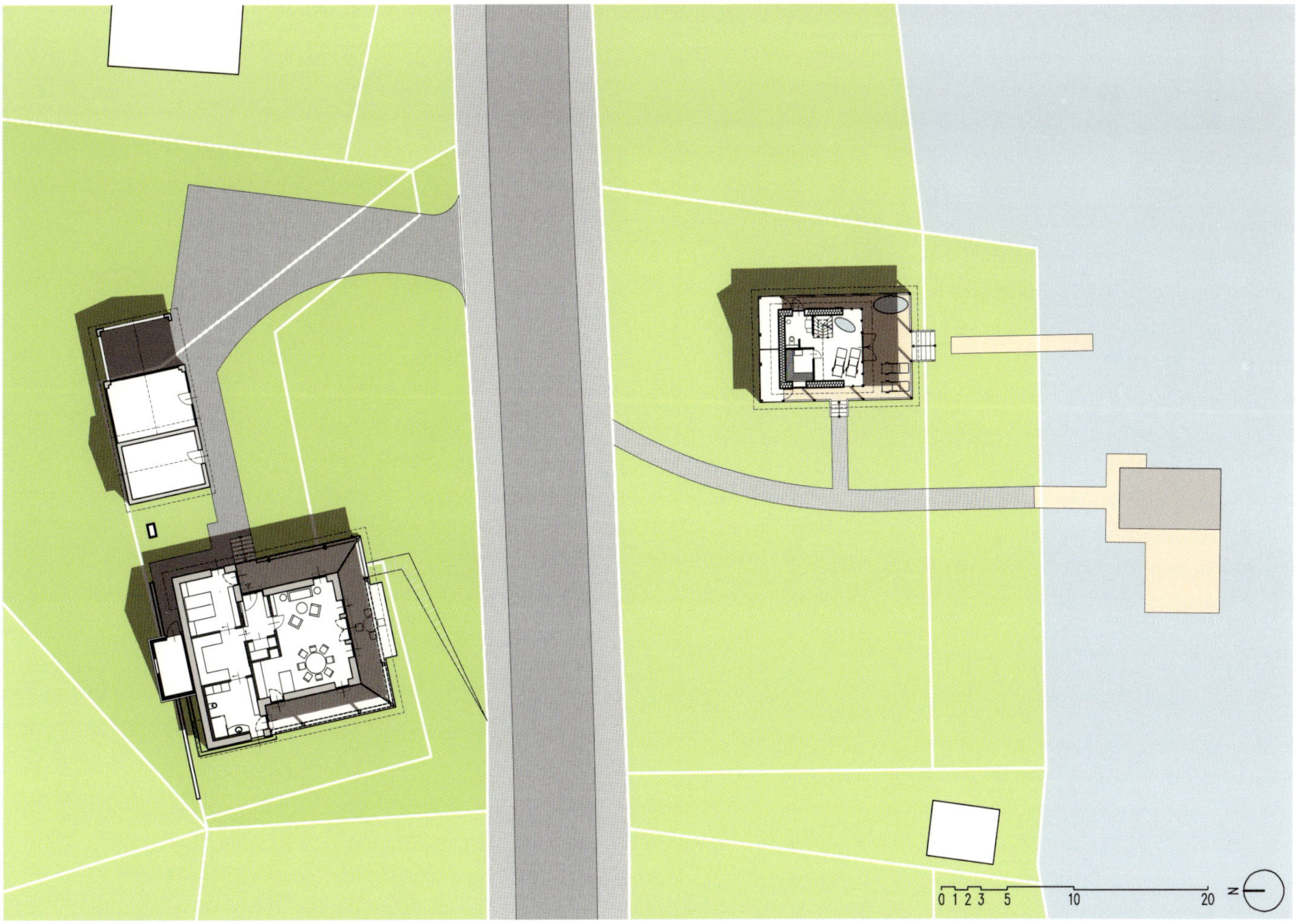

Die Dächer der beiden neuen Häuser wurden der Dachlandschaft des bestehenden Umfelds angeglichen, das heißt, die Hauptdächer der beiden neuen Gebäude wurden mit einfachen Satteldächern geplant und ausgeführt.

Die Tatsache, dass die Aussichtsseite gleichzeitig See- und Südseite ist, bot natürlich eine ideale Voraussetzung dafür, diese Häuser in Passivhausstandard auszuführen, da die Transparenz zum See gleichzeitig passive Nutzung der Sonnenenergie bedeutet. Das Ensemble ist ein Beleg dafür, dass regionaltypische Architektur und Passivhausbauweise keine Widersprüche sind.

0 1 2 3 5   10   20   N

Atriumhaus in Sachsenburg

Ein Domizil in Niedrigenergiebauweise
um einen Innenhof

Westansicht — Blick vom Schwimmbecken
in das geöffnete Atrium

Niedrigenergiehaus in reiner Holzbauweise
Standort: **Sachsenburg** (Kärnten)
Planung: **2006**
Ausführung: 2007
Auszeichnung: **Bramac, Steildachpreis 2008**
Mitarbeiter: **Thomas Stöckl, Bernd Zerza, Matthias Brugger**

1. Die Mitte und das Ganze

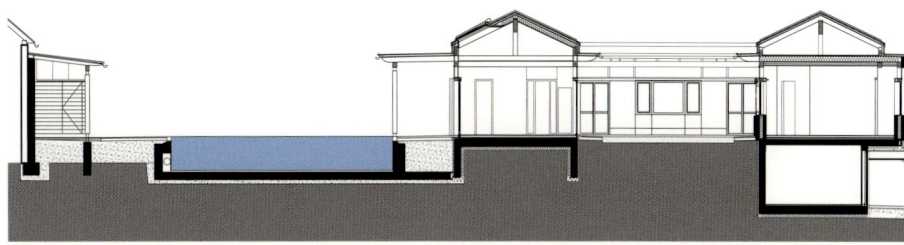

Schnitt durchs Wohnhaus mit Atriumschwimmbecken und Gartenlaube am Bestandsgebäude

Das Baugrundstück ist Teil eines Gutsbesitzes mit ehemals betriebener Landwirtschaft. Die Bauherrschaft übertrug dieses Anwesen einem der Söhne und entschloss sich, für sich selbst ein ungewöhnliches Auszugshaus zu errichten. Die Orientierung nach außen ergab keine überzeugende Lösung. Daher wurde eine intime, introvertierte Alternative gesucht.

Das großzügige, ebenerdige Wohnhaus ist als Atrium-Haus konzipiert und hat die Form eines „kleinen Vierkanthofes", dessen Gesamtaußenabmessungen ca. 20 × 20 Meter betragen. Die Räume des Hauses orientieren sich einerseits zum Atrium hin, andererseits nach außen. Ein durchlaufendes Oberlichtband bringt zusätzlich zu den Fenstern viel Licht ins Gebäudeinnere und gibt die Aussicht auf die umliegenden Berge frei. Der zwischen Atrium und südwestseitigem Garten gelegene Wintergarten lässt sich komplett öffnen, wodurch sich die Außenräume verbinden und der Wintergarten zu einer überdachten Laube wird, von der aus das Atrium und der Garten mit dem Pool erlebt werden können. Um diesem Gartenbereich Geborgenheit zu verleihen, wurde das dem Atriumhaus gegenüberliegende alte Nebengebäude mit einer offenen Laube erweitert, welche einen großzügigen, geschützten Außenbereich in Form eines großen Hofes bietet.

Dem Holzbau entsprechend wurden die Außenwände in jenen Bereichen, welche ausreichend Vordach aufweisen, mit Lärchenschalungen beplankt und mit Lärchenholzöl behandelt, um dem Vergrauen vorzubeugen.

Wohnhaus von Südwesten

Westansicht mit Carport

Blick vom Atrium über den Wintergarten
zum Schwimmbecken und zur Gartenlaube
als bauliches Gegenüber

1. Die Mitte und das Ganze

Atriumhaus in Sachsenburg. Ein Domizil in Niedrigenergiebauweise um einen Innenhof

Carport und Eingangssituation

Die exponierten Fassadenteile im Bereich des Schlafzimmers sowie des Wohnzimmers wurden hingegen mit grauen Fassadenplatten beplankt.

Das durchlaufende Oberlichtband verleiht dem gesamten Haus optische Leichtigkeit. Die Dachuntersicht der Vordachflächen wurde, wie auch die Deckenuntersicht im Inneren, mit glatten Fichtenplatten beplankt.

In Ergänzung zur strengen, quadratischen Form des Hauptbaukörpers verfügt das Gebäude an der Ostseite über eine überdachte Eingangssituation und einen Carport, welcher wie das übrige Gebäude zur Gänze aus Holz errichtet wurde. Ebenso wurde die Vorzone zum Schwimmbecken mit einem Vordach versehen und sonnen- und regengeschützt gestaltet.

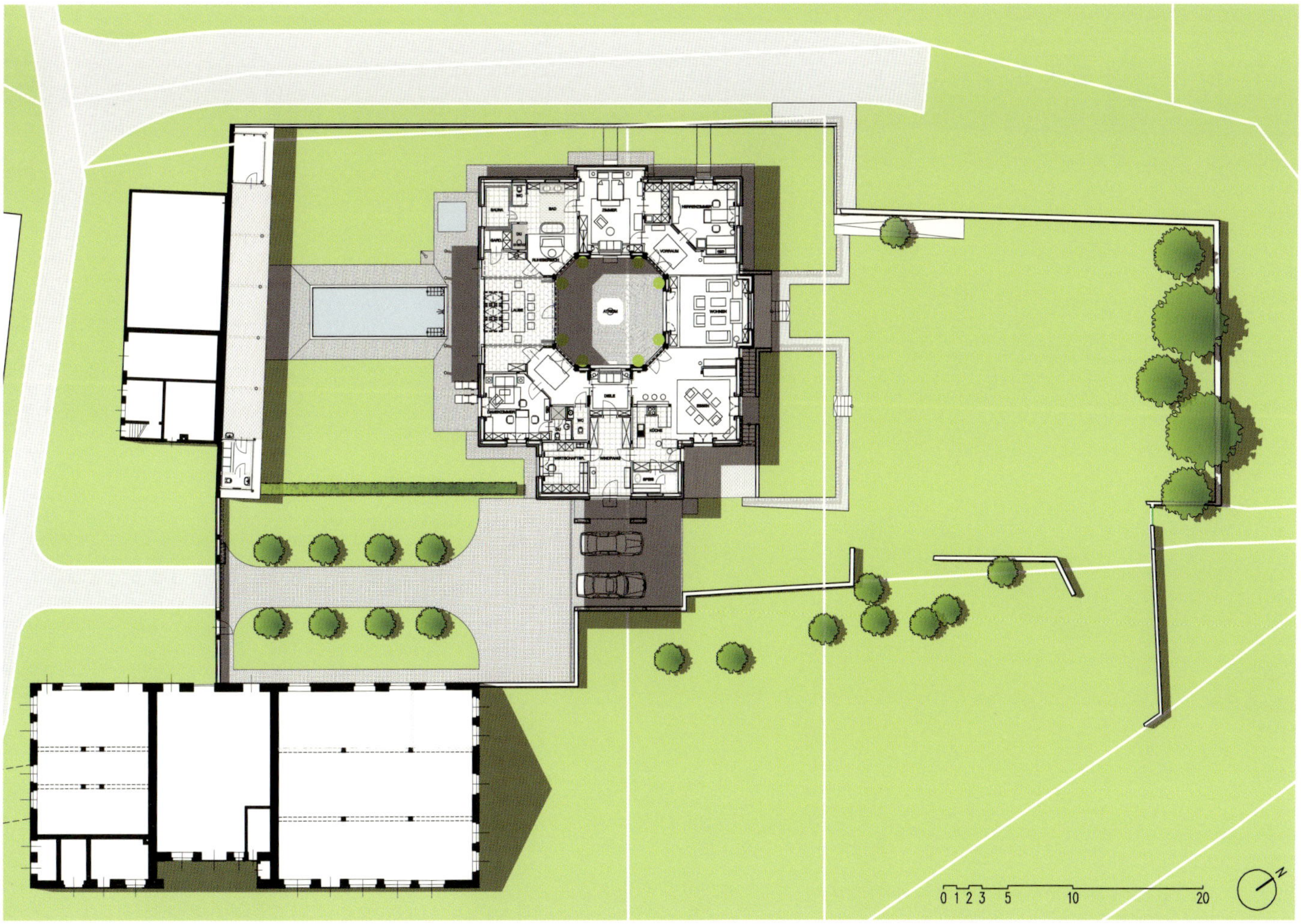

0 1 2 3 5   10   20

1. Die Mitte und das Ganze

Atriumhaus in Sachsenburg. Ein Domizil in Niedrigenergiebauweise um einen Innenhof

Wohnhaus am Wörthersee

Ein Feriendomizil für drei Generationen

Südansicht mit den großen Terrassen
auf beiden Ebenen

Feriendomizil für drei Generationen in Passivhausbauweise
Standort: **Wörthersee** (Kärnten)
Planung: **2007**
Ausführung: 2008
Mitarbeiter: **Alexander Gressel, Jürgen Fina, Markus Rauscher,**
Matthias Brugger, Roman Schmidt

Diese Villa am Wörthersee wurde als Sommerwohnhaus und zentraler Treffpunkt für Familienmitglieder und Freunde konzipiert. Das Grundstück bietet durch das erhöhte Niveau der Erschließungsstraße im Norden und die Lage des Wörthersees im Süden ausgezeichnete Bedingungen für die Orientierung zur Sonne und zum See hin. Die großzügige Öffnung bzw. Transparenz in Richtung des Wörthersees war sowohl für die Innenräume als auch für die Freiräume entwurfsbestimmend.

Das Gebäude verfügt über zwei nahezu gleich konzipierte Ebenen mit jeweils einem zentralen Wohnraum von stattlicher Größe und vier Schlafräumen mit Bädern. Die Wohnräume in der Mitte sind Kommunikationszentrum für alle Familienmitglieder. Die Küche ist in beiden Geschoßen offen konzipiert, das Kochen tritt in den Mittelpunkt. Beiden Wohnräumen sind südseitig großzügige überdachte Terrassen mit herrlichem Blick auf den Wörthersee vorgelagert.

Das Wohnhaus ist zur Gänze aus Holz gebaut und wurde sowohl hinsichtlich der Qualität der Bauteile als auch in Bezug auf die Haustechnik im Standard eines Passivhauses errichtet. Die Südseite des Walmdaches trägt eine Photovoltaikanlage. So rasch sich Architekten und Bauherrschaft über den Einsatz des Baustoffs Holz für alle tragenden Bauteile einig waren, so wenig wurde vom Bauherrn die Herstellung einer Holzfassade gewünscht. Das Äußere des Gebäudes wird daher durch elfenbeinfarbene Fassadenplatten bestimmt. Lediglich die oberste Zone der Fassade, hinter wel-

So sehr sich das Gebäude nach Süden öffnet, so sehr bleibt es im Norden geschlossen.

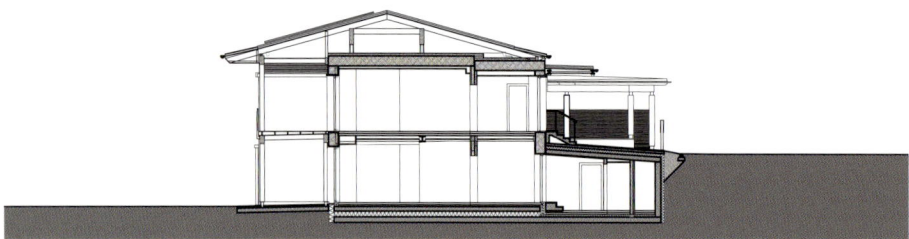

Am Schnitt ist ersichtlich, dass das Gebäude — die Geländesituation nutzend — im Obergeschoß erschlossen wird.

Blick von der Terrasse auf den Wörthersee

1. Die Mitte und das Ganze

Wohnhaus am Wörthersee. Ein Feriendomizil für drei Generationen

cher sich die letzte Geschoßdecke bzw. das Auflager des weit ausladenden Vordaches verbirgt, wurde mit horizontalen Lärchenholzlamellen bekleidet. Diese und die Lärchenholzfenster sowie die Balkon- und Carportkonstruktionen sorgen dafür, dass spürbar bleibt, dass es sich um ein Holzgebäude handelt.

Das großzügige Vordach bietet Sonnen- und Witterungsschutz vor allem im Mittelteil des Hauses, wo in beiden Geschoßen ein tiefer Rücksprung viel Platz für den schattigen Aufenthalt im Sommer bietet.

0 1 2 3 5   10   20

1. Die Mitte und das Ganze

Wohnhaus am Wörthersee. Ein Feriendomizil für drei Generationen

Ferienwohnhaus im Gailtal

Ebenerdiges Wohnhaus in Passivhausbauweise

Südansicht mit weit ausladendem Vordach als Sonnen- und Witterungsschutz

Ebenerdiges Wohnhaus in Passivhausbauweise
Standort: **Matschiedl** (Kärnten)
Planung: **2009**
Ausführung: 2010
Mitarbeiter: **Andreas Mitterer, Christian Kanzian, Franziska Dej**

Bereits im Jahre 1987 wurde für dieselbe Bauherrschaft ein Wohnhaus in Wien geplant bzw. errichtet. Im Jahre 2007 entschloss sich die Familie, im Gailtal eine Ferienwohnung zu errichten, und überließ es dem Architekten, ein geeignetes Grundstück zu finden. Die zweite, südseitige Parzelle eines Aufschließungsgebietes am westlichen Ortsrand von Matschiedl wurde schließlich empfohlen und ausgewählt. Für dieses Areal wurde zuvor ein Bebauungsplan mit ebenerdigen Gebäuden und einer begrenzten Erhöhung der Mitte erstellt, damit später auch die zweite (hintere) Gebäudereihe über eine gute Aussicht verfügt und dadurch die Möglichkeit einer sinnvollen Verdichtung des Gesamtareals gegeben ist.

Das Gebäude verfügt über einen mittigen Eingang an der Nordseite, einen zentralen Vorraum und einen großzügigen, nach Süden orientierten Wohnbereich. Die beiden Schlafzimmer liegen an der Ost- und Westseite und sind ebenso durch seitliche Vorsprünge nach Süden orientiert, um die außerordentlich freie Aussicht zur Karnischen Bergwelt auch für den hinteren Bereich des Wohnhauses zu ermöglichen. Nebenräume wie das Bad befinden sich im Norden. Die Mitte des Hauses ist zweigeschoßig angelegt.

Das Gebäude ist als Passivhaus konzipiert. Die Fensteröffnungen sind konsequent nach Süden ausgerichtet. Das Vordach an der Südseite bewahrt das Gebäude vor Überhitzung im Sommer und bietet eine vor Niederschlag geschützte Terrasse. Der zentrale Teil des Wohnbereiches ist über zwei Geschoße mit

Terrassensituation von Südosten

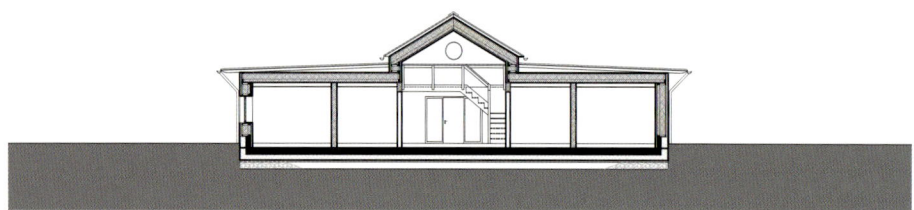

Querschnitt und Südansicht

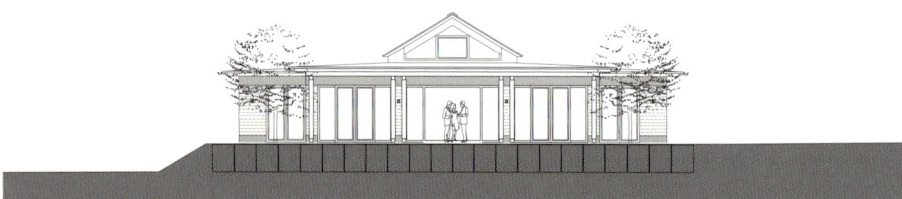

Zentraler Wohnraum unter dem
offenen Satteldach

1. Die Mitte und das Ganze

Ferienwohnhaus im Gailtal. Ebenerdiges Wohnhaus in Passivhausbauweise

Die Küche ist ein Teil des Wohnraumes.

einem offenen Dachgiebel ausgestattet. Der nördliche Bereich verfügt über eine Zwischendecke und bildet eine Galerie, von welcher sich eine besonders beeindruckende Aussicht über die Bergwelt eröffnet. Die Passivhaus-Kenndaten wurden aufgrund der Ebenerdigkeit (Oberflächen-Volumen-Verhältnis) mit 19,2 kWh/m² knapp überschritten. Durch die sonnige Lage des Areals (Matschiedl kann sich über besonders viele Sonnentage im Winter freuen) liegt der Heizwärmebedarf in der Praxis dennoch etwa bei jenem eines Passivhauses.

Das Gebäude wurde als reines Holzgebäude errichtet. Die Fassade ist mit unbehandeltem Lärchenholz sowie teilweise mit grauen Fassadenplatten beplankt. Der überwiegende Teil der Dachfläche ist als Kiesdach hergestellt, der Mittelteil mit Ziegeln gedeckt. Die Beheizung erfolgt über eine Kleinwärmepumpe, welche im nördlichen Gartengeräteraum installiert wurde. Als Passivhaus ist das Gebäude mit einer kontrollierten Wohnraumlüftung ausgestattet.

0 1 2 3 5 10 20 N

Wohnhaus bei Wernberg

Haus in der Siedlung in Holz- und Massivbauweise

Das Haus am Hang öffnet sich vorwiegend
nach Süden und bietet großzügig überdachte
Terrassenplätze.

Haus in der Siedlung in Holz- und Massivbauweise
Standort: **Wernberg** (Kärnten)
Planung: **2010**
Ausführung: 2011
Mitarbeiter: **Andreas Mitterer, Debora Mugnaini, Roman Schmidt**

Sowohl das Erdgeschoß als auch das Obergeschoß verfügen über geschützte Freiräume.

Dieses Haus steht am südlichen Hang eines neuen Siedlungsgebietes mit sehr unterschiedlichen, hauptsächlich modernen Bauformen, mit wenig Bezug zur Bautradition der dörflichen Umgebung. Das Grundstück wird von Norden erschlossen und fällt steil nach Süden ab, daher kommt der Hauptfront und gleichzeitig der Südfront eine große Bedeutung zu, da das Gebäude auf dieser Seite voraussichtlich für viele weitere Jahre frei sichtbar und silhouettenbildend bleiben wird.

Das sparsame Wohnhaus am Hang wird an der Nordseite bzw. Rückseite in der oberen Ebene erschlossen. Hier befinden sich die Schlafbereiche, während die Wohnebene ein Geschoß tiefer liegt und direkt zum Garten hin orientiert ist.

Das Untergeschoß ist ein Massivbau, während das Obergeschoß vollständig in Holzbauweise errichtet wurde. Das Gebäude ist mit einem Flachdach versehen, das als Kiesdach gestaltet ist. Dieses ist jedoch wie ein geneigtes Dach zur Gänze nach außen entwässert und verfügt an allen Seiten über ein weit ausladendes Vordach, welches gleichermaßen als konstruktiver Holzschutz wie auch als Sonnenschutz gegen die steile Sommersonne dient.

Charakteristisch für die Gestaltung ist die Horizontalbetonung durch das durchlaufende Oberlichtband, das direkt unterhalb der ausladenden Decke aus Brettsperrholz verläuft. Um diesen Gestaltungswillen umsetzen zu können, war es erforderlich die Holzprimärkonstruktion auf die Dachoberkante zu verlegen. In dieser Hinsicht gibt es ein Vor-

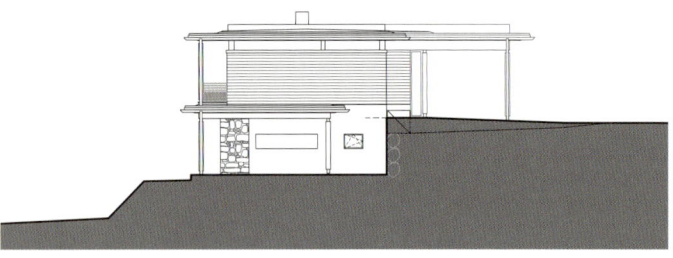

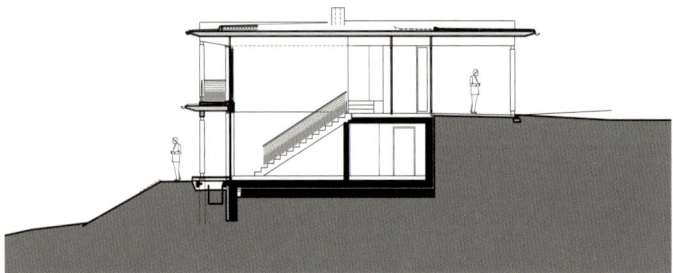

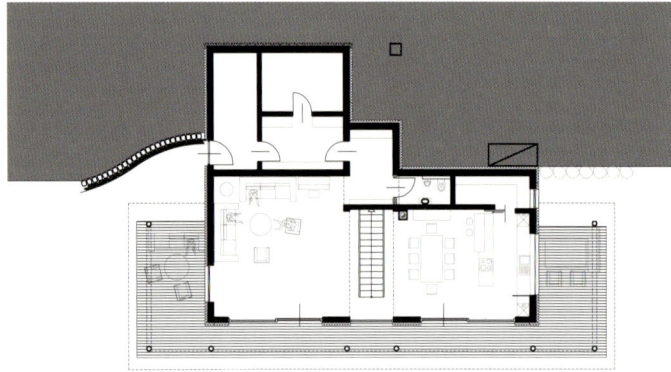

Die offene Stiege fungiert als Raumteiler zwischen Wohn- und Essbereich.

1. Die Mitte und das Ganze

Wohnhaus bei Wernberg. Haus in der Siedlung in Holz- und Massivbauweise

Ansicht von Osten: Im Gegensatz zur Südfront bleiben die übrigen Fassaden weitgehend geschlossen.

bild bei den eigenen, früher realisierten Projekten, und zwar das „schwimmende Saunahaus am Pressegger See", welches ebenso ein durchlaufendes Oberlichtband mit darüberliegender Primärkonstruktion besitzt.

Das Wohngeschoß liegt auf der unteren Ebene und hat durch die großzügig überdachten Terrassen im Südosten und Südwesten einen starken Bezug zum Garten.

Zentrales Gestaltungselement im kleinen, zweigeschoßigen Luftraum in der Mitte des Hauses bildet eine Kombination aus Treppe und Kaminofen, dessen Feuerstelle sowohl vom westlichen Wohnbereich als auch vom östlichen Essraum aus sichtbar ist.

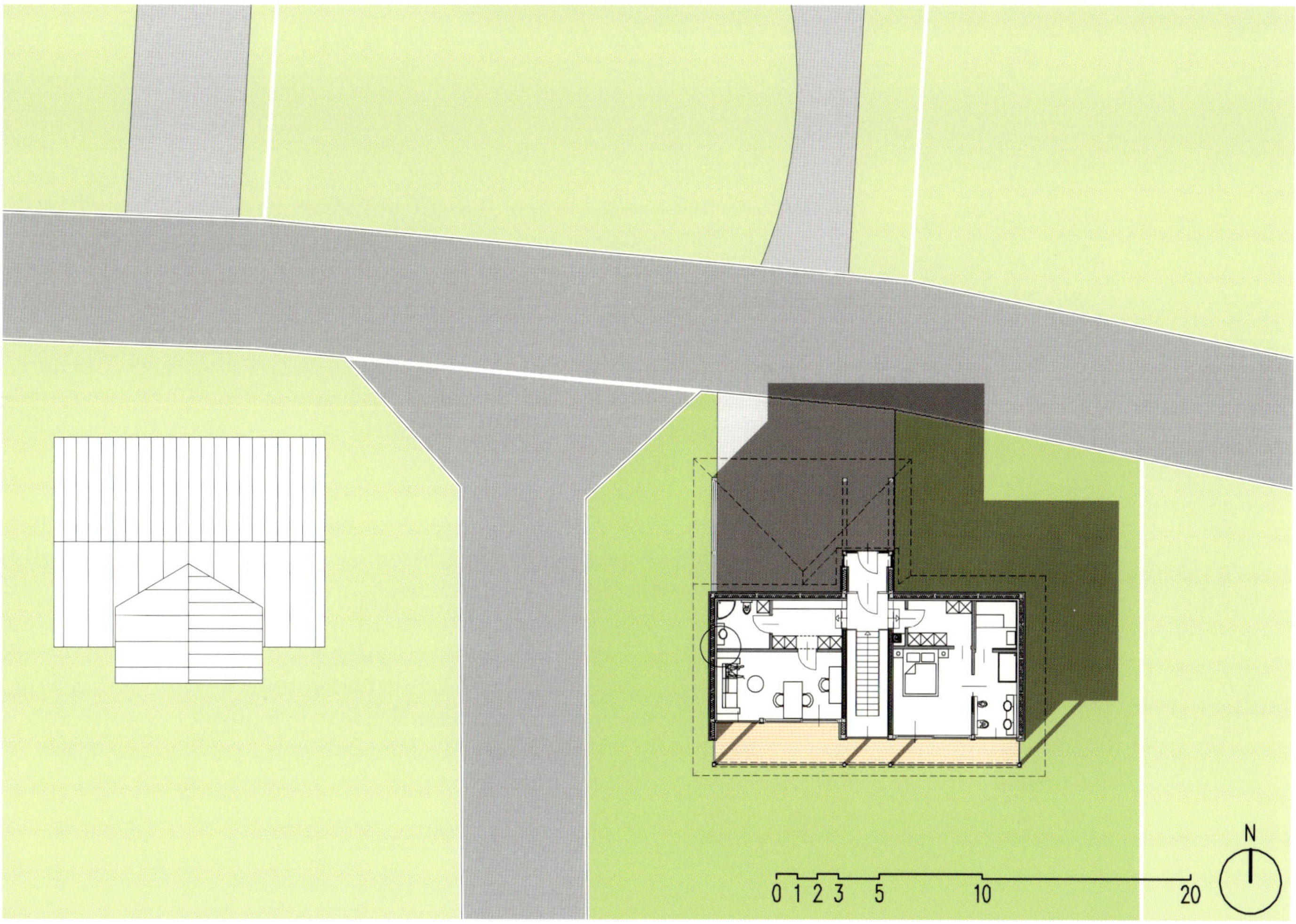

0 1 2 3 5   10   20

N

„Die geistigen Wurzeln und die Verbindung zur Vergangenheit gehen
den Menschen verloren, wenn die physische Welt, in der sie leben,
diese Wurzeln nicht bewahrt."[1]
Christopher Alexander

2. Bauen im Kontext von Natur und Tradition

Ehrfurcht vor dem Erbe

Seitdem der Mensch Behausungen bzw. Bauwerke errichtet, war er über die Jahrhunderte, ja Jahrtausende, dem Grundsatz, „ehrlich" zu bauen und zu gestalten, im Wesentlichen treu geblieben. Dies gilt vor allem für die anonyme Architektur. Solange Notwendigkeit und Zweckmäßigkeit die wichtigsten Maßstäbe waren, wurde die Frage nach der richtigen Gestaltung nicht gestellt. Und dennoch bzw. gerade deshalb schöpfen wir heute aus der Vielfalt und Schönheit dieser alten Vorbilder.

Durch die „Wahrheit" dieser Gebäude, deren äußere und innere Gestalt im Wesentlichen mit der Konstruktion, dem Baugefüge und dem räumlichen Nutzen übereinstimmen und die daher für uns alle direkt nachvollziehbar und verständlich sind, bewahrten diese Vorbilder vor allem hinsichtlich ihrer Gestaltung ihre Gültigkeit und erfreuen sich noch heute unserer Wertschätzung.

Das Wissen um die Zusammenhänge sowie das Studium der eigenen, aber auch fremder Bautraditionen ist eine der Voraussetzungen dafür, selbst qualitätsvolle Gestaltungen hervorzubringen. Wirkliche Schönheit für unsere bebaute Umwelt kann nur unter Berücksichtigung des gemeinsamen Ganzen gefunden werden. Dafür ist ein vernünftiges Maß an Kontinuität erforderlich. Freiheit in der Gestaltung benötigt ein starkes Fundament, dazu gehört zunächst ein Mindestmaß an Liebe zur Ordnung.

In seinem Buch „Raus aus den alten Schuhen" empfiehlt der Autor Robert Betz: *„Bring Ordnung in dein Leben, denn Ordnung ist das erste Gesetz des Himmels. Das Leben, das Universum, das All stellen ein System in vollkommener Ordnung dar."*[2]

Bauernhof in Holzblockbauweise
im Nationalpark Hohe Tauern

Doch wie bei allem in unserem Leben geht es immer um das rechte Maß, um das Finden der Mitte, um Ausgewogenheit, um das Leben und Erleben beider Pole. *„In Wahrheit wollen beide geliebt werden: die Unordnung und die Ordnung. Wer unordentlich sein darf, der hat auch mit der Unordnung seiner Mitmenschen wenig oder keine Probleme."* [3]

Was bei einem Vergleich zwischen dem traditionellen Bauen der vergangenen Jahrhunderte und den verschiedenen Dogmen der Moderne auffällt, ist ein ausgewogenes Maß an Ordnung und Unordnung im ersten Fall und die Forderung nach Ausschließlichkeiten im zweiten Fall.

Auf der einen Seite begegnen wir also der totalen Ordnung — erkennbar im Raster und der Geradlinigkeit der klassischen Moderne — der „Neigung, ins Extreme zu gehen" wie es Sedlmayr nannte. Diese beschwört schließlich die Schaffung des Dekonstruktivismus als Kehrseite der Medaille geradezu herauf. Auf der anderen Seite sehen wir in der Tradition ein hohes Maß der Ausgewogenheit zwischen Ordnung und Abweichung davon, hervorgebracht innerhalb eines unspektakulären Schöpfungsprozesses ohne Architekten durch „einfache" Menschen im anonymen Bauen der Vergangenheit.

Kirche bei Portovenere in Ligurien — Steinbau in Symbiose mit den Felsen der Umgebung

Mit dem Fortschreiten der menschlichen Entwicklung ist ein zunehmendes Innovationsbedürfnis der Menschen erkennbar. Dies ist auch einer der Gründe für die exponentiell verlaufende Entwicklung in vielen Bereichen der menschlichen Gesellschaft, gleichzeitig birgt dieses Phänomen aber die Gefahr des Verlustes von Werten in sich.

Das System ist drauf und dran, aus den Fugen zu geraten. Michael Landmann hat diese Problematik wie folgt beschrieben: *„Unsere Neigung gilt der Utopie, die das Phantasiebild einer heilen Zukunft vor uns aufsteigen läßt. Kritik, Empörung und Utopie gehören zu Kreativität und Innovativität. Sie alle sind Anthropina, die durch die griechische ‚Vollendung des Menschseins' freigesetzt wurden. Nach langen Zeiträumen, in denen uns diese Anthropina weitertrugen, drehen sich jedoch jetzt die Verhältnisse um. Wir müssen gegen unsere Neigung ankämpfen, müssen eine neue Neigung in uns entwickeln. Jetzt erscheint es als dringender, das Gewonnene gegen seine Aggressoren in Schutz zu nehmen, damit es uns nicht im Scheinfortschritt wieder genommen wird."* [4]

Das Gewonnene als das große Erbe jahrhundertealter Bautradition kann aber erst wirksam in Schutz genommen werden, wenn sein Wert erkannt und anerkannt wird. Diese Anerkennung drückt sich bei vielen Menschen in Form einer großen Ehrfurcht vor alten Gebäuden aus. Aber erst, wenn auch Lehrende wieder vermehrt den Wert des Bestehenden vermitteln, wird es eine Balance zwischen Werterhalt und Innovation geben.

Was aber haben wir gelernt von den ganz normalen Häusern, die unsere Vorfahren in jahrhundertelanger Entwicklung von Generation zu Generation verbessert und verfeinert haben? Leider viel zu wenig. Wir versuchen, alles neu zu erfinden und verwerfen jahrhundertelange Bautradition als unbrauchbares Zeug. In Wahrheit ist dieses „unbrauchbare Zeug", sind alte Bauernhäuser, Bürgerhäuser, Dorf- und Stadtstrukturen ein Erbe von unschätzbarem und unverzichtbarem Wert. Dies aber nicht in erster Linie in musealer Hinsicht, sondern als Vorbild und Grundlage für eine kontinuierliche Weiterentwicklung.

Das Erbe der Bautradition kann erst in Schutz genommen werden, wenn sein Wert erkannt und anerkannt wird.

Bergdorf im Aostatal

„[Traditionelle Bauten]
sind zu Meisterwerken
herangereift, auch ohne den
genialen Einzelschöpfer."
Rob Krier

Ehrfurcht vor dem Erbe der Bautradition zu haben, bedeutet auch, den Blick für die Gesamtheit zu behalten, nicht anfällig zu sein für eine Idee, die vielleicht nur den Grundriss eines Hauses betrifft, ohne die Dachkonstruktion oder die Auswirkungen auf die Ansichten, auf den gesamten Baukörper zu berücksichtigen.

Würde den Architekturstudenten jedoch Ehrfurcht gegenüber wahrer Bautradition vermittelt, so hätten sie eine Grundlage zur Gestaltung in Händen, die so umfangreich ist, dass Architekten unterschiedlicher Begabungsstufen brauchbare bis vorzügliche Bauten realisieren könnten.

Die Verleugnung und Verdrängung der eigenen Geschichte, die sich bekanntermaßen in allen geistigen Bereichen der Nachkriegszeit, vor allem aber im deutschsprachigen Raum, breitgemacht hat, erzeugte ein Vakuum. Aus einer seltsamen Abneigung heraus, das Erbe der eigenen Vorfahren zu studieren oder zu lernen, untersuchte man die Prinzipien des archaischen Bauens an Holzkonstruktionen aus Guatemala oder an Lehmhütten aus Afrika. Hier sehen wir die Parallelen zur Rückbesinnung des Westens auf Gesetze der Geomantie, welche erst nach einer gewaltigen Feng-Shui-Welle langsam wieder ins Bewusstsein der Europäer gelangte. Gegen den Blick in andere Kulturen wäre nichts einzuwenden, wäre nicht die eigene Baugeschichte so reich an Vorbildern und würden nicht diese geeigneter sein, dem Bedürfnis der Menschen nach Kontinuität und Heimatgefühl Rechnung zu tragen.

Professor Rob Krier äußert sich zu unserem Verhältnis zu unserer eigenen Vergangenheit so: *„Unser krankes Geschichtsbewußtsein ist an manchen Fehlinterpretationen der Vergangenheit schuld und charakterisiert auch unser Verhältnis zur Zukunft. Es ist reine Blindheit, sich von dem geschichtlichen Erbe entbinden zu wollen. Damit beraubt man sich der Erfahrungsquelle von mehreren Jahrtausenden."*[5] Seine Forderung daraus mag manchem Fortschrittlichen altmodisch erscheinen. Bei einer Betrachtung der vielen gescheiterten Experimente der Moderne sind sie aber verständlich: *„Die vernünftigen und faszinierenden Haustypen und Stadtraumstrukturen, die uns die anonyme Baukunst überliefert hat, sind von unzähligen Generationen verbessert worden. Sie sind zu Meisterwerken herangereift, auch ohne den genialen Einzelschöpfer, einfach aufgrund eines perfekt optimierten Wissens um die Bedürfnisse des Bauens mit einfachen Mitteln. Sie sind das Ergebnis einer richtig verstandenen Tradition als Erfahrungsübermittlung in Technik und Kunst."*[6]

Rob Krier spricht hier einen ganz wesentlichen Punkt in der Problematik zeitgenössischen Bauens an: *„Sie sind zu Meisterwerken herangereift, auch ohne den genialen Einzelschöpfer."* Die langen Ausbildungszeiten von heutigen Architekten sind kein Garant für eine gute Architektur des Alltags. Die gebauten Ergebnisse von Durchschnittsarchitekten werden immer durchschnittlich sein, wie das bei allen Berufen der Fall ist. Architekten und Baumeister der Vergangenheit waren genauso begabt oder unbegabt wie jene der Gegenwart, aber ihr Schaffen war eingebunden in „*„ein perfekt optimiertes Wissen"* um das Bauen *„mit einfachen Mitteln"*. Die zahllosen anonymen Bauten bedurften keiner Genies, dennoch sind sie in ihrer Gesamtheit das geniale Ergebnis *„einer richtig verstandenen Tradition als Erfahrungsübermittlung in Technik und Kunst"*.

Ehrfurcht vor dem Erbe zu haben, soll keineswegs bedeuten, dass starr an alten Bau- und Konstruktionsprinzipien, die aufgrund neuer Funktionen und Fertigungs-

Vierkanthof Kletzmayr
in St. Marien in Oberösterreich

2. Bauen im Kontext mit Natur und Tradition

techniken in unserer Zeit unehrlich und unwirtschaftlich geworden sind, festgehalten werden soll. Die geistige Auseinandersetzung mit den alten Vorbildern schließt ja in keiner Weise aus, dass wir die Augen für eine sinnvolle Weiterentwicklung öffnen.

Die wissenschaftliche Auseinandersetzung mit den Zusammenhängen von Besiedlung, verfügbarem Baumaterial, gewählter Dachkonstruktion, geeignetem Dachdeckungsmaterial, dem Klima und der aus der Summe dieser und anderer Faktoren resultierenden Baukörperausformung — welche für das Verständnis der traditionellen und heutigen Bauweisen unverzichtbar wäre — blieb bislang in erster Linie den Volkskundlern vorbehalten. Dies ist auch der Grund dafür, warum in Architektenkreisen derart kontroversiell über Fragen des Stils, über Dachneigungen oder etwa über die richtige Farbe des Daches diskutiert wird.

Mehr Wissen um das Erbe unserer Baukunst würde Menschen gleichermaßen gegen schwülstigen Kitsch, welcher meist einem falsch verstandenen Traditionalismus entstammt, und gegen modernistische Formen immunisieren und dadurch die Qualität des Bauens für den Alltag deutlich verbessern.

Einer der größten Fehler bei der Bewertung der ästhetischen Wirkung von Bauformen scheint der Umstand zu sein, dass viele unserer Zeitgenossen Bewunderung von alter, gewachsener Architektur, ob im anonymen Bereich oder in der sogenannten Hocharchitektur, in erster Linie auf das „Gewohnt-Sein" der Menschen an diese Form zurückführen. Müsste aber nicht das Unbehagen, welches viele Menschen gegenüber dem modernen Bauen im weitesten Sinne empfinden, zu denken geben? Wäre diese Ablehnung nur auf die Tatsache des „Nicht-gewohnt-Seins" zurückzuführen, so müssten doch jene Gebäude, welche in den 60er und 70er Jahren errichtet wurden, zwischenzeitlich also mehr als eine Menschengeneration an Jahren auf dem Buckel haben, längst auch zu den akzeptierten Formen gezählt werden?

Wahrscheinlich bedarf es noch vieler Wege und Irrwege der Formensuche, bis man die psychologische Wirkung von Formen unserer gebauten Umwelt auf die Seele der Menschen erforscht hat und das Empfinden der Menschen als objektives Maß für Qualität in der Architektur anerkennt.

In der Folge werden hier Prinzipien der Bautradition sowie heutige Antworten darauf beschrieben.

Bauernhaus im Lesachtal
in Kärnten

Speicherbau in Stolpe,
Mecklenburg-Vorpommern

Einer der größten Fehler bei der Bewertung der ästhetischen Wirkung von Bauformen scheint der Umstand zu sein, dass viele unserer Zeitgenossen Bewunderung von alter, gewachsener Architektur, ob im anonymen Bereich oder in der sogenannten Hocharchitektur, in erster Linie auf das „Gewohnt-Sein" der Menschen an diese Form zurückführen. Müsste aber nicht das Unbehagen, welches viele Menschen gegenüber dem modernen Bauen im weitesten Sinne empfinden, zu denken geben?

„Jeder, der mit einer gewissen Beobachtungsgabe ausgestattet ist, jeder, der nicht stumpf die Entwicklung der letzten Jahrzehnte hingenommen hat, muß die ungewöhnlich rasche Veränderung unserer Kulturlandschaft in Stadt und Land seit dem Ende des Zweiten Weltkrieges mit Bedrückung verfolgt haben. Diese Veränderung ist über weite Strecken keine Fortentwicklung, sondern eine Zerstörung gewachsener Strukturen, die in Jahrhunderten von unseren Vorfahren aufgebaut wurden, und die in Einklang mit der Natur die jeweilige Kulturlandschaft formten." [7]

Hans Wickmann

Die Ordnung des Raumes

Hallstatt im Salzkammergut

Die Begrenzung des Umraumes, die Knappheit des Bodens als Grundlage für Ensembles größter künstlerischer Qualität

Eine der entscheidendsten Voraussetzungen für das Erlangen von Baukultur ist die Fähigkeit, mit dem zur Verfügung stehenden Raum sparsam umzugehen.

Natürlich spielen diese Überlegungen beim Studienfach Städtebau eine gewisse Rolle; diese Disziplin des Architekturstudiums ist aber praktisch die einzige, bei welcher der verbleibende Außenraum von Gebautem einer Bewertung unterzogen wird. Aber so wie der Städtebau von der Architektur nicht zu trennen ist, so sollte auch die Auseinandersetzung mit dem Umraum, dem Außenraum, natürlich bei jeder Planungsaufgabe stattfinden. Es ist Ausdruck der Fähigkeit gesamtheitlichen Denkens, wenn die Qualität der Architektur nicht ausschließlich durch das Objekt selbst bestimmt wird, sondern auch die grundsätzlichen, raumbildenden Aspekte bewertet werden.

Diese Fähigkeit ist umso stärker gefragt, je karger der Boden, je steiler ein Hang ist, je enger der städtische Raum wird, je mehr Menschen an einem Ort Platz finden müssen. Für die Baukultur bedeutet diese Enge fast immer Größe. Aus der Sparsamkeit heraus werden intelligente Ideen geboren und spezielle Details entwickelt, die zu immer funktionaleren Bauwerken und Ensembles führen.

Wir bewundern heute auf der ganzen Welt die Ergebnisse der Vergangenheit aus dem sparsamen Umgang mit Umraum. Ob das malerische Hallstatt im Salzkammergut, ob die einzigartige Siedlung auf Santorin, ob die extrem dicht bebaute Stadt Rovinj oder die außergewöhnliche Nutzung städtischer Baulandreserven, die Bebauung der Ponte Vecchio in Florenz — in jedem Fall war die Begrenzung des Umraumes, aufgrund der Knappheit des Bodens oder wegen der Notwendigkeit, einen mehr oder weniger bebauten Ort weiter zu verdichten, die Ursache für die Entstehung von Ensembles von höchster künstlerischer Qualität.

Obwohl Menschen die Qualität dieser begrenzten und daher menschlichen Räumlichkeit spüren und erkennen, ist leider ein großer Teil der Entscheidungsträger heute nicht in der Lage, diese Erkenntnisse in zeitgemäßer Form zu übertragen. Kaum ein Auftraggeber, der nicht glaubt, ein größeres Baugrundstück wäre besser, kaum eine Wohnbaugenossenschaft, die ihren Wohnbau nicht am liebsten draußen auf Grünflächen errichten möchte, wodurch keine neuen, ideenreichen, im positiven Sinn des Wortes sparsamen Grundrisse für die neuen Wohnungen entwickelt werden müssen. Kaum ein verantwortlicher Politiker einer Stadt, der systematisch darüber nachdenken würde, welche Restflächen genutzt werden könnten, um damit die ausfließenden Stadträume, Dörfer und Siedlungen des 20. Jahrhunderts wieder geschlossener und menschlicher werden zu lassen und unserer Gesellschaft sowie den Nachkommen eine Riesensumme an Kosten für den Erhalt der Infrastruktur zu ersparen.

Rovinj in Istrien

Keine Schwäche im Architekturgeschehen kann so bedeutende Auswirkungen haben wie die Unfähigkeit, mit Raum umzugehen. Durch Schaffung von Innenraum wird logischerweise in den meisten Fällen Außenraum genommen. Es bleibt abzuwägen, wie groß der Raumgewinn im Verhältnis zum entstehenden Raumverlust ist. Nur sehr selten entstehen Bauwerke, die Innenraum schaffen und gleichzeitig fast keinen nutzbaren Außenraum wegnehmen.

Dabei sollte es ganz selbstverständlich sein, dass mit jedem Bauwerk auch der Außenraum verbessert wird. Bei größeren Bauvorhaben wird er in der Regel neu zu ordnen sein, wobei eine bessere menschlichere Erfassbarkeit durch die Begrenztheit anzustreben ist. Die Schaffung von Höfen soll hier als ein Beispiel dienen — oder die Teilung eines für den Menschen in der bestehenden Form nicht fassbaren, unwirtlichen, anonymen Außenraumes in mehrere gegliederte Plätze.

Keine Konzeption in der Architektur ist ohne ihren Umraum denkbar, und kein Produkt menschlicher Planung und menschlichen Schaffens bleibt ohne Auswirkung auf den Umraum. Kein Kriterium für die Qualität eines gebauten Objektes ist daher annähernd so schwerwiegend wie die Fähigkeit seines Schöpfers, diesen Umraum richtig zu erfassen und das zu schaffende Objekt so in diesen Raum zu stellen bzw. so auszuformen, dass der gesamte neu entstandene Raum, also Objekt samt Umraum, eine Steigerung an Qualität, an Harmonie, an Raum, an Funktionalität, an Benutzbarkeit, an Wert, an Freude für den Benutzer erfährt.

Durch die Begrenztheit einer Gesamtsituation wird die Fantasie besonders gefordert, um Raum zu gewinnen. Die Schaffung von Raum kann so weit gehen, dass dies nicht nur im ästhetischen bzw. im gefühlsmäßigen Sinn zu verstehen ist, sondern dass durch neue Baukubaturen der für den Menschen verfügbare und nutzbare Außenraum tatsächlich zusätzlich vergrößert wird.

Die Lösung solcher Aufgaben ist wohl das Reizvollste, was das Bauen zu bieten hat; Lösungen, bei denen am Ende viel gewonnen wird und nichts verloren geht. Dachflächen können zu begehbaren Tribünen werden, ungenützte Böschungen zu Hotelzimmern und deren Dächer zu Liegeflächen. Das Zusammenlegen mehrerer ungenützter Asphaltflächen zu einer optimal situierten Straße kann plötzlich Flächen für eine Bebauung in bester Lage freigeben. Es ist das Zeichen für eine Wohlstandsgesellschaft, wenn solche Lösungen übersehen werden. Der rücksichtslose Verbrauch von Grünraum ist die Konsequenz daraus. Viele Kriterien zur Beurteilung guter Architektur sind subjektiv, dieses eine aber, die optimale Ausnutzung des zur Verfügung stehenden Raumes, wird wohl immer als objektives anzuerkennen sein.

Eine weitere Möglichkeit der behutsamen Raumbeschaffung ist das Bauen unter der Erde. Es gibt Baukörper, die größer sind, als es ihrer Bestimmung angemessen ist. Wenn etwa ein Turnsaal fast so groß ist wie das gesamte Schulgebäude, oder sogar noch größer, kann das Gleichgewicht gestört werden. Eine Lösung stellt das zumindest teilweise „Untertauchen" unter die Erdoberfläche dar, wodurch Raum und Gestalt des Ortes verbessert werden können. Nicht immer geht es dabei um das gänzliche oder teilweise Verstecken von Baumassen.

Riomaggiore, Cinque Terre, Ligurien

Eine Konzeption in der Architektur ist ohne ihren Umraum undenkbar.

Seminarhotel Retter — die Dachflächen der Suitentrakte dienen als Terrassenflächen für die Seminarräume.

Hotelanlage Lefay am Gardasee, Architekt Hugo Demetz aus Brixen

Hotel Die Wasnerin.
Der überwiegende Teil
der Dachlandschaft ist als Grün-
oder Terrassenfläche ausgebildet
und kann genutzt werden.
(3D Rendering)

Grundsätzlich ist es möglich, Räume sowohl durch das Herstellen von Wänden und Decken zu schaffen als auch durch das Aushöhlen vorhandenen Erdreiches. Der Rückzug in die Höhle verhilft zudem zu einem Gefühl der Geborgenheit. Die Polarität der geschlossenen Rückwand und der offenen Front verleihen Sicherheit, ohne das Gefühl des Eingesperrtseins zu vermitteln. Die ideale Voraussetzung dazu bietet die Hanglage.

Eine der wichtigsten Voraussetzungen für eine effiziente Nutzung des Raumes im Kleinen wie im Großen ist die Kultivierung der Fähigkeit, nicht Einzelobjekte, sondern Gesamterscheinungsbilder zu erkennen und richtig zu bewerten. Das diesbezügliche Defizit, welches auf den Verlust des natürlichen Empfindens zurückzuführen ist, machte es möglich, dass wir weltweit das Phänomen der Zersiedelung erleben. Nur die gezielte Schulung des Erfassens von Gesamträumen kann uns aus der Krise führen. Noch gibt es Beispiele für einen qualitätsvollen Umgang mit Räumen, der sich das Spannungsfeld zwischen unberührter Natur und einer maßvollen Verdichtung durch Bauwerke zunutze macht. Noch haben wir diese Vorbilder, die wir studieren sollten. Denn dem Verlust der räumlichen folgt der Verlust der menschlichen Identität.

Mehr als hundert Jahre ist es her, als Camillo Sitte mit seinem Buch „Der Städtebau nach seinen künstlerischen Grundsätzen" den Architekten eine wichtige Basis für das Erkennen der wesentlichsten Prinzipien des künstlerischen und zugleich menschlichen Städtebaus geschenkt hat.

Aber bereits drei Jahrzehnte später zeichnete sich ein vollständiger Umbruch in der Ordnung von städtischen Räumen ab.

Von allen Problemen, die uns das 20. Jahrhundert in baulicher Hinsicht beschert hat, ist wohl das städtebauliche das gravierendste. Fassaden, Dachformen, selbst bauphysikalische Maßnahmen lassen sich nachträglich wieder ändern. Städtebauliche Fehler aber sind für Generationen manifestiert.

Durch die Überbetonung der Wertigkeit von Neubauten gegenüber der Bausubstanz der Umgebung war die Zerschlagung der Kontinuität vor allem in städtebaulicher Hinsicht vorprogrammiert. Die Selbstherrlichkeit neuer Objekte führte oft dazu, dass von der Umgebung wenig Notiz genommen wurde. Der Grundsatz, dass Gebäude nicht nur Innenräume schaffen, sondern durch die Beziehung zueinander auch Außenräume definieren und vor allem Stadträume bilden, spielt im Gedankengut der Moderne leider nur eine untergeordnete Rolle.

Wenn Vertreter des Neuen Bauens die Chance erhielten, innerhalb eines gemeinsamen städtebaulichen Konzeptes Siedlungshäuser zu errichten, war das Ergebnis oftmals fragwürdig. Ein bekannter „Klassiker" für ein neues städtebauliches Konzept ist das südliche Hansaviertel in Berlin. Scheinbar befreit aus den Zwängen der gewachsenen Entwicklung eines Stadtkörpers, wirken die Baukörper wie Bauklötze, ohne wirkliche Beziehung zueinander.

Ein anderes prominentes Beispiel ist die Stadtrandsiedlung Dammerstock bei Karlsruhe. *„Vorherrschendes Gestaltungsmittel sind der rechte Winkel und die Nord-Süd-gerichtete Parallelität, die Gropius mit einer rationellen Baustelleneinrichtung erklärt."* [8]

So fragwürdig es auch ist, dass die Atmosphäre gewachsener Siedlungen für „neue Ideen" rationalisierten Bauens geopfert wurde, so bedenklich ist die Tatsache,

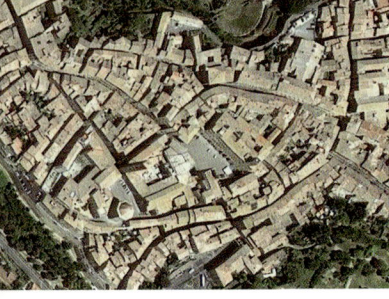

Die organischen Strukturen
der mittelalterlichen Städte am
Beispiel Siena und Volterra

dass Jahrzehnte danach immer noch durch ungebrochene Parallelzeilen im Wohnbau Wettbewerbe gewonnen werden. Die unreflektierte Bewunderung der Ästhetik des geraden Striches auf dem Papier ist geblieben.

Konzepte, die in Zeiten der Vorkriegsmoderne noch mit Argumenten der „rationelleren Baustelleneinrichtung" erklärt wurden, finden sich aber immer noch als intellektuelles Spiel, in nicht enden wollenden Geraden oder ebenso langen minimalen Schwüngen wieder.

Stellt man neue Stadtentwicklungen den gewachsenen Strukturen mittelalterlicher Städte gegenüber, muss die Lehre des Städtebaus, wie sie Jahrzehnte praktiziert wurde, beim Sichtbarwerden der Ergebnisse des heutigen Bauens wohl als unbefriedigend betrachtet werden. Natürlich ist es sinnvoll und meist erforderlich, die Enge der mittelalterlichen Straßenräume bei neuen Stadtentwicklungen in Frage zu stellen bzw. größere Freiräume zu konzipieren. Leider wurde aber, wie so oft im Leben, hier das Kind mit dem Bade ausgeschüttet. Der goldene Weg der Mitte ging verloren.

Das Hansaviertel in Berlin

Ein Fehler des Studienfaches Städtebau liegt im Nichterkennen der Notwendigkeit einer lebendigen und bildhaften Vermittlung der guten traditionellen Beispiele gewachsener Dörfer und Städte, der gezielten Betrachtung historischer und neuer Stadtentwicklungen und der Bewertung positiver und negativer Prinzipien und Erscheinungen. Das Lernen von Begriffserklärungen, wie Fluchtlinien, Bebauungslinien, Rahmenpläne, Baulandkonzepte, Verkehrskonzepte, Nutzungskonzepte, Durchführungskonzepte usw., vermittelt dem Studierenden möglicherweise das irrige Bild, nach so viel Pauken von Schemen wäre Städtebau auf diese Art zu lösen. Das Instrument wurde mit dem Inhalt verwechselt, aber das Zeichenwerkzeug der Reißschiene konnte die Seele nicht ersetzen, schon gar nicht der Computer.

Die parallelen Häuserzeilen der Stadtrandsiedlung Dammerstock.

Kein anderer Bereich der modernen Architektur zeigt in so eindeutiger Weise, dass wirklicher Fortschritt ohne Studium traditioneller Vorbilder nicht möglich ist. Um die Jahrtausendwende scheint sich das Blatt aber endlich zu wenden:

Das zeigt unter anderem das Ergebnis des Architektenwettbewerbes für den Potsdamer Platz in Berlin aus den letzten Jahren des 20. Jahrhunderts: *„Nicht das weltweit verwendete amerikanische Stadtmodell der Hochhausagglomeration, sondern die Vorstellung von der kompakten, räumlich komplexen europäischen Stadt, liegt dem Entwurf zugrunde."* [9] Es darf als eines der erfreulichen Signale dafür gewertet werden, dass selbst bei Entscheidungsträgern der „Weltarchitektur" ein Umdenken Platz greift. Dies gilt sowohl für den städtebaulichen Ansatz des Siegerprojektes der Architekten Hilmer & Sattler als auch für die Umsetzung innerhalb des Masterplans von Architekt Renzo Piano und anderen prominenten Vertretern zeitgenössischer Architektur.

Späte Rückbesinnung der Moderne: Potsdamer Platz in Berlin

Auch die Materialwahl zeigt deutliche Ansätze einer Neuinterpretation traditioneller Werkstoffe, wie sie vor allem durch die Keramikfassaden ganzer Häuserblöcke zum Ausdruck kommt.

Auch wenn moderne Stadtentwicklungen noch weit davon entfernt sind, die Qualität von Ordnung und Lebendigkeit historischer Städte und Siedlungen zu erreichen, so scheint doch die Talsohle erreicht und ein Neubeginn der Raumordnung in Sicht.

„Obwohl wir nur mehr mit dem letzten Rest bäuerlicher Baukultur konfrontiert sind [...], bestimmt er durch seine architektonische Kraft und ästhetische Qualität im uferlosen Meer anonymer Neubauten doch noch immer das Erscheinungsbild unserer Landschaften." [10]
Johann Kräftner

Die Kraft der Region

Museum Propstkeusche,
Rauchstubenhaus auf 1.661 m,
Nationalpark Region Hohe Tauern

Der Transport modischer bzw. urbaner Formen auf das Land ist ein seit Jahrhunderten andauernder, problematischer Prozess. Die Vehemenz dieser Forderung, Urbanes auf das Land zu transferieren, steht in ständigem Konflikt mit der Meinung der Bevölkerung. Das Fremde wird abgewehrt, weil es vielerorts als zu andersartig empfunden wird.

„Alltagsarchitektur, wie sie das Dorf braucht, ist bisher kein Thema der Baugeschichte, und allzu oft orientiert man sich dort, wo die Gestaltfragen des Dorfes angegangen werden, an der Symbolik der Hocharchitektur, die uns dann aber, zusammenhanglos angewendet, in den Dörfern aufdringlich, ja sogar lästig wird." [11]

Die Moderne führt uns Einzelbeispiele höchster Perfektion vor Augen, es wird aber oft übersehen, dass nicht die Formensprache der Baukörper der Moderne die Qualität eines solchen Bauwerkes bestimmt, sondern die Perfektion der Details. Wo aber die Faszination von vollendeter Detailausformung nicht mehr gegeben ist, sondern das Niveau des Alltäglichen erreicht wird, tritt das Problem des zeitgenössischen Baugeschehens offen zutage.

Unabhängig davon, wie reich an Kostbarkeiten die jeweilige eigene Bautradition auch immer war: Es fehlte vielerorts das Bewusstsein, um dies zu erkennen und dem Einfluss des Internationalen Stils zu entsagen.

Die kulturellen und ästhetischen Verluste für die Menschheit sind enorm. Auch die wirtschaftlichen Verluste, die durch die Störung einzigartiger, gewachsener Ensembles entstanden, dürfen nicht unerwähnt bleiben.

Warum pilgern Millionen von Touristen nach Santorin und Mykonos, nach Florenz und nach San Gimignano, um ihr Geld dort auszugeben, und nicht in die tausenden gesichtslosen Dörfer und Städte derselben Länder? Warum werden Orte wie Hallstatt in China kopiert? Wohl, weil die Menschen die Formensprache gewachsener Strukturen lieben und jene Orte ablehnen, in denen der Geist der Seelenlosigkeit des 20. Jahrhunderts eingekehrt ist und die seither Kälte und Unverbindlichkeit ausstrahlen.

Die Menschen lieben die Formensprache gewachsener Strukturen.

Einer der engagiertesten Kämpfer für das ortsgebundene Bauen ist der ägyptische Architekt und Träger des Alternativen Nobelpreises Hassan Fathy. Er setzte das verschüttete Wissen der Gewölbetechnik aus getrockneten Nilschlammziegeln wieder im modernen Baugeschehen Ägyptens ein und zeigte damit, dass die bodenständige Architektur seiner Heimat in den meisten Anwendungsgebieten nicht nur um vieles billiger und funktioneller ist, sondern auch wesentlich ästhetischere und menschlichere Bauten ermöglicht als der internationale Einheitsstil. Als Professor Hassan Fathy in den 70er Jahren an der Technischen Universität Wien einen Vortrag hielt, wurde dies von vielen Studenten als Segen empfunden. Von ihm stammt der Satz: *„Es gibt keine internationale Architektur. Das Gebäude ist ortsgebunden wie eine Pflanze, es hat auf seine unmittelbare Umgebung und das örtliche Klima zu reagieren wie diese. Man kann Dattelpalmen nicht in die Schweizer Alpen pflanzen und ebenso wenig ein Schweizer Haus in die Wüste bauen."* [12]

Bäuerliches Ensemble
im Nationalpark Hohe Tauern

2. Bauen im Kontext mit Natur und Tradition

Die Überbewertung des gerade Modernen, dessen, was formal zurzeit gefragt ist, hat das Gefühl vieler Architekten für den Geist und die Besonderheit eines Ortes, einer örtlichen Bautradition und für spezielle räumliche Voraussetzungen verkümmern lassen. Wohl beginnen wir langsam die Schönheit von Ensembles, von gewachsenen Dörfern und Städten zu erkennen, aber unser Umgang mit diesem Erbe bleibt ein gespaltener. Der Unterschied zwischen den Bausünden der ersten Nachkriegsjahrzehnte in Dörfern und Kleinstädten und den Fremdkörpern, die in den achtziger und neunziger Jahren dort hineingepflanzt wurden, besteht darin, dass im erstgenannten Zeitraum das Verständnis für das Alte fehlte und man tatsächlich glaubte, etwas viel Besseres, weil Moderneres in die Welt setzen zu können. Heute hingegen schätzt man die Formensprache des Alten wieder, glaubt aber dennoch vielfach, wiederum aus Gründen der Modernität, sich einer international aktuellen Sprache bedienen zu müssen, die abermals eine Fremdsprache für fast alle Regionen der Erde ist.

Altes Bauernhaus am Hang im Nationalpark Hohe Tauern

Innovationsbereitschaft und das Verständnis für den Geist eines Ortes gilt es zu vereinen. Zeitgemäße und fortschrittliche Baugedanken und Details in eine der jeweiligen Region verständliche Sprache des Bauens zu überführen, ist der Schlüssel zu wirklich beständiger und menschlicher Architektur. Dieser Schritt ist keineswegs ein einengender, wie manche behaupten. Im Gegenteil, er ist eine wichtige Voraussetzung für echte Kreativität.

Es ist eine herrliche Aufgabe, aus dem Archetypus einer Region zu schöpfen und den „Genius Loci" zu finden. Dem Präzisieren, dem Verfeinern und dem Erhöhen sind dabei kaum Grenzen gesetzt. Jedes Land, jedes Tal hat seine Besonderheiten — auch in seinen Bauwerken. Sie zu suchen und daraus zeitgemäße Baukörper zu formen, ist spannender, als den Einheitsbrei des Zeitgeistes in jedes Tal rinnen zu lassen.

Es ist eine herrliche Aufgabe, aus dem Archetypus einer Region zu schöpfen.

Das Weiterentwickeln auf Grundlage des Regionaltypischen bedeutet Vielfalt, da die Zahl an Regionen der Erde schier unbegrenzt ist. So selbstverständlich wir allen Völkern auf der Erde eine freie Entwicklung zugestehen, so bereitwillig mögen wir dies auch für deren Baukultur bejahen. Impulse von außen können dabei außerordentlich positiv sein. Sie sollten aber nicht das Eigene erdrücken, sondern befruchten. *„Schön ist, was als Gestalt die Eingebung ebenbildlich wiedergibt und was sich uns als in höheren Zusammenhängen rückverbunden kundgibt."* [13]

Für viele Menschen sind Gestaltungsfragen im Bereich des Bauens — und natürlich auch anderswo — Fragen des persönlichen Geschmacks. Dieser sei eben individuell verschieden und letztlich nicht qualifizierbar. Eine objektive Wertung im Hinblick auf gute oder schlechte Gestaltung und Architektur sei somit schwierig bis unmöglich. Was der eine Betrachter großartig finde, könne von anderen ohne Weiteres abgelehnt werden. Dieser Widerspruch sei hinzunehmen, da es keine allgemeingültigen Grundsätze für richtiges Gestalten gäbe. Diese weitverbreitete Meinung teilen wir nicht.

Unsere Aufgabe sollte es sein, zu tiefgründigen, echten und langfristig gültigen Formen der Gestaltung zurückzufinden. Viele Bauten unserer Zeit sind vom mehr oder weniger wahllosen und vielfach zügellosen Einsatz von Baustoffen, Gestaltungsmitteln und Details gekennzeichnet. Solange diese Gesinnung weit verbreitet ist, ist auch eine grundlegende Verbesserung der Baukultur nicht in Sicht.

Neues Wohnhaus im Lesachtal

Vierkanthof Kletzmayr
in St. Marien, Oberösterreich

**Die Rückkehr
zum Typus**

Johann Kräftner bedauert den Verlust der ursprünglichen Formen des Bauens in vergleichbarer Weise: *„Auf unser Bauen heute bezogen, läßt sich sagen, daß wir den ‚Zustand der höchsten Einfalt' schon längst verlassen haben. Der ‚Zustand der höchsten Bildung' aber, der unsere Probleme vom Intellekt her bewältigen würde, ist noch lange nicht erreicht, kann vielleicht niemals erreicht werden [...] Allein die Rückkehr zum Typus kann uns retten, zur allgemeinverbindlichen Struktur [...].“*[14]

Diese *„Rückkehr zum Typus“*, diese Anwendung der *„allgemeinverbindlichen Struktur“* wird aber von manchen immer wieder mit Kitsch verwechselt. Dieser Auffassungsunterschied soll hier durch ein Beispiel erläutert werden. Kitsch kann man unter anderem wohl auch als das Gegenteil der „Wahrheit im Gestalten“ definieren. Gleichzeitig aber ist klarzustellen, was Kitsch *nicht* ist. Zu unserem Beispiel: Ein Bauherr lässt sich ein Wohnhaus im Grünen errichten. Es sollte in seinem Aussehen dem Bauernhaus der Gegend gleichen, nur etwas kleiner geraten, etwa in der Größe eines Auszugshauses. Der Bauherr legt Wert auf die Verwendung von viel Holz als Baustoff, auf ein echtes geklobenes Holzdach, auf buckelig verputzte Wände, auf rustikale Holzbalkone und dergleichen.

An dieser Stelle wird sich die Spreu vom Weizen trennen. Hier sind die Weichen zwischen der Suche nach der archetypischen Form und dem Verfall in den Kitsch zu stellen.

Ein Bauherr, der seine Vorliebe für traditionelle Formen bekundet, mag zwar gleichzeitig anfällig sein für unehrliche Formen, aber umso dringender benötigt er einen Fachmann, der ihn lenkt, der ihm die Augen öffnet für die gute Gestalt, der ihn unterscheiden lehrt zwischen echter, handwerklich und technisch richtiger Form einerseits und sinnleeren Kopien andererseits, zwischen Strukturen, die das Ergebnis aus dem authentischen Aufbauen von Bauelementen sind, und aufgeklebten, vorgetäuschten und bautechnisch oft widersinnigen Zutaten.

Umso schlechter Gebäude in ihren Grundkonzepten, umso gewöhnlicher und einfallsloser ihre Baugefüge, desto notwendiger ist in den Augen ihrer Schöpfer meist die nachträgliche „Verschönerung“. An Strukturen, an Mustern, an Verzierungen Gefallen zu finden ist menschlich. Gute Architektur schafft es aber, aus den baulichen Gefügen, aus den bautechnischen Notwendigkeiten heraus zu gliedern, zu strukturieren, zu gestalten. Es gibt fast keinen Bauteil, der es nicht wert wäre, in eine bewusste Gestaltung miteinbezogen zu werden. Ein Regenabfallrohr, an die richtige Stelle gesetzt, mit einem formal einwandfreien Übergang zur Dachrinne, kann ein Bauwerk zieren und aufwerten, es kann aber auch bei unüberlegten Lösungen den Eindruck erwecken, ein Darm überziehe die Fassade. Die Antwort sollte nicht die „Wegfärbelung“ der unerwünschten Struktur sein. Auf der anderen Seite wird nicht selten eine Struktur auf die Fassade gefärbelt, die mit dem Gefüge des Hauses so gut wie nichts zu tun hat. Es entstehen Muster bzw. Ornamente, deren Existenz nicht die Kreativität, sondern die Hilflosigkeit zeigt.

Eine wichtige Aufgabe der Architekten ist es, Bauherrn zwischen Lüge und Wahrheit unterscheiden zu lehren, ihnen den Unterschied zwischen Kitsch und schöner, archaischer Gestalt zu vermitteln.

Scheune im Lesachtal, Kärnten

„Welch wunderliche Welt! Wunder des Nichtverstehbaren stehen neben dem Wunder des Unbemerkten. Die Welt der Symmetrien gehört in beide Gruppen. Einmal kann sie nicht bis in die Wurzeln ihrer Herkunft erklärt werden, weil sie selbst Vorbedingung der Entwicklung dieses Kosmos gewesen sein muß und damit eine Bedingung seiner Erklärung. Ein andermal sind wir selbst Symmetrie, wie die Welt, an deren Maßen wir entstanden sind, und wie die Strukturen, die wir in diese setzten. Und dieses Wunder besteht darin, daß uns das Ganze noch nicht verwundert hat."[15]

Rupert Riedl

Symmetrie und Konstruktion

Die Symmetrie ist aus der vom Menschen wahrgenommenen Schöpfung nicht wegzudenken. Symmetrie herrscht im Mikrokosmos und im Makrokosmos, und sie ist in der uns bekannten, höchsten Form der Schöpfung in allen Facetten des Lebens anzutreffen. Schließlich sind wir Menschen selbst weitgehend symmetrisch. Daher ist es nicht verwunderlich, dass der Mensch, seit er in der Lage ist, aus seinem Willen heraus zu gestalten, symmetrische Gebilde schafft. Gegenstände des Alltags, Werkzeuge, Möbel, Geschirr, was immer der Mensch schuf, war und ist in der Regel symmetrisch. Selbstverständlich gilt dies auch für von Menschen geplante und errichtete Bauwerke. Dieses Faktum wurde zur wichtigsten Grundlage architektonischen Schaffens und zum Fundament aller Strömungen der Baukunst, es ermöglichte eine unendliche Vielfalt und verlieh zugleich den Bauwerken durch die vorgegebene Ordnung Ruhe, Gelassenheit und Harmonie. Dies trifft sowohl auf die Baukunst als auch auf das sogenannte anonyme Bauen zu.

Werner Hahn weist in seinem Buch „*Symmetrie als Entwicklungsprinzip in Natur und Kunst*" die Zusammenhänge zwischen dem Aufbau lebendiger und toter Materie nach, mit all den damit verbundenen chemischen und physikalischen Prozessen und den für den Menschen sichtbaren Erscheinungsformen der Schöpfung. Er zeichnet ein interessantes Bild vom Mikrokosmos über die Kristallformen der Natur bis hin zu den Molekular- und Zellstrukturen des Lebens, die allesamt auf Symmetrien aufgebaut sind. Hahn gibt aber auch einen guten Überblick über den Stellenwert der Symmetrie als Grundprinzip der ästhetischen Vollkommenheit in Kunst und Philosophie, ob bei den Griechen (Demokrit, Platon, Aristoteles etc.), bei den Römern (Vitruv), in der Renaissance (Dürer, Leonardo da Vinci) oder in der Neuzeit (Kepler, Hegel, Goethe etc.).

Das Verlassen der Symmetrie bedeutet die Abkehr vom Natürlichen bei gleichzeitiger Hinwendung zum Künstlichen. Dies führt zur Störung des Gleichgewichts, welches in der gesamten Entwicklung der Schöpfung herrscht.

Zwar ist die sichtbare Umwelt in ihrer Gesamterscheinung nicht symmetrisch angelegt, wie auch die Gesamtheit der von Menschen geschaffenen Strukturen wie Ensembles, Dörfer, Städte und Straßennetze nicht symmetrisch sind. Diese sind organisch in das natürliche, topografische Umfeld eingefügt. Einzelorganismen der Natur und menschliche Einzelschöpfungen der traditionellen Handwerkskunst und Baukunst unterliegen aber zum überwiegenden Teil den Gesetzen der Symmetrie.

Regelmäßigkeit und Symmetrie waren jahrhundertelang Selbstverständlichkeiten. Heinrich Tessenow schreibt dazu: „*Im Allgemeinen oder im Alltag oder im gewerblichen Arbeiten ist das Gesetzmäßige oder das Regelmäßige immer besser als das Unregelmäßige. [...] Zu der einfachen formalen Regelmäßigkeit gehört auch die Symmetrie, und wir sind nicht stark im gewerblichen Arbeiten, ohne daß wir die Symmetrie sehr lieben.*"[16]

Zellstruktur einer einzelligen Acantharie nach E. Häckel

Die Symmetrie als Grundprinzip von Molekular- und Zellstrukturen kann zur ästhetischen Vollkommenheit in Kunst und Architektur führen.

Pyramidenförmige Dachkonstruktion aus Holz und Glas in der neuen Unternehmensleitung der Österreichischen Bundesforste

Holzkuppelkonstruktion
im Hotel Larimar

Flugzeughangar auf
Fachwerkstägern
von Pier Luigi Nervi

Pallazzetto dello Sport von Pier
Luigi Nervi und Antonio Vitellozzi

Dabei verschweigt er keineswegs die Probleme, die durch die Symmetrie auftreten können: *„Bei der Symmetrie dreht es sich in jeder Hinsicht um die Mittellinie oder um die Symmetrieachse [...], diese weiß das auch [...], daß wir uns für sie besonders interessieren (ebenso wie uns unter anderem auch der Kreis immer bemüht, daß wir seinen Mittelpunkt sehen); wenn wir eine Fläche symmetrisch behandeln und nicht ordentlich aufpassen, so werden wir nachher immer beobachten können, daß wir mit unserem Zeichnen usw. von der Mitte oder von der Achse eigentlich gar nicht fortgekommen sind, und das ist der Grund dafür, daß die Symmetrie so oft das unangenehm Starre hat."* [17]

Natürlich kann man mit der Symmetrie auch übertreiben.

Tessenows Folgerung ist aber nicht die Ablehnung der Symmetrie, sondern ihre richtige Anwendung, wobei die bemerkenswerteste Erkenntnis am Ende seiner Betrachtung steht: *„Die Symmetrie ist umso besser, je schwerer man ihre Achse findet."* [18]

Dass der Einsatz der Symmetrie auch zwanghaft betrieben werden kann, ist also kein Argument gegen sie, denn das Gleiche kann auch mit der Asymmetrie geschehen.

Die ästhetische Komponente der Symmetrie hat aber darüber hinaus einen wichtigen statischen — konstruktiven — Hintergrund. Die Symmetrie gotischer Strebepfeiler und Rippenarchitektur findet in den Konstruktions- und Gestaltungsprinzipien Pier Luigi Nervis im 20. Jahrhundert eine beeindruckende Parallele in Stahlbeton. Die Weiterentwicklung der Flugzeughangar-Architektur führte den großen Meister der Ingenieurbaukunst unseres Jahrhunderts Schritt für Schritt zur vollendeten Symmetrie. Professor Ernst Mateovics erklärt diese Entwicklung folgendermaßen: *„Nervi sprach dabei von statischer Vereinfachung, was uns zunächst verwundert. Es wird aber verständlich, wenn wir bedenken, daß die Statik die Lehre vom Gleichgewicht der Kräfte ist, und Symmetrie ist die beste Voraussetzung für Gleichgewicht. Auch uns fiele es sicher schwer, das Gleichgewicht zu halten, wenn wir ein linkes Bein und mehrere rechte Beine hätten, obwohl jedes unserer rechten Beine dann weniger beansprucht wäre."* [19]

Das Genie Nervis wird aber nicht nur durch die Ästhetik seiner Konstruktionen deutlich, sondern äußert sich auch in der Ökonomie seiner Bauten. Ästhetik und Wirtschaftlichkeit stehen bei ihm nie im Widerspruch. Auf dem Weg, beides in höchstmöglichem Maße zu erreichen, entstanden Werke in vollendeter Symmetrie.

Als zeitgemäße Beispiele für statisch logische und intelligente Konstruktionen, welche sich in eindrucksvoll klarer Form zum Ausdruck bringen, mögen hier die Architekten Santiago Calatrava [20], Gerkan, Marg und Partner sowie der Konstrukteur und Tragwerksplaner Jörg Schlaich [21] genannt werden. Sie gehören zu jenen großen Baumeistern der Gegenwart, welche die Trennung von Architektur und Konstruktion bedauern: *„Früher einmal entwarf der Architekt nur, was erfahrungsgemäß standfest war, später konnte er entwerfen, was auf analoge Weise als standfest berechnet werden konnte. Heute kann die Architektur ohne tradierte Tektonik eine Kulisse von beliebiger Gestalt und Stofflichkeit designen, die mittels digitaler Programme von fleißigen Computern immer irgendwie zum Stehen gebracht werden kann. Das verführt zu autistischen und beliebigen Gebilden für vorgebliche Deutungen, die irgendwie durch verborgene Konstruktion zusammengehalten werden können."* [22]

2. Bauen im Kontext mit Natur und Tradition

Für viele Architekten und Architekturkritiker wird die Symmetrie als nicht zeitgerechte Ausdrucksform abgelehnt, als wirkte die Schwerkraft unseres Jahrhunderts nicht mehr lotrecht. Und bei der schrägen Denkweise mancher Zeitgenossen ist man geneigt zu glauben, dass die Welt tatsächlich aus dem Lot sei. Die aktuelle Kultivierung des asymmetrischen Daches ist symptomatisch für unsere Zeit.

Die Symmetrie ist Teil der Schöpfung. Die gezielte Asymmetrie ist eine Zeiterscheinung, die vielen Menschen unserer Generation das Gefühl gibt, ein Prinzip der Natur überwinden zu können.

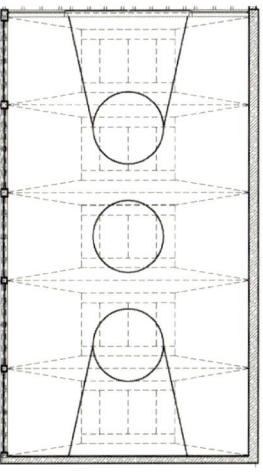

Grundriss des Turnsaals
in Feld am See

Turnsaal Feld am See: die Weiterentwicklung des Prinzips der Brettstapeldecke zu gefächerten, unterspannten Tragelementen, deren dreiecksförmige Oberlichten aus den Fußpunkten der Stahlabspannung erwachsen (projektiert in Zusammenarbeit mit: Univ.-Prof. Dipl.-Ing. Winter, Dipl.-Ing. Dr. Woschitz, Wien)

„Die Zeit hat das Wissen darum verloren, dass ein Ornament Tiefe,
nicht im räumlichen Sinn, besitzen und geistige Bezüge, einen eigentümlichen
Kontakt zwischen dem Menschen und den Dingen ausdrücken kann.
Das abstrakte Muster besitzt diese Kraft nicht mehr."[23]

Hans Sedlmayr

Die Bedeutung des Ornaments

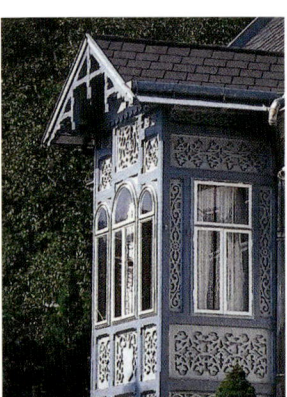

Ornamentale Holzbaukunst
am Semmering

Von all den Dogmen, die im Rahmen der Architekturlehren des 20. Jahrhunderts vermittelt wurden, ist die „Unzeitgemäßheit" des Ornaments die am ehesten nachvollziehbare. Reduktion von Formenvielfalt klingt erfrischend, das Nachzeichnen und Aquarellieren von griechischen Blattkapitellen und Architraven wurde in unserer Architektengeneration nicht mehr praktiziert. Das Interesse galt dem Konstruktiven, dem Verständnis der grundsätzlichen Prinzipien des Bauens und nicht dem Zierrat.

Schon lange vor Anbruch der Moderne, und zwar bereits 1886, hat Joseph Bayer das Ende jeglicher Ornamentik in der Architektur postuliert:

„[...] dann springen gewiß die so schön ornamentierten Stilhülsen ab, sie schälen sich für immer los, und der neue Kern tritt blank und klar ans Sonnenlicht".[24] Dieses Postulat versteht sich wohl als Sehnsucht, als Forderung nach Überwindung des Historismus mit all seinen Wiederholungen und nach einem Schlussstrich unter die Verunsicherung in dieser Epoche, welchen Stil von den unzähligen man wählen sollte. Tatsächlich war am Ende des 19. Jahrhunderts das Repertoire der möglichen „Hülle", hinter der sich ein bautechnischer „Kern" befand, erschöpft. Mit Fortdauer der Wiederholung aller Stile wurde, nach Bayers Metapher von „Stilhülse und Kern", die Suche nach dem „wahren Kern" immer dringlicher.

Für den Kunst- und Architekturkritiker Hans Sedlmayr genügt es nicht, *„ [...] für den Tod des Ornaments das Aufkommen der neuen Werkstoffe verantwortlich zu machen, deren amorphe Substanz nicht im Stande scheint, aus sich ein echtes Ornament hervorzubringen. Diese Erklärung greift nicht tief genug, denn das Ornament liegt nicht in Agonie, bevor die neuen Stoffe erscheinen. Die Trennung des ‚Dekors' von der ‚Struktur' beginnt nicht erst, wie Le Corbusier meint, mit der Metallkonstruktion, sondern schon mit dem Applik-Ornament seit dem Ende des 18. Jahrhunderts".*[25]

Aber ist das Ornament deshalb tatsächlich kriminell geworden, wie es Adolf Loos unter Anführung unzähliger Vergleiche in seiner Schrift *„Ornament und Verbrechen"* 1908 behauptet? *„Die nachzügler verlangsamen die kulturelle entwicklung der völker und der menschheit, denn das ornament wird nicht nur von verbrechern erzeugt, es begeht ein verbrechen dadurch, daß es den menschen schwer an der gesundheit, am nationalvermögen und also in seiner kulturellen entwicklung schädigt."*[26] Wenn man schon den extremen Begriff „Verbrechen" in der Architektur einsetzt, so ist das wohl für andere Erscheinungen angebrachter als für die Verwendung des Ornamentes — wie etwa für die Errichtung seelenloser Betonbauten ohne menschlichen Maßstab. So sehr man einerseits der Argumentation folgen kann, dass durch das Ornament Inhaltloses kaschiert werden kann und dass Reduktion, im rechten Maß betrieben, Fortschritt bedeutet, so sehr haben andererseits letztlich die Loos'schen Forderungen in ihrer Radikalität zur Seelenlosigkeit und Unmenschlichkeit der Architektur dieses 20. Jahrhunderts beigetragen.

Eine wesentlich differenziertere Betrachtungsweise in Bezug auf das Ornament kann man jedenfalls bei Tessenow nachlesen: *„Die Liebe zu der gewerblichen Arbeit enthält immer auch die Liebe zu dem Ornamentalen, kann es durchaus nicht ablehnen;*

*aber es ist in unserm gesunden Arbeiten, etwa wie unser Pfeifen und Singen dort oder
wie das Ornament der Ziegelsteinfläche, das wir zwar nicht erstreben, das nun aber
doch einen so merkwürdigen Schein über unsere nüchterne Arbeit legt, oder ist wie im
Kornfeld der Mohn, in der großen breiten Nützlichkeit ein zweites Lachen, aber das wir
zwar nicht wollen, aber das wir auch nicht ganz vermeiden können, so sei es möglichst
still, sehr ‚nebenbei‘ und schüchtern.“* [27]

Architektur des Jugendstils,
Stadthaus von Otto Wagner

Es ist erstaunlich, diese Worte über das Ornament aus dem Mund eines Architekten zu hören, von dem wir wissen, dass er sein Leben lang schlicht und einfach
gebaut hat. Tessenow bezeichnet das Ornament als umso besser, je weniger wir
es wollen. Grundsätzlich wird das Ornament jedenfalls auch in der zeitgemäßen
Architektur dort seinen Sinn haben, wo es aus dem Baugefüge entsteht, wo wir
keine oder kaum Zutaten beimengen müssen, wo etwa das Konstruktive zum Ornamentalen wird.

Auch lebendige Geschöpfe sind ornamental, wie etwa das Fell der Katze zeigt.
Eine Ornamentlosigkeit höher entwickelter Kreaturen lässt sich nicht nachweisen,
womit die Loos'sche Theorie von der Entwicklung zur Ornamentlosigkeit als intel-
lektuelle Wunschthese widerlegt ist. Was das künstlerische Schaffen der Menschen
angeht, so ist es wohl nicht verwunderlich, dass Ornamentales aus der lebendigen
Schöpfung von Anbeginn der Kunst an präsent war. Die Liebe zum Ornament existiert, seitdem der Mensch Kunst schafft.

Werner Hahn zeigt in unzähligen Variationen — beginnend mit der einzig-
artigen Gravur eines Armbandes aus der Ukraine um 11.000 v. Chr. über Beispiele aus der afrikanischen, asiatischen und indianischen Kunst bis hin zu solchen
aus allen europäischen Kulturen —, dass Ornament und Symmetrie seit Jahrtausenden die Grundlagen für künstlerisches Schaffen darstellten. [28] Und veränder-
te Voraussetzungen im 20. Jahrhundert sollen nun die Anwender des Ornamentes zu Verbrechern machen? Ist hier eine Forderung nicht allzu sehr übertrieben
worden?

Bayers Metapher von „Stilhülse und Kern“ wirft auch noch Fragen auf: Wie
sieht der wahre Kern in der Architektur eigentlich aus? Was ist noch Kern, was ist
bereits bloße Gestaltung? Aber vor allem: Muss der wahre Kern so kalt und nackt
sein, wie die Moderne es uns jahrzehntelang zu vermitteln versuchte? Hätten die
Architekturtheoretiker des ausgehenden 19. Jahrhunderts geahnt, auf welch radika-
len Boden die Samen ihrer Forderungen fallen, hätten sie vielleicht manche von
ihnen nie aufgestellt.

Friedensreich Hundertwasser hat es überspitzt ausgedrückt: *„Der Österreicher
Adolf Loos hat diese Schandtat in die Welt gesetzt, bereits 1908 und sinnigerweise mit
seinem Manifest, ‚Ornament und Verbrechen‘. Sicher hat er es gut gemeint. Auch Adolf
Hitler hat es gut gemeint. Aber Adolf Loos war unfähig, fünfzig Jahre vorauszudenken.
Der Teufel, den er rief, den wird die Welt nun nicht mehr los.“* [29] Hundertwassers architektonische Reaktion ist der Beweis dafür, dass Extreme neue Extreme herausfor-
dern und den Weg der Mitte verbauen.

Fliesenmuster von William Morris,
Membland Hall/Devon (GB), 1876;
zerstört 1928

Das Ornament in der Architektur mag fragwürdig sein, doch *„[...] es ist in unserm
gesunden Arbeiten, etwa wie unser Pfeifen und Singen“* [30], meinte Tessenow. Das Pfeifen und Singen sollte uns wieder begleiten.

Keltisches Flechtmuster

Fassade ohne Ornament — Erlösung oder Verbrechen ? Die Forderung in Carl Böttichers „*Tektonik*", dass das Innere das Äußere zu bestimmen habe, ist schlüssig. Bei den durchschnittlichen Bauten der Moderne wird daher auch schnell klar, warum die Häuser von außen oftmals so kalt und unmenschlich erscheinen — weil sie es auch im Inneren sind.

Die Einheit von Konstruktion und Baugefüge und dem daraus abgeleiteten Ornament ist in der zeitgemäßen Architektur praktisch völlig bedeutungslos geworden. Erstaunlicherweise dringen aber nach der vollständigen Verbannung des Ornamentalen aus dem zeitgemäßen Bauen — wie durch die Hintertür — plötzlich Fassadenmuster in das Baugeschehen ein, welche allerdings mit dem dahinterliegenden Baugefüge nichts mehr gemeinsam haben. Ornamentale Muster erobern die modernen Fassaden, laufen kreuz und quer gegen die Tragstruktur und brüskieren in ihrer „Kaltschnäuzigkeit" gleichermaßen die alte Bautradition wie die kühle Moderne. Ein neuer „Stil" ist geboren, und niemand weiß so recht, was er zu bedeuten hat. Ein intellektuelles Spiel mit Formen ist in Gang gesetzt, oft ohne jeglichen Bezug zum Bauwerk, ein willkommenes Mittel für die Geschäftswelt aufzufallen und sich mit seiner Aufdringlichkeit über alles Angrenzende hinwegzusetzen.

Aus dieser neuen Realität heraus, erscheint Adolf Loos' Feststellung von 1908, dass Ornament Verbrechen bedeute, in einem völlig neuen Licht.

In Frank Lloyd Wrights Villenbauten finden sich alle klassischen Bauprinzipien — und die Übernahme des geneigten, schützenden Daches, die Kultivierung der Symmetrie oder die Weiterführung des Ornaments in schlichter Art und Weise — wieder.

„Das Dach spielt in unserem Leben eine ursprüngliche Rolle. [...]
Wenn das Dach versteckt ist, wenn es nicht im ganzen Gebäude
empfunden werden kann, oder auch, wenn es nicht nutzbar ist, dann
fehlt den Menschen ein elementares Gefühl der Geborgenheit." [31]

Christopher Alexander

Vom Sinn des Daches

Jene Dachformen, welche im mitteleuropäischen Raum in fast allen Klimata all die Jahrhunderte der Baugeschichte am besten überdauert haben, nämlich das Sattel- und das Walmdach, leiten das Niederschlagswasser auf dem schnellsten Weg nach beiden bzw. nach allen Seiten hin ab. Aber es gab mit Sicherheit noch einen Grund für ihre konkurrenzlose Verbreitung: Das Haus mit einem Sattel- oder Walmdach ist, wie praktisch jede lebendige Kreatur auf dieser Welt, über seine Längsachse symmetrisch — die Abweichungen von der Symmetrie treten wie bei uns Menschen nur in Teilbereichen auf, wo diese nicht funktionieren würde. Symmetrie wird in der Regel als harmonisch und ruhig empfunden.

Das Kultivieren des symmetrischen Giebels über Jahrtausende ist kein Zufall. Der tiefere Grund für seine kontinuierliche Gültigkeit liegt, abgesehen von seiner technischen Sinnhaftigkeit, zweifelsohne in dem allen Kulturen der Erde und allen Ideen des Universums zugrunde liegenden Prinzip der Polarität sowie in deren Überwindung. Der Giebel versinnbildlicht These und Antithese, sein First ruht als Synthese in der Mitte. Er bedeutet Abgeschlossenheit. Das Haus ist nicht irgendwo im Randbereich fertig, sondern in der Mitte. Erst dadurch kann es ruhen. Die Lage des Schwerpunktes in der Mitte bringt dem Bewohner Ruhe nicht nur im bautechnischen, statischen Sinn, sondern auch im geistigen.

Das Gleiche gilt für das Walmdach. Als Zwischenlösung zu Sattel- und Walmdach hat sich vor allem in ländlichen Bereichen vielfach des Halbwalmdach durchgesetzt: eine Dachform, die es einerseits ermöglicht, den Dachraum giebelseitig zu belichten, andererseits die Giebelwand dennoch durch die darüberliegende Dachtraufe vor Witterungseinflüssen schützt. Es ist eine Form, welche die Vorteile beider klassischer Dächer miteinander verknüpft.

Als vollendete, zeitlos gültige und gleichzeitig archaische Dachform ist jene des Walmdaches auf quadratischem Grundriss anzusehen. Hier wird der First zum Punkt — das Walmdach zum Turmdach bzw. Spitzdach, zur Pyramide. Dem geistigen Inhalt entsprechend war diese Sonderform in der Hierarchie der Baukunst auch meist den Gebäuden der Obersten bzw. den wichtigsten Gebäuden vorbehalten: den Herrschaftsgebäuden, Kirchtürmen und in der vollkommensten Ausführung den Pyramiden. Die Kulmination des gesamten Bauwerkes in einem Punkt veranschaulicht den höchsten Grad an Ruhe und Konzentration. Es ist erstaunlich, mit welch geringer Zahl an Sonderlösungen sowohl das anonyme Bauen als auch die klassische Baukunst über Jahrhunderte das Auslangen gefunden haben.

Wenn wir das Tonnendach und die Dachkuppel hier noch anführen, so geschieht dies der Vollständigkeit halber. Ihre Herstellung und Eindeckung ist um vieles schwieriger, weshalb diese gekrümmten Formen in den meisten Kulturen besonderen Bauaufgaben vorbehalten blieben.

Häuser mit geneigten Dächern mussten zwangsweise einfache Grundrissformen haben. Kompliziertheiten im Grundrissgefüge rächten sich spätestens bei der Dachlösung mit schwer zu realisierenden Dachausmittlungen. Der Grundriss eines

Forsthaus in Reichenau an der Rax

Goldener Tempel in Kyoto

Dachlandschaft des Ortes
Sirnitz in Kärnten

Bauernhauses ist so einfach wie sein Dach. In unseren Breiten war das geneigte Dach daher in hohem Maße für die Disziplinierung des Grundrisses verantwortlich. Mit dem Wegfall dieser Notwendigkeit erübrigt sich eine wichtige Leitlinie für den Entwerfer. Plötzlich ist alles möglich. Dadurch tritt die „Unmöglichkeit der unbegrenzten Möglichkeiten" bei Gebäuden zutage.

Die verdichteten, mittelalterlichen Städte, jene baulichen Ensembles, die wir heute so sehr bewundern: ihre Erscheinungsbilder sind weit mehr als die Summe ihrer Einzelobjekte, sie ergeben ein komplexes Ganzes, dessen menschlicher Maßstab ganz wesentlich für das Gefühl der Geborgenheit und des Wohlbefindens in diesen Ensembles ist. Natürlich sind traditionelle Stadt- und Siedlungsstrukturen, wie eindrucksvolle Beispiele aus dem griechischen oder arabischen Raum beweisen, nicht auf Baukörper mit geneigten Dächern beschränkt, jedoch ist die Übernahme gebietsfremder Vorbilder selten eine brauchbare Alternative.

Mit dem plötzlichen Eintreten des Flachdaches in die moderne Architektur war ein unerbittlicher Richtungsstreit vorprogrammiert. Schon Paul Schmitthenner warnte davor, das Kind mit dem Bade auszuschütten, und trat vehement für den Erhalt einheitlicher Dachlandschaften ein:

„Das sinnlose Durcheinander und schwülstige Dachromantik einer untüchtigen Zeit, rücksichtslose und spekulative Ausnützung des Dachraumes sprechen nicht gegen das Dach, sondern sollten uns zeigen, wohin Willkür und Unfähigkeit führen kann. Sinnloses Nebeneinander von Ziegel, Schiefer, Blech und Pappe auf den so genannten Dächern unserer neuen Stadtteile, Siedlungen und Wohnhäuser, die eher an Eisenbahnzusammenstöße als an sinnvolle Baugestaltung erinnern, hat unendlichen Schaden angerichtet."[32]

Das Phänomen der Kulturgeschichte der Menschen, dass ein Extrem das andere ablöst, ohne dass dabei die Mitte gefunden wird, ist laut Schmitthenner darin wiederzufinden, dass die modernen Architekten glaubten, mit der Erfindung des Flachdaches alle Gestaltungsprobleme zu bereinigen.

„Statt den Kampf gegen diese Auswüchse, der vor dreißig Jahren schon aufgenommen wurde, mit Nachdruck zu führen, glaubt man die Frage zu lösen, indem man das Dach einfach aus der Baugestaltung streicht. Das dachlose Haus nennt man dann neuzeitlich, doch das ist auch die einzige Eigenschaft, die ihm vorerst ohne weiteres zugesprochen werden kann. Das flache Dach ist gut, wo es an seinem Platze das Beste ist, doch das ist es im allgemeinen nicht auf dem Wohnhaus und nicht, wo es mit Rücksichtslosigkeit Landschaft und Ortsbild zerstört, wie jene schauerlichen Dachgebilde, die auch heute noch gebaut und geduldet werden. Die richtige Lösung der technischen Notwendigkeit ist bei der Arbeit des Architekten immer das Selbstverständliche, das Entscheidende dabei muss aber sein, das Sicheinfügen in Gegebenheiten mit Sinn für Ordnung und Anstand.

Die Dachfrage ist keine ästhetische Frage; es braucht nicht des Beweises, daß man ein Haus ohne Dach schön gestalten kann, denn dieser Beweis ist längst erbracht, z. B. im Orient und in den Pueblos der Indianer. Sie ist aber eine entscheidende Frage der Baugestaltung, wenn wir darunter die sinnvolle Lösung einer Bauaufgabe, die natürliche Gestaltung aus den Gegebenheiten der Landschaft und die verpflichtende Tradition im Sinne der Wahrung des uns ‚Eigentümlichen' verstehen."[33]

Mit diesen Worten Paul Schmitthenners ist eindrucksvoll erklärt, warum der Verzicht auf das Dach einen Verlust für die Baukultur in unserem Kulturraum dar-

Dachlandschaft der
griechischen Insel Santorin

2. Bauen im Kontext mit Natur und Tradition

stellt. Tom Wolfe hat in seinem Buch „From Bauhaus to Our House" einige Jahrzehnte nach Schmitthenner die Fragwürdigkeit der Funktionalität des völlig vordachlosen Flachdaches aufs Korn genommen:

„Zum Beispiel gab es die inzwischen unverletzliche Theorie des Flachdachs und der schieren Fassade. Man hatte, in der Schlacht der Theorien, beschlossen, daß Giebeldächer und Gesimse die ‚Kronen' des alten Adels repräsentieren, den zu imitieren die Bourgeoisie beständig bestrebt war. Deshalb würde es hinfort nur noch Flachdächer geben; Flachdächer, die mit den Fassaden saubere rechte Winkel bildeten. Keine Gesimse. Keine überhängenden Dachtraufen. Diese jungen Architekten arbeiteten und bauten in Städten wie Berlin, Weimar, Rotterdam, Amsterdam, also etwa am 52. Breitengrad, der außerdem noch durch Kanada, die Aleuten, Moskau und Sibirien verläuft. Auf dieser Schneise des Globus, wo es genug Schnee und Regen gibt, um eine Armee aufzuhalten, wie die Geschichte mehr als einmal bewiesen hat, gab es einfach keine funktionalen Flachdächer und funktionalen Fassaden ohne Überhang. Es ist sowieso schwer vorstellbar, wo ein solches Gebäude überhaupt als funktional angesehen werden könnte — außer in der gemalten Wüste von Arizona. Trotzdem wandte man sich nicht vom Flachdach und der schieren Fassade ab. Das war zum absoluten Symbol der non-bourgeoisen Architektur geworden. Keine Dachtraufen; dadurch wurde — in keinem Manifest erwähnt — die für alle Zeiten fleckig verschmierte und verschlierte, weiß oder beige verputzte Außenwand zum Wahrzeichen der Verbund-Architektur."[34]

Paul Schmitthenner und Tom Wolfe bringen hier zum Ausdruck, dass es sich bei der „Wegrationalisierung" des Daches keineswegs um eine technische Verbesserung des Daches handelte, sondern um die Umsetzung einer neuen Doktrin der Moderne, die Verwirklichung des reinen Kubus. Aus ökonomischer Sicht wäre zu ergänzen, dass die betonierte Geschoßdecke des klassischen Kubus mit Flachdachausbildung als oberer Abschluss eines Gebäudes zumindest bei einem Objekt der Größe eines Einfamilienhauses nicht billiger ist als etwa die Herstellung einer sichtbar bleibenden Dachkonstruktion bei gleichzeitigem Entfall der letzten Geschoßdecke. Dass darüber hinaus auch die Erhaltung von Flachdächern schwieriger und kostenintensiver ist, zeigen uns die technischen Probleme in Verbindung mit dem Flachdach in unserer Klimazone.

Auch der ökologische Aspekt spricht für das geneigte Dach. Die Abdichtung von Flachdächern benötigt grundsätzlich Dichtungsbahnen auf Kunststoff- oder Bitumenbasis, wobei letztere meist ebenso mit Kunststoffgittern verstärkt werden. Geneigte Dächer hingegen können offenporig ausgebildet und daher problemlos mit biologischen Baustoffen mit dem Prinzip der Schuppung bewältigt werden.

Im Zuge der gründlichen Auseinandersetzung mit den spannenden und zukunftsträchtigen Themen der Solararchitektur, Solarthermie und Photovoltaik erhält aber plötzlich das traditionelle, geneigte Dach nochmals eine völlig neue, man könnte fast sagen ungeahnte Bedeutung. Bei wirklich offener Betrachtungsweise, welche fern von Dogmen der gelehrten Architektur ist und welche die bautechnischen, bauphysikalischen und energierelevanten Aspekte berücksichtigt, müsste längst klar sein, dass Steildächer mit optimaler Südausrichtung die besten Voraussetzungen für eine gebäudeintegrierte Nutzung der Sonnenenergie bieten. Diese Erkenntnis wird weiter hinten im Abschnitt „Solararchitektur — Bauen mit der Sonne" ausführlich abgehandelt.

Die Wegrationalisierung des Daches ist keine Verbesserung, sondern die Umsetzung einer neuen Doktrin.

Das geneigte Dach bietet beste Voraussetzungen für Solarthermie und Photovoltaik.

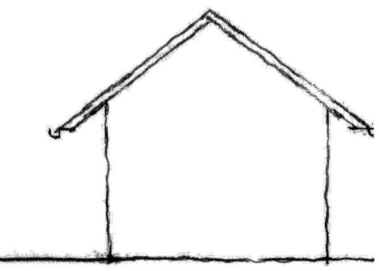

Das Vordach ist eine sinnvolle
Investition für den Schutz
des Hauses.

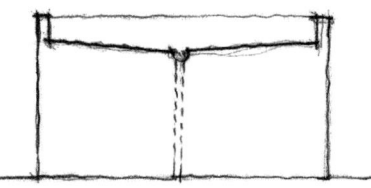

Der bauliche Aufwand für die Attika
ist mindestens so groß wie jener
für ein Vordach, diese gibt
aber dem Gebäude keinen Schutz.

Dennoch wird hier keineswegs geleugnet, dass es tatsächlich Einsatzbereiche gibt, für die das Flachdach die bessere Lösung darstellt, ja für die es praktisch unverzichtbar ist: erstens bei der Notwendigkeit der Begehbarkeit von Dachterrassen, zweitens bei der Forderung nach Begrünung eines Daches, wie etwa bei der Integration eines Baukörpers in seine Umgebung.

Weiters sei aber auch festgehalten, dass „Flachdach nicht gleich Flachdach" ist. Das nach innen entwässerte Flachdach mit „Attika" stellt ein architektonisches Konzept dar, das mit wichtigen Prinzipien der Baukunst bricht, bauphysikalisch und hochbautechnisch problematisch ist und in ländlichen Gebieten immer noch fremd erscheint. Das Flachdach mit Vordach und leichter Neigung sowie Entwässerung nach außen kann hingegen durchaus als Weiterentwicklung des geneigten Daches verstanden werden. In diesem Falle — bei einer leichten Neigung nach außen — stehen wir allerdings vor einem Gestaltungsproblem.

Auf der Suche nach einem langfristig gültigen, ästhetischen und ruhigen Erscheinungsbild ist natürlich die Herstellung einer vollendeten, waagrechten Dachkante die anzustrebende Form. Dafür gibt es formal und technisch einwandfreie Lösungen mit horizontal verlaufenden Dachtraufen und außen liegenden Entwässerungen. Die klassische moderne Architektur hat sich allerdings für einen grundsätzlich anderen Ansatz entschieden. Für die Erfüllung dieser formalen Forderung sowie für die Bewältigung der Aufgabe, das Niederschlagswasser nach innen leiten zu müssen, wurde die sogenannte „Attika" erfunden. Dieses Element verkörpert die Umkehrung des Bisherigen — des Natürlichen —, indem das Vordach umgedreht wird. Das heißt, dieses stellt sich nicht schützend vor die Fassade, wofür man den Mehraufwand an Material und Arbeitszeit jahrhundertelang in Kauf nahm, sondern es dreht sich quasi in die Gegenrichtung nach oben. Die Umkehrung des Natürlichen setzt sich in der Dachfläche fort. Das Dach muss seine natürliche Neigung umdrehen — nach innen — sonst würde ja das Niederschlagswasser an der Attika wie an einer Staumauer stehen. Die daraus resultierende Innenentwässerung stellt allerdings ein Risiko für das Bauwerk dar.

Wozu aber diese Umwendung? Nachdem wir gesehen haben, dass wir keinen technischen Grund oder Vorteil erkennen können, kann es nur „formale" oder, richtig ausgedrückt, „formalistische" Gründe dafür geben. Fachleute bzw. Anwender dieser Architektur begründen diesen Schritt etwa mit folgenden Eigenschaften: Diese Lösung betone die perfekte Horizontale, sie sei präzise, elegant, klar, kubistisch etc. Tatsächlich treffen diese Antworten aber nur zu, solange man ein Bauwerk von unten betrachtet, aus welcher Perspektive — zugegebenermaßen — es auch die meisten Menschen sehen. Bringt man aber den „Ehrlichkeitsanspruch" der zeitgenössischen Architektur ins Spiel, wird die Sache fragwürdig, wenn man weiß, dass es kein horizontales Flachdach gibt. Das sogenannte Flachdach ist normgemäß mit mindestens zwei Prozent zu neigen (viele Schadensgutachter fordern drei bis fünf Prozent, da die Bauschäden mit der Flachheit von Flachdächern ansteigen). Aber genau das würde den scharfen Blick des Architekten kränken, daher muss eine „Mauer" diesen leicht schiefen Dachabschluss verdecken bzw. verstecken.

2. Bauen im Kontext mit Natur und Tradition

Einen wirklich perfekten Kubus herzustellen wäre ja noch ungleich aufwendiger (neueste Architektur betreibt im Übrigen diesen Aufwand bereits: es wird quasi eine „nicht Wasser führende", aber wasserdurchlässige, optisch wirksame Dachschicht über das Dach gezogen). An diesem Punkt erreicht die Architektur durchaus die absurden Züge der Schulmedizin, indem für jede Nebenwirkung wiederum ein neues Medikament entwickelt wird. Denn wie in der Medizin gibt es auch in der Bauwirtschaft meist eine Lobby, einen Industriezweig, der Produkte verkaufen will. Die Kreation einer weiteren Dachhaut wird für diejenigen, die sie erzeugen und herstellen, durchaus willkommen sein.

Fakt ist, dass mit dem Umdrehen des Normalen nicht etwa zwei Fliegen mit einer Klappe geschlagen, sondern zwei Probleme im Hinblick auf ein Prinzip geschaffen werden. Das Prinzip „Wasser weg vom Bauwerk" wird zwei Mal mutwillig umgekehrt: Am Dach bleibt das Wasser aufgrund einer der Attika entsprechenden, notwendigen Innenentwässerung viel länger stehen, da es langsamer abfließen kann, die Fassade hingegen erhält deutlich mehr Schlagregen als bei einem Bauwerk mit Vordach. Das Problem des fehlenden Witterungsschutzes für die Fassade wird im nächsten Kapitel ausführlich erörtert.

Im Zusammenhang mit dem klassischen, geneigten Dach sei Frank Lloyd Wright erwähnt, der das Flachdach entweder dort eingesetzt hat, wo es aufgrund der klimatischen Verhältnisse angemessen war — wie etwa beim Haus Harold Price in Arizona —, oder bei Projekten, bei denen es sich aus der Gesamtform und Funktion schlüssig ergeben hat — wie beim Guggenheim-Museum, N. Y., oder beim Haus am Wasserfall. Beim überwiegenden Teil seiner Wohnhäuser aber ließ er dem Dach nicht nur seine Berechtigung, sondern erhöhte seine Wirkung und Eleganz. Die Kultivierung traditioneller Dachformen in F. L. Wrights Bauten ist ein Beleg dafür, dass eine Weiterentwicklung der klassischen, zeitgemäßen Architektur ihren Sinn hat.

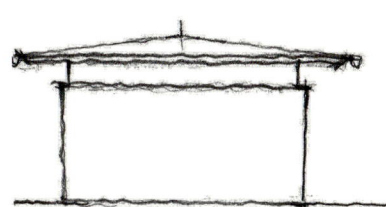

Auch Flachdächer können mit Vordach ausgebildet werden.

Das Prinzip lautet: „Wasser weg vom Bauwerk".

Schwimmendes Saunahaus aus Holz mit Flachdach und Außenentwässerung

„Da kann ich Sie beruhigen, diese Gifte sind nicht stark.
Die meisten Stoffe sind seit Jahren in der Kosmetikindustrie erprobt!"[35]
Dagmar Antoni-Zimmermann

Vom Unsinn der Vordachlosigkeit

Das zweite, vielleicht noch größere Problem der neuen Bau- und Dachform des reinen Kubus ist der fehlende Fassadenschutz. Diese Thematik ist viel umfassender und folgenschwerer, als heute allgemein erkannt bzw. anerkannt wird. Das traditionelle Dach schützt nicht nur die Fläche innerhalb eines Bauwerkes, sondern auch dessen Fassaden sowie weite Bereiche vor dem Gebäude. Großzügig überdachte Außenräume verleihen Häusern durch ihre fließenden Übergänge zwischen Innen und Außen eine angenehme Atmosphäre.

Der größte Feind des Bauwerkes ist das Wasser. Daher versuchte man in der Bautradition penibel, Niederschlagswasser auf schnellstem Weg vom Bauwerk abzuleiten. Ein möglichst geschlossenes, mehr oder weniger steil geneigtes Dach, je nach Konstruktionsart des Dachstuhles, mit ausreichend Überstand über die Außenwände war der beste Garant dafür. Notwendige Bauwerksvorsprünge wie Balkone oder Erker blieben ebenfalls möglichst geschützt hinter dem Vordach.

Da unsere Bautradition bis ins 18. Jahrhundert im ländlichen Bereich eine Geschichte des Holzbaus ist und der Schutz vor dem Wasser für den lebendigen Baustoff Holz besonders wichtig ist, wurde dieser konstruktive Holzschutz bei Großform und Detail besonders kultiviert.

Die Moderne hat — warum auch immer — mit diesem „überholten Denken der Traditionalisten" radikal aufgeräumt. Wir haben bereits die geistigen Hintergründe für diese Entwicklung und deren Auswirkungen auf die Gestalt der neuen Architektur betrachtet und gesehen, welche Nachteile sich daraus für das Dach selbst ergeben. Zudem erscheint es notwendig darzustellen, was die Ignoranz traditionellen Wissens für die Fassaden bedeutet. Zwischenzeitlich liegen wissenschaftliche Erkenntnisse vor, welche die Problematik strukturloser und vordachloser, hoher Gebäude hinsichtlich der Schlagregenbeanspruchung klar aufzeigen. Kennt man die entsprechenden Schaubilder, steigt einerseits das Maß der Bewunderung für die traditionelle Baukunst, andererseits verstärken sich gleichzeitig die Vorbehalte gegenüber der Entwicklung des aktuellen Baugeschehens.

Offensichtlich ist eines der am meisten übersehenen Probleme, dass die Schlagregenbeanspruchung mit der Höhe eines Gebäudes *zunimmt,* und zwar sogar exponentiell. Das bedeutet aber, dass das von vielen Befürwortern glatter, moderner Formen immer wieder vorgebrachte Argument, das Vordach sei ab der Höhe eines Gebäudes von mehreren Geschoßen vollkommen nutzlos, weil es in keinem Verhältnis mehr zur Höhe der zu schützenden Fassade stünde, grundsätzlich falsch ist. Erstaunlicherweise ist das Gegenteil richtig: Umso höher ein Gebäude, desto größer wird die Beanspruchung durch Schlagregen, desto wichtiger ist der Schutz der Fassade und ihrer hochtechnischen Bauteile, wie etwa der Fenster, und desto wirksamer ist in dem am stärksten betroffenen Bereich das Vordach!

Gleichzeitig beginnt man beim Studium der Schaubilder, welche diese Problematik so anschaulich offenlegen, die Sinnhaftigkeit von Maßnahmen des konstruktiven Bautenschutzes jahrhunderte- und jahrtausendealter Bauwerke zu verstehen:

Der größte Feind
des Bauwerks
ist das Wasser.

Überproportional ansteigende
Schlagregenbeanspruchung:
bei zunehmender Gebäudehöhe
in 15 m Höhe ca. 12- bis 20-mal
stärker als in 2 m

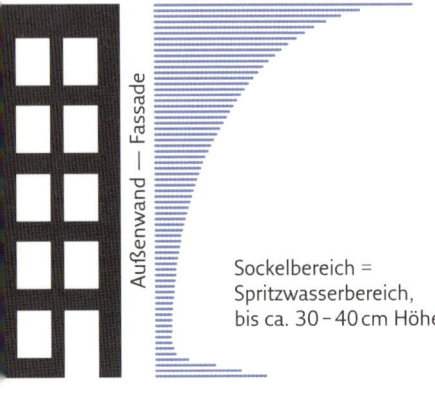

Außenwand — Fassade

Sockelbereich =
Spritzwasserbereich,
bis ca. 30–40 cm Höhe

Grafik nach Michael Hladik [36]

Sie kultivierten nicht nur das Dach als schützendes Element, sondern es kamen noch viele andere Prinzipien des konstruktiven Bautenschutzes zum Einsatz, wie etwa das sukzessive Vorspringen der oberen Geschoße bei Fachwerksbauten, aber auch die Ausbildung der von der Moderne verpönten Gesimse in der Architektur des späten 19. Jahrhunderts.

Dazu muss festgestellt werden, dass das Zerschlagen der traditionellen Architektur aus einer revolutionären Gesinnung ein geringeres Problem darstellt als das starrsinnige Festhalten an den Formalismen der Moderne einhundert Jahre danach, in Bereichen, wo wir es längst besser wissen sollten.

Das Absurde an dieser Problematik ist, dass gerade die Moderne ihre Argumente immer wieder aus der wissenschaftlich-technischen Schublade holte und die Aspekte der traditionellen Bauweise ins Reich der Mythen verbannte.

An dieser Stelle wird die Enge des Horizontes heutiger Technikgläubigkeit in der Architektur klar, deren Analogie zum einäugigen Wissenschaftsdenken unübersehbar ist. Zugegeben, die hier beschriebenen Schaubilder sind neu und wohl erst durch die ständig steigende Zahl an Bauschäden auf der Suche nach Ursachen für den vermehrten Auftritt von Algen- und Pilzbefall an den Fassaden entstanden. Aber ist es nicht eigenartig, dass Fakten, die mit dem normalen Hausverstand so einleuchtend zu erklären sind, erst nach Zerstörung von Volksvermögen und nach weltweiter Verbreitung durch die mühsame wissenschaftliche Arbeit von Schadensgutachtern zum Thema gemacht werden? Die diesen Schäden zugrunde liegende Architektursprache wird gleich einer heiligen Kuh gepflegt.

Wahrscheinlich konnte vor der Analyse von Niederschlagswassermengen an Fassaden niemand ahnen, dass es möglich ist, dass an hohen Fassaden das Wasser hinaufrinnt und dadurch oben die maximalen Wassermassen auftreten — und zwar in eine Fließrichtung, für die planlich ein konstruktiver Bautenschutz gar nicht vorgesehen wird.

Aber was wird die Antwort sein, wenn eine ausreichend große Zahl an Verfechtern der glatten Containerarchitektur diese Fakten realisiert haben wird? Man wird die Häuser wohl noch dichter bauen. Nach der bauphysikalisch als notwendig erachteten Abdichtung von innen werden die Häuser eben auch von außen zugeschweißt, die Glas- und Blechhüllen noch glatter, aufwendiger, hochtechnischer, unökologischer. Und mit Friedrich Schiller könnte man ergänzen: *„Es ist der Fluch der bösen Tat, daß sie, fortzeugend, immer Böses muss gebären!"*

Das Hochrüsten unserer Gebäude, welches wir mit aufwendigen, umweltfeindlichen und teilweise sogar giftigen Materialien vollziehen müssen, gleicht schon jetzt dem Einkleiden von Gebäuden mit Regenmänteln. Der Unterschied zu uns Menschen ist allerdings der, dass wir Regenmäntel aus Plastik nur bei Regen tragen müssen, während wir unsere modernen Gebäude dazu verurteilen, über das ganze Jahr, bei Tag und Nacht, mit einer Kunststoff-, Metall- oder Glashülle dazustehen oder mit einer Holzhülle, deren Lebensdauer durch fehlendes Vordach mutwillig beschränkt wird.

Dort, wo der Schutz nicht mechanisch, sondern chemisch erfolgt, wird die Angelegenheit besonders bedenklich. Konsequent zu Ende gedacht, verführt die sogenannte moderne Architektur hier die Industrie seit langem zu fragwürdigen

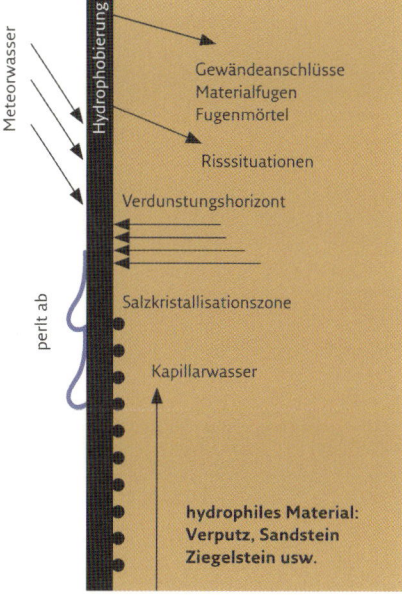

Das Eindringen von Meteorwasser bei Putzfassaden trägt wesentlich zum Entstehen von Putzschäden bei (Grafik nach Bernhard Nydegger).[37]

und folgenschweren Handlungen. Der Höhepunkt der Auswüchse des chemischen Holzschutzes ist Gott sei Dank überwunden, wenngleich der neue Weg des Holzbaus — die vordachlose Kiste der Stahlbetonbauten zu imitieren — auch nur den gegenteiligen Irrtum eines Irrtums darstellt.

Derzeit steht aber die Putzindustrie vor dem Dilemma zunehmender Algen- und Pilzbildung, vor allem an hochgedämmten Fassaden. Einen vermeintlichen Ausweg bietet die chemische Industrie seit einiger Zeit durch das Beimengen von Fungiziden und Algiziden.

Die Antwort einer Biozid-Expertin im Rahmen einer Baufachtagung über mikrobielle und tierische Fassadenschäden auf die Frage, ob Algizide, Fungizide und andere Biozide als Putzzusätze nicht umweltbelastend und vor allem gesundheitsgefährdend für den Menschen seien, ist entlarvend und schockierend: *„Da kann ich Sie beruhigen, diese Gifte sind nicht stark. Die meisten Stoffe sind seit Jahren in der Kosmetikindustrie erprobt!"* [38] Heißt das, dass den Putzen unserer Häuser locker zumutbar ist, was die Haut unserer Damen seit Jahrzehnten aushielt, oder liefert die Expertin hier eine zusätzliche Erklärung für die Zunahme an Hautallergien?

Inzwischen hat der überwiegende Teil an Schadensgutachtern, wissenschaftlich tätigen Hochbautechnikern sowie Vertretern der Putzindustrie erkannt, dass die Ursachen von Fassadenzerstörung durch Algen-, Pilz- und Flechtenbildung praktisch ausschließlich darin zu suchen sind, dass die Wände zu viel Feuchtigkeit erhalten, welche sie nicht mehr abgeben können. Die Forderung nach konstruktivem Bautenschutz wird unüberhörbar: *„Bewuchs auf Oberflächen ist immer ein Feuchteproblem. Deshalb muss die Feuchtigkeit vermindert werden. In den letzten Jahren wurde jedoch häufig unter dem Stichwort ‚Moderne Architektur' eine Bauweise forciert, die kaum noch bauphysikalische Schutzmaßnahmen oder konstruktiven Witterungsschutz kennt. Selbst in feuchten Regionen sucht man an Häusern mit tief heruntergezogenem Dach oft vergeblich nach Bewuchs."* [39]

Obwohl die Ursachen für diese Probleme also bekannt sind, lässt eine vernünftige Schlussfolgerung immer noch auf sich warten, denn einstweilen fühlen sich Fachleute immer noch dazu angehalten, Algizid- und Fungizidbehandlungen von Fassaden zu empfehlen bzw. neuen Putzen diese Stoffe gleich beizumengen, obwohl klar ist, dass die entsprechenden Gifte innerhalb weniger Jahre herausgewaschen werden und ins Grundwasser eindringen. Das Erstaunliche ist, dass Vertreter der Putzindustrie sich tatsächlich zu höchst fragwürdigen Handlungen hinreißen lassen, deren Ursachen gar nicht in ihrem Bereich, sondern in einer ungeeigneten Formensprache liegen — wobei natürlich da und dort wohl auch der Gedanke mitspielen mag, dass mit einem neuen Produkt die Verkaufszahlen angekurbelt werden können. Kritisch hält daher Thomas Klug in seinem Bericht „Von der Konjunktur der Algen und Biozide" fest: *„Einige Vertreter just dieser Industrie schicken sich jetzt an, das systematische (derweil noch legale) Vergiften von Häuserfassaden zu propagieren, um damit Zusatzgeschäfte zu machen und einigermaßen sicher die Gewährleistungsfrist von fünf Jahren vor dem Algenbefall überstehen zu können."* [40] Dass hier nicht ganzheitlich und wohl auch nicht vorausschauend gedacht wird, zeigt die Fortsetzung dieses Berichtes: *„Nach einigen Jahren werden die Biozide aus der Beschichtung ausgewaschen und ins Erdreich bzw. in Grundwasser gelangt sein.*

Einen vermeintlichen Ausweg, um unsere Fassaden zu schützen, bietet derzeit noch die chemische Industrie durch das Beimengen von Fungiziden und Algiziden. Nach wenigen Jahren sind diese im Grundwasser angelangt.

Einige Vertreter der Industrie schicken sich an, Vergiftungen von Häuserfassaden zu propagieren.

[...] *Und was soll geschehen, wenn sich nach dem Auswaschen wieder ein Algenbefall an der Fassade abzeichnet? Ein neuer Gifteinsatz? Wahrlich eine saubere Perspektive."* [41]

Die Putzindustrie versucht also das Problem durch das Beimengen von „*Stoffen*" zu lösen, die moderne Holzarchitektur geht ihren Holzweg und propagiert die vordachlose Schachtel aus Holz als Demonstrationsmodell für die Möglichkeit, die Verwitterung dieses Baustoffs zu beschleunigen. Das Motto lautet hier: „Wir bekennen uns zur Vergrauung des Holzes. Daher wollen wir sie möglichst gleichmäßig und rasch. Und wenn die Fassade kaputt ist, wird sie eben ausgewechselt." Was dies aber für den mühsamen Kampf bedeutet, den ökologischen Baustoff Holz von seinem schlechten Image im Hinblick auf die Beständigkeit zu befreien, kann man sich leicht ausmalen.

Wir sind uns heute darüber im Klaren, dass der Weg vom chemischen Holzschutz wegführen muss. Aber wir müssen akzeptieren, dass für den Weg zurück zur Natur die Kenntnis der Naturgesetze erforderlich ist. Ebenso müssen wir erkennen, dass unsere Bauwerke, vor allem wenn sie unter ökologisch und ökonomisch nachhaltigen Voraussetzungen errichtet werden, Schutz benötigen, sollen sie Bestand haben. Das technische Wissen der Bautradition ist zu nutzen, aber dem stehen die Dogmen der „*zeitgemäßen*" Architektursprache entgegen.

Unbestritten bietet das geneigte Dach mit dem traditionellen Dachüberstand den besten Schutz nicht nur für das letzte Geschoß, sondern für sämtliche Gebäudeteile, vor allem die Fassaden. Es gibt Signale dafür, dass das geneigte Dach vor allem in der zeitgemäßen Holzarchitektur wieder verstärkt eingesetzt wird. Lange wurde die Ideologie überstrapaziert, dass die Kiste, die Schachtel bzw. die Box — als ideale Bauform für sämtliche Bauaufgaben vom Einfamilienhaus über die Industriehalle bis hin zu Museum, Schule und Kirche — immer und überall passend sei. Nun beginnt man zögernd, mit Blick auf gebaute Beispiele, wieder anzuerkennen, dass auch jener Teil des Daches, welcher vor der Fassade liegt, durchaus seinen Sinn hat.

Dennoch sind die Zeichen für eine kranke Gesellschaft wohl nirgends so deutlich sichtbar wie in der Architektur. Die Parallelen zur zerstörerischen Tendenz in der westlichen Medizin — deren Auswirkungen für das Wohlergehen der Menschen vielleicht noch dramatischer, vor allem direkter erlebbar sind als jene der Architektur — werden anhand der angeführten Beispiele deutlich. Wie auch in der Medizin lösen wir nicht die Ursache eines Problems, sondern versuchen, Algen und Pilze an Fassaden zu töten. Es wäre ganz einfach, durch ein ausreichendes Vordach Bedingungen zu schaffen, welche diese Lebewesen dazu veranlassen, sich an geeigneteren Orten aufzuhalten.

Nach dem Ende des chemischen Holzschutzes wird nun die Vergrauung des Holzes propagiert. Was aber geschieht mit hochbeanspruchten Bauteilen wie Holzfenstern?

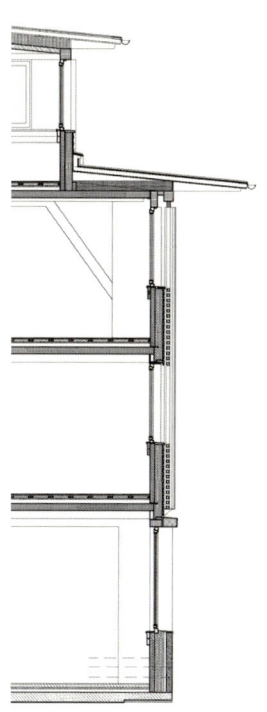

Fassadenschnitt durch das ÖBf-Bürogebäude

Lange wurde die Ideologie überstrapaziert, dass die Kiste, die Schachtel bzw. die Box als ideale Bauform für sämtliche Bauaufgaben — vom Einfamilienhaus über die Industriehalle bis hin zu Museum, Schule und Kirche — immer und überall passend sei. Nun beginnt man zögernd, mit Blick auf gebaute Beispiele, wieder anzuerkennen, dass auch jener Teil des Daches, welcher vor der Fassade liegt, durchaus seinen Sinn hat.

Alte Häuser neu beseelt

Im Ringen um einen neuen ökologischen und ökonomischen Ansatz des Bauens spielt der Aspekt des Umgangs mit bestehender Bausubstanz eine zentrale Rolle. Die Argumente, die für die Erhaltung bzw. Verwertung bestehender Baumassen sprechen, werden dabei immer schwerwiegender, je tiefer der Mensch in die Umweltkrise schlittert. Natürlich muss jeder Fall individuell abgewogen und entschieden werden, und oft genug wird die Wahl zugunsten von Spitzhacke und Raupe nicht ausbleiben können. Und da zu Ende gedachte Ökonomie und Ökologie fast nie Widersprüche sind, ist eine wirtschaftlich nicht mehr vertretbare Sanierung meist auch keine ökologisch sinnvolle.

Wenn wir aber heute vom Abbruch eines Gebäudes sprechen, so hat dies etwas völlig anderes zu bedeuten als etwa noch vor einigen Jahren. Da unsere Müllberge stets größer, die zur Verfügung stehenden Deponien aber immer knapper werden, ist es nicht mehr möglich, ein ausgedientes Gebäude en bloc zu „verräumen". Nein, Häuser müssen heute zurückgebaut, in ihre Einzelteile zerlegt und je nach Materialeigenschaft wiederverwertet oder deponiert werden.

Neben dem ökonomischen Regulativ der rasant steigenden Kosten, welche durch fachgerechten Abbruch und gesetzmäßige Entsorgung von Baumassen entstehen, sprechen eine Reihe von Gründen für eine sorgsame Prüfung, ob der Erhalt und die Verwendung bestehender Bausubstanz nicht die bessere Lösung wäre.

Vielfach aufgezeigte funktionelle Mängel in alter Bausubstanz, die dadurch auftreten, dass sich die heutigen Voraussetzungen geändert haben, lassen sich bei genauerer Untersuchung meist kompensieren. Wenn heute etwa im Krankenhausbau größere Gangbreiten vorgeschrieben werden, so muss man sich fragen, warum früher zwei Meter und weniger ausgereicht haben. Vor allem, ob nicht ein einhüftiger — also natürlich belichteter — Gang aus gesamtheitlicher Sicht mehr

Die alte Scheune, erbaut um 1900, wurde zu einem Kindergarten adaptiert.

Vorteile für den Nutzer brachte als ein etwa drei Meter breiter, innenliegender, unbelichteter, künstlich belüfteter Gang.

Mit jedem Abbruch geht ein Stück Baugeschichte verloren, mit vielen ein Stück wahre Baukultur. Da viele Gebäudeabbrüche unvermeidbar sind, sollten wenigstens die Grenzfälle gewissenhaft geprüft werden. Die Auseinandersetzung mit alter Bausubstanz eröffnet uns ein tieferes Verständnis für die Baugeschichte. Zudem müssen wir eingestehen, dass die im Laufe der Zeit gewachsenen architektonischen Formen vom überwiegenden Teil der Menschen angenommen werden, während die Formensprachen der einzelnen Moden unserer Zeit auch nach Jahrzehnten noch auf breite Ablehnung stoßen.

In der Regel bestehen ältere Gebäude aus baubiologisch weitgehend unbedenklichen Baumaterialien wie Ziegel, Stein und Holz. Die Mauern sind vielfach von einer Stärke, die den Einsatz von teilweise ökologisch sehr fragwürdigen Dämmstoffen unsinnig erscheinen lassen. Das Erweitern und Modernisieren von alter Bausubstanz eröffnet spezielle Gestaltungsmöglichkeiten aufgrund der Besonderheit der Situation. Vielfach wird erst durch neue, vom Altbau formal klar abgegrenzte bauliche Erweiterungen die architektonische Qualität bestehender Bausubstanz sichtbar.

Auch wenn oftmals festgestellt wird, dass Umbauten teurer seien als Neubauten, möchte der Verfasser dieser Meinung entgegentreten. Umbauen ist in der Regel dann teurer, wenn ein Objekt erst erworben werden muss, um umgebaut zu werden, also wenn für den Bauherrn zusätzlich zu den Baukosten die Kosten für einen Ankauf zu tragen sind. Ist aber einigermaßen intakte Bausubstanz vorhanden und stellt man Abbruch-, Entsorgungs- und Neubaukosten den Umbau- bzw. Renovierungskosten gegenüber, so wird oftmals Zweiteres die günstigere Variante sein.

In welcher Form der Planer an die Erweiterung von bestehender Bausubstanz herangeht, hängt von der Qualität des Vorgefundenen ab. Einerseits gibt es alte, ehrwürdige Gebäude, für deren Erhalt der historische Wert, der Stellenwert im Ensemble sowie die meist baubiologisch einwandfreie Bauweise sprechen. Die Erweiterung solcher Substanz ermöglicht es, die Vorteile des Bestandes mit jenen der zeitgemäßen Architektur zu verbinden. Durch geschickt gewählte, klar abgesetzte, zurückgenommene Formensprache im Neubau kann die architektonische Qualität des Altbaus unterstrichen und neu erlebbar werden, umgekehrt gewinnt das Neue durch das Alte.

Auf der anderen Seite gibt es in überwiegender Zahl jene Bausubstanz aus den vergangenen Jahrzehnten, für deren Erhalt weniger historische oder baukünstlerische Gründe sprechen als solche der Wirtschaftlichkeit. In den allermeisten Fällen handelt es sich um bauliche Zeugen bereits überlebter architektonischer Moden und Irrtümer, die ausgedient haben und nur ein „neues Gesicht" erhalten sollen.

Angesichts der schnellen Änderungen des Zeitgeschmacks und der immer kürzer werdenden Intervalle von Umbauten und Erweiterungen ist die Frage zu stellen, inwieweit das Umsetzen des jeweiligen Zeitgeistes und der aktuellen Mode anzustreben bzw. zumutbar ist. Vielleicht werden uns wirtschaftliche und ökologische Zwänge überzeugen, die Formensprache wieder zu disziplinieren und gezielter aus der Funktion zu schöpfen.

Gehöft Rieger in Markt Hartmannsdorf: Nach Aussiedlung dieses Bauernhofes wurde der straßenseitige Baukörper aufgestockt und zu einem Wohnhaus mit Geschäftszone im Erdgeschoß umgebaut.

Der Gutshof im Gitschtal wurde mit Holzzubauten erweitert.

Metamorphose eines
alten Bauernhauses zu einem
Energie-Plus-Haus

Bauliche Erweiterungen
des LKH Laas. Kapelle (oben),
neue Eingangshalle (unten)

Ein zentrales Problem beim Umgang mit alter Bausubstanz ist der nachträgliche Einbau von Sanitäreinrichtungen und Haustechnik in altes Baugefüge. Wenn Holztramdecken alter Bauernhäuser Jahrhunderte überdauert haben, so genügt oft die Zeitspanne einer halben Generation, um diese durch den unsachgemäßen Einbau eines Badezimmers zum Morschen zu bringen. Völlig zu Unrecht hat man in der Folge die Holztramdecke zu verteufeln begonnen, oftmals ohne über die wahren Ursachen des Bauschadens nachzudenken.

Darüber hinaus haben die Einbauten von Nebenräumen, wie zum Beispiel Bäder, die meist sehr klaren Raumstrukturen und Raumgefüge von klassischen Grundrissen, wie die von Bauernhäusern mit der „Labn" in der Mitte, zerstört, weil etwa die Durchgängigkeit und beidseitige Belichtung plötzlich durch ein modernes Bad, das alles absperrte, verhindert wurden.

Bei Hotelbauten war es nicht selten der am Ende belichtete Gang, der wegen eines einzigen später eingebauten Bades nicht nur kein Licht mehr erhielt, sondern darüber hinaus im Zusammenhang mit jeglicher Weiterentwicklung teure Umbauten mit sich brachte. Die Badeinbauten innerhalb des Zimmerbereiches von Hotels, Krankenhäusern oder auch kleineren Pensionen haben wiederum schöne Zimmer zu Kabinetten gemacht, obwohl die Bäder kaum bessere Duschnischen wurden und der Kunststoffbelag oberhalb der alten Tramdecke auch hier in kürzester Zeit seine verheerende Wirkung auf den lebendigen Baustoff Holz ausgeübt hat.

Die Forderung nach höchster Energieeffizienz wird seit einiger Zeit berechtigterweise auch bei alter Bausubstanz erhoben. Bei der Umwandlung kulturhistorisch wertvoller Bausubstanz zu Passivhäusern bzw. Plus-Energie-Häusern begibt man sich allerdings als Planer und Umsetzer ökologischer Prinzipien an die Grenzen des technisch Machbaren, des ökonomisch Vertretbaren und des ästhetisch Ansprechenden. Dieses Spannungsfeld wurde am Beispiel des ehemaligen Bauernhauses „vulgo Weber" aufgezeigt und gelöst. Das Objekt wurde zu einem Energie-Plus-Haus mit außergewöhnlich gesamtheitlichem Ansatz umgebaut und als Demonstrationsobjekt durch die touristische Nutzung des Hauses einer breiten Öffentlichkeit nahegebracht.

Zudem wurde aufgezeigt, dass eine höchst effiziente thermische Sanierung von historischem Altbestand sinnvoll ist und gleichzeitig die hohen funktionellen Anforderungen erfüllt werden können. Hauptziel des Projektes war es, den Nachweis zu erbringen, dass es möglich ist, auch historische Bausubstanz in architektonisch überzeugender Weise zu einem Energie-Plus-Haus umzuwandeln. Im konkreten Fall wird künftig ein regionaltypisches Bauernhaus mit seiner neuen Funktion als Seminar- und Ferienwohnhaus gleichzeitig als Informationsmultiplikator für eine Wende hin zu einer neuen Baugesinnung dienen: jener eines ökologischen und höchst energieeffizienten Bauens.

Die Verwertung alter, ehrwürdiger Bausubstanz und deren Erweiterung, um daraus ein neues Ganzes entstehen zu lassen, zeigt, dass die Ergebnisse weit mehr als die Summe der Einzelteile sein können. Dieses Thema hat eine große Bedeutung und zählt zu den spannendsten Aufgaben in der Architektur. Bereits in unserem Buch „Architektur und Zeitgeist" wurde mit drei Projekten der Dorferneuerung (Umbau Scheune zu Wohnhaus, Kindergarten in Poggersdorf sowie Gehöft Rieger

2. Bauen im Kontext mit Natur und Tradition

in Markthartmannsdorf) innerhalb des gleichlautenden Kapitels „Alte Häuser neu beseelt" breiter Raum gewidmet.

Die Möglichkeit, solche Planungsaufgaben erfüllen zu dürfen, wurde uns auch in den letzten Jahren gegeben. Zieht man eine Bilanz unserer Arbeiten, so sind etwa die Hälfte davon Umbauten und Erweiterungen. Aber nur Projekte, bei denen der bestehenden, vorgefundenen Bausubstanz innerhalb der Gesamtheit eine besondere Bedeutung zukommt, werden in diesem Kapitel dargestellt. Diese Bedeutung kann durch die Quantität oder aber auch durch die Qualität des Bestandes gegeben sein.

Das bislang umfassendste und bedeutendste Projekt war die Generalsanierung und Erweiterung des LKH Laas im Gailtal (Kärnten). Die ehemalige Lungenheilstätte war in den 30er Jahren oberhalb von Kötschach-Mauthen in einer der sonnigsten Lagen Österreichs errichtet worden. Zahllose Um- und Anbauten, vor allem im Bereich der Seitenflügel und der offenen Liegehallen, hatten den ursprünglich sehr klar konzipierten Baukörper stark beeinträchtigt.

Auch funktionell stand aufgrund der zunehmenden Funktionsvermischung durch den Einbau verschiedenster Therapiebereiche eine Generalsanierung mit einer Einflechtung und Neuordnung des gesamten Komplexes an. Die drei Obergeschoße des Altbestandes wurden zu reinen Bettentrakten umgebaut — sämtliche Diagnose- und Behandlungsbereiche wurden ausgelagert. Das Erdgeschoß wurde weitgehend für Diagnose- und Behandlungsbereiche adaptiert. Im Süden wurde ein neuer Verwaltungsbaukörper in Form eines Kreisabschnittes errichtet. Altbestand und Neubaukörper sind durch eine Eingangshalle verbunden. Diese wurde als transparente Holzkonstruktion geplant und errichtet. Über das erste Obergeschoß dieses Bindegliedes gelangt man vom Bettentrakt auf das Gründach des neuen Verwaltungsbaukörpers, wodurch zusätzliche Gartenfläche gewonnen wurde.

LKH Laas ca. 1933 und nach den Baumaßnahmen der 80er Jahre

LKH Laas nach der Generalsanierung: aktive und passive Nutzung der Sonnenenergie. Südseitig wurden sechs „Sanitärtürme" mit Wintergärten und Balkonen vorgelagert.

Die Hauptverwaltung des alten LKH

Alte Gynäkologie

Dachdraufsicht auf das LKH-Gelände

Nachdem im Jahre 2001 der weitgehende Abbruch der Baulichkeiten des Landeskrankenhauses in Klagenfurt und die Errichtung einer neuen Anlage samt der dafür erforderlichen Verlegung des Flusses Glan politisch äußerst kontroversiell diskutiert wurde und von einer der im Landtag vertretenen Parteien keine Zustimmung in Aussicht war, wurde im Auftrag der Kärntner Landesregierung ein interdisziplinäres Planungsteam einberufen, um ein Gegenkonzept auszuarbeiten.

Die ältesten Bauten des Landeskrankenhauses gehen auf die Zeit der Jahrhundertwende vom 19. zum 20. Jahrhundert zurück. Das gesamte Areal des Krankenhauses bestand ursprünglich aus einzelnen, architektonisch meist sehr reizvoll gestalteten „Pavillons" für die einzelnen Abteilungen. Diese Pavillons zeichnen sich durch klare Raumstrukturen und große Raumhöhen aus. Die Grundrisse zeigten im überwiegenden Maße belichtete Gänge. Allerdings wurden diese ursprünglich sehr klaren Baukörper im Laufe der Jahrzehnte im Zeitgeist des jeweiligen Jahrzehnts, oft mit wenig Gespür, umgebaut bzw. entstellt.

Dennoch weisen einige dieser Baukörper bis heute ein hohes Maß an ursprünglicher Kraft auf und ließen sich auch für die heutigen Ansprüche der Medizin gut adaptieren.

Kurioserweise ist es da schon wesentlich schwieriger, die Bauten der Moderne aus den 70er und 80er Jahren 20 bis 30 Jahre später dem geforderten Standard anzugleichen. Geringe Raumhöhen, innenliegende Gänge und baubiologisch bedenkliche Materialien erweisen sich nach wenigen Jahrzehnten als problematische Altlasten. Aber dennoch: Konnte es der richtige Weg sein bzw. kann es sich unsere Gesellschaft leisten, 100.000 Quadratmeter Nutzfläche nach wenigen Jahrzehnten niederzureißen? Mangelt es da nicht bloß an Fantasie? Sollte es denn nicht gelingen, aus allem Vorhandenen mit Ideenreichtum und einem vernünftigen Maß an finanziellen Mitteln eine gute Lösung zu finden, welche Alt und Neu zu einem harmonischen Ganzen zusammenführt? Ist es nicht die Bankrotterklärung der Ideologie der Moderne, wenn 30 Jahre nach Errichtung „modernster" Bauten diese als abbruchreif, als nicht adaptierbar für die neuen Ansprüche des Aufenthalts von Menschen und für die Erfordernisse der Medizin erklärt werden?

Und wer denkt darüber nach, wie modern und adaptierfähig die neu zu errichtenden Bauten nach weiteren 10 oder 20 Jahren sein werden — oder frisst dann wieder die „medizinische Revolution" ihre Kinder?

2. Bauen im Kontext mit Natur und Tradition

Um zu zeigen, dass es möglich ist, aus Bestehendem bei gutem Wollen etwas besser funktionierendes Neues zu formen, ist die „ARGE Perlenschnur" angetreten — mit der Intention, im fairen Vergleich gegen das Modell eines Abrisses samt Neubau zu bestehen. In der Folge werden hier kurz die wichtigsten architektonischen und städtebaulichen Gedanken dieses Konzeptes dargestellt, welches die Projektverfasser „Perlenschnur" nannten, da alte und neue Bauten an einem schwebendem Gang aus Holz und Glas liegen sollten.

Die städtebauliche Situation innerhalb des LKH-Geländes ist das Ergebnis jahrzehntelanger Erweiterungen und Anbauten mit einer sehr heterogenen Baustruktur sowohl hinsichtlich der Baumassen als auch der Baukörperhöhen (ebenerdig bis neungeschoßig) und der formalen Durchgestaltung der Objekte (Gründerzeit bis Moderne in verschiedensten Facetten). Die Verteilung der Baumassen ließ nach den vielen baulichen Ergänzungen kein klares Ordnungsprinzip mehr erkennen.

Das wichtigste Grundprinzip des Projektes „Perlenschnur" bestand nun darin, die für eine Weiterverwendung geeigneten Baukörper in eine neue, funktionelle und ästhetische Ordnung zu führen, indem verdichtete Baumassen einer nördlichen und südlichen „Spange" bzw. des neuen zentralen Baukörpers einer freien Mitte entgegengestellt wurden. Vor allem konnte mit der direkten Einbindung der gerade erst fertiggestellten Großbaustelle des Eltern-Kind-Zentrums und der 1. Medizinischen Abteilung ein äußerst kompaktes Gesamtsystem erstellt und neu konzipiert werden.

Neben dem gewünschten Effekt der möglichst kurzen bzw. direkten inneren Wege zwischen den Objekten wurde durch die annähernd symmetrische Anordnung der Baumassen eine klare Orientierungsmöglichkeit für Nutzer, Patienten und Besucher erzielt.

Durch den Erhalt des denkmalgeschützten Hauptverwaltungsgebäudes bzw. durch die Entfernung der störenden Anbauten und die Spiegelung des Verwaltungsgebäudes in zeitgemäßer Form auf die nördliche Hälfte (für Logistikverwaltung, EDV-Verwaltung und dergleichen) sollte vom traditionellen Hauptzugang des LKH-Geländes ausgehend eine klare Torsituation zum freien Park in der Mitte bzw. auf die Achse des neuen medizinischen Zentrums hin ausgerichtet geschaffen werden. Diese Torsituation sollte durch eine Neugestaltung der gesamten Grünanlagen noch wesentlich verstärkt werden.

Pavillonbaukörper
Plastische Chirurgie

Altbestand Taubstummen-
und Blindeninstitut

Plastische Chirurgie

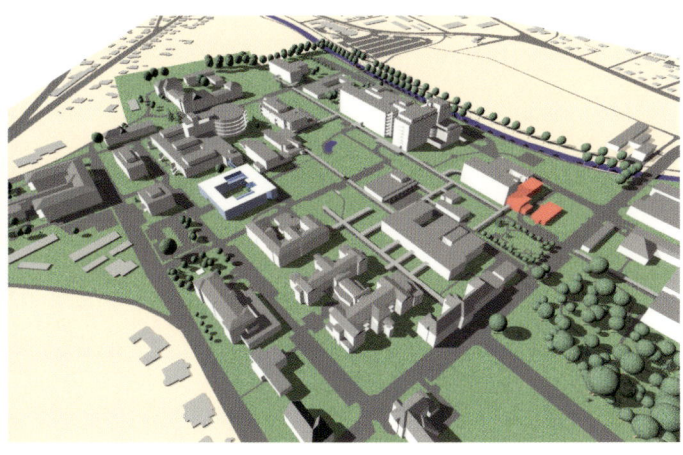
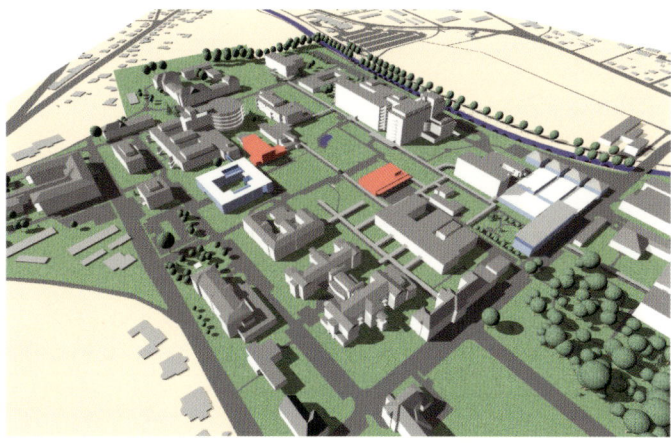

Erste medizinische Abteilung —
Zubau Ost zum Pavillonbaukörper

Der alle Abteilungen im ersten Obergeschoß miteinander verbindende, geschlossene Holz-Glas-Gang sollte nicht nur eine wichtige interne Erschließungsfunktion erfüllen, sondern auch architektonisch zwischen den unterschiedlichsten Baumassen und Formensprachen verbindend wirken. Insgesamt sollte er zwischen Grünpflanzen, Bäumen und Klettergewächsen dem gesamten Areal eine angenehme und äußerst naturnahe Atmosphäre verleihen.

In den Kreuzungs- bzw. Abzweigungspunkten von diesem Holz-Glas-Gang zu den einzelnen Funktionsbereichen wurden Vertikalverbindungen ins Erdgeschoß sowie Aufenthaltsbereiche zum Verweilen geplant. Durch die Herstellung dieses oberirdischen Ganges wären gleichzeitig im Erdgeschoß überdachte und somit witterungsgeschützte Verbindungswege zwischen den einzelnen Objekten entstanden.

Die „Perlenschnur" sollte also nicht nur die funktionale Verbindung aller Baukörper und Bereiche gewährleisten, sondern auch eine ästhetische bzw. architektonische Aufwertung der gesamten Anlage aus alten und neuen Baukörpern mit sich bringen.

Durch ein Team, bestehend aus einem Medizinplaner (Dr. Schubert) einem Arzt, (Dr. Bernhard Lexer), einem Hochbauingenieur (DI Gerhard Hirm) sowie dem Autor dieses Buches wurde ein Projekt ausgearbeitet, innerhalb dessen wesentliche Teile der bestehenden Bausubstanz genutzt worden wären. Die Weglängen des gesamten Patienten- und Warenverkehrs wären nicht nur gegenüber den bestehenden Wegen, sondern auch gegenüber dem Vergleichsmodell beträchtlich kürzer gewesen. Die Gesamtgröße betrug lediglich das als Maximalgröße geforderte Flächenmaß von 16 Hektar. Die Gesamtherstellung hätte nur etwa die Hälfte gekostet.

Zudem war das Projekt wesentlich konkreter ausgearbeitet, und seine Machbarkeit ließ sich in sämtlichen Bereichen — sowohl der Altbauten als auch der Neubauten — nachweisen.

Kein Wunder, dass die Verfasser den Tag, an dem sie ihr Projekt vorstellen sollten, kaum erwarten konnten. Aber dieser Tag kam nicht. Nachdem die Arbeit zeitgerecht beim zwischenzeitlich von der Politik als „Mediator" ausgewählten Herrn abgegeben und vorgestellt worden war, vergingen Tage und Wochen. Plötzlich war von einer Präsentation vor den Entscheidungsträgern keine Rede mehr. Nicht die Verfasser würden ihre Arbeit vorstellen, sondern einem „Mediator" war es vorbehalten, auf seine Weise beide Modelle vorzustellen. Die Anwesenheit der Pro-

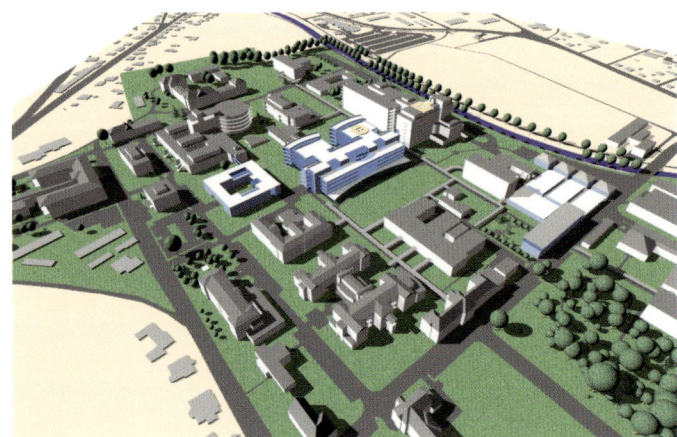

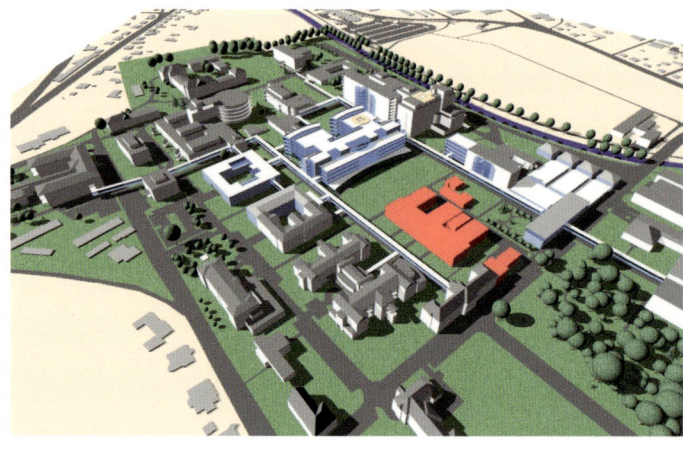

2. Bauen im Kontext mit Natur und Tradition

jektverfasser wurde aus nie genannten Gründen ausgeschlossen. Als dies bekannt wurde, herrschte Sprachlosigkeit. Aber es nutzte kein Ersuchen — es blieb dabei.

Was dann folgte, war ein Schock. Von der Straße aus konnten die Verfasser durch die Glasfront die gesamte Darstellung ihres Projektes mitverfolgen. Und es blieb ihnen der Atem weg. Von mehr als 40 Plänen und 100 Seiten Text der Studie wurden den politischen Vertretern drei oder vier Folien gezeigt. Das Ergebnis der Präsentation war für die Verfasser der Studie unfassbar. Erst nach wochenlangem Urgieren wurde ein Protokoll verfasst und zur Verfügung gestellt. Die Wege wären viel zu lang. Das Projekt wäre teurer als ein Neubau. Letztlich mussten die Projektverfasser zur Kenntnis nehmen, dass sie es mit einem übermächtigen Gegner zu tun hatten, welcher sich aufgrund unterschiedlicher Interessen und Verpflichtungen längst entschieden hatte, ein neues Krankenhaus zu bauen, und der sich auch medial voll abgesichert hatte, denn der letzte Versuch, über Tageszeitungen die Wahrheit über diese unglaublichen Vorkommnisse ans Tageslicht zu bringen, scheiterte.

Natürlich ist es nicht möglich, dem Leser hier die Fülle der Aspekte für diese städtebauliche und wirtschaftliche Fehlentscheidung nahezubringen, und viele mögen denken, dass ein neues Krankenhaus doch funktioneller, freundlicher und zukunftsweisender sei als die Adaptierung eines alten. Aber diese Sichtweise ändert sich, wenn man weiß, dass das neue Krankenhaus weiterhin wesentliche, äußerst dezentral liegende Baukörper des alten benötigt und das Areal in seiner Gesamtheit eine nahezu doppelt so große Fläche in Anspruch nimmt (26 statt 16 ha) und damit auch die täglich zurückzulegenden Wegstrecken für Patienten, Ärzte und Mitarbeiter etwa doppelt so lang sind als beim Projekt „Perlenschnur" (ca. 10.000 statt 5.000 m)! Die Chance, ein geordnetes Gesamtsystem mit einer klaren Mitte, bestehend aus Zentralbaukörpern und großem freien Park- bzw. Grünraum, zu schaffen, aber auch wertvolle alte Bausubstanz mit höchster Wohnqualität und Behaglichkeit für Patienten, Pflegepersonal und Ärzte zu erhalten, wurde vertan.

Die Zusammenführung von zwei Pavillonbaukörpern zur neuen „1. Medizinischen Abteilung" durch ein neues transparentes Bindeglied ging der Studie „Perlenschnur" voraus und zeigt das Potenzial der mehr als 100 Jahre alten Bauten des LKH Klagenfurt.

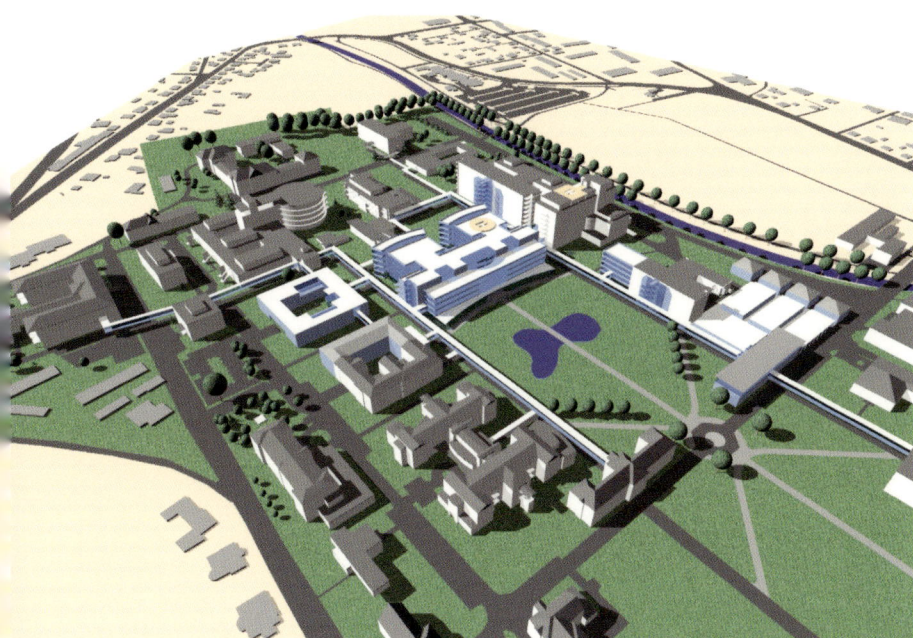

Die sieben perspektivischen Lagepläne zeigen den vorgesehenen Realisierungsablauf des Projektes „Perlenschnur":

grau = Altbestand
weiß/**blau** = Neubauten
rot = Abbruch

Das wichtigste Grundprinzip des Projektes „Perlenschnur" bestand darin, die für eine Weiterverwendung geeigneten Baukörper in eine neue, funktionelle und ästhetische Ordnung zu führen, indem verdichtete Baumassen einer nördlichen und südlichen „Spange" bzw. des neuen zentralen Baukörpers einer freien Mitte entgegengestellt wurden.

Anmerkungen **Kap. 2**

1. ALEXANDER Christopher, ISHIKAWA Sara, SILVERSTEIN Murray, Eine Muster-Sprache, S. 140, Wien 1995

2. BETZ, Robert, Raus aus den alten Schuhen, S. 195, 4. Aufl., München 2009

3. BETZ, Robert, Raus aus den alten Schuhen, S. 198, 4. Aufl., München 2009

4. LANDMANN, Michael, Innovation und das gute Bestehende; vergl. dazu: Adieu, ihr Städte! — Die Sehnsucht nach einer wohnlicheren Welt, München 1977

5. KRIER, Rob, Über architektonische Komposition, S. 293, Stuttgart 1989; englische Originalausgabe: ArchitecturalComposition, London 1988

6. KRIER, Rob, Über architektonische Komposition, S. 293, Stuttgart 1989; englische Originalausgabe: ArchitecturalComposition, London 1988

7. WICKMANN, Hans, Ohne Vergangenheit keine Zukunft, S. 7, Verlag Ludwig Auer, Herausgeber: Werkbund Bayern, Donauwörth, 1976

8. WIELAND, Dieter, Gebaute Lebensräume, S. 33, Düsseldorf 1982

9. Auszug aus dem Juryprotokoll des Siegerprojektes von den Architekten Hilmer & Sattler

10. KRÄFTNER, Johann, Österreichs Bauernhöfe, S. 7, Innsbruck 1984

11. Beiträge zur Dorferneuerung 1985, Institut für Landwirtschaftliches Bauwesen und ländliches Siedlungswesen an der TU Graz, Vorstand O. Prof. DI F. Riepl, Graz 1985

12. FATHY, Hassan; vergl. dazu: Die Statik der Träume — Architektur und Ökologie, S. 32, München 1996

13. SPANN, Othmar, Kunstphilosophie, S. 53; Graz, 1973, vergl. dazu BECHER, Walter, Der Blick aufs Ganze — Das Weltbild Othmar Spanns, S. 268, München 1985

14. KRÄFTNER, Johann, Naive Architektur II, S. 11, St. Pölten, Wien 1987

15. RIEDL Rupert; vergleiche dazu: Hahn Werner, Symmetrie als Entwicklungsprinzip in Natur und Kunst, Seite 5, Gladenbach 1995

16. TESSENOW, Heinrich, Hausbau und dergleichen, S. 24f., Braunschweig, Wiesbaden 1986

17. TESSENOW, Heinrich, Hausbau und dergleichen, S. 25, Braunschweig, Wiesbaden 1986

18. TESSENOW, Heinrich, Hausbau und dergleichen, S. 29, Braunschweig, Wiesbaden 1986

19. MATEOVICS, Ernst, Konstruktions- und Gestaltungsprinzipien im Werk von Pier Luigi Nervi, in: Zement + Beton, S. 25, Ausg. 3/1995

20. CALATRAVA, Santiago, Complete Works 1979–2009, mehrsprachige Ausgabe

21. Im Buch „The Art of structural Engineering" von Alan Holgate Edition Axel Menges, 1996, kann der Leser die beeindruckenden Konstruktionen des deutschen Ingenieurs studieren.

22. MARG, Volkwin, Konstruktion und Deutung, Katalog zur gleichlautenden Ausstellung 2006, Aedes, Berlin 2006

23. SEDLMAYR, Hans, Vom Verlust der Mitte, S. 90, Salzburg, Wien 1998

24. BAYER, Josef, Moderne Bautypen (1886), in: Baustudien und Baubilder, S. 280f., Jena 1919; vergl. dazu: Oechslin, Werner, Stilhülse und Kern, Zürich, Berlin 1994

25. SEDLMAYR, Hans, Verlust der Mitte, S. 90, Salzburg, Wien 1998

26. LOOS, Adolf, Trotzdem, S. 82, Wien 1931

27. TESSENOW, Heinrich, Hausbau und dergleichen, S. 44, Braunschweig, Wiesbaden 1986

28. HAHN, Werner, Symmetrie als Entwicklungsprinzip in Natur und Kunst, Gladenbach 1995

29. RAND, Harry, Hundertwasser, S. 118, Köln 1993

30. TESSENOW, Heinrich, Hausbau und dergleichen, Braunschweig, Wiesbaden 1986

31. ALEXANDER Christopher, ISHIKAWA Sara, SILVERSTEIN Murray, Eine Muster-Sprache, S. 616, Wien 1995

32. SCHMITTHENNER, Paul, Das deutsche Wohnhaus, S. 17, Stuttgart 1984

33. SCHMITTHENNER, Paul, Das deutsche Wohnhaus, S. 18, Stuttgart 1984

34. WOLFE, Tom, From Bauhaus to Our House, S. 23f., Berlin, Wien 1981

35. ANTONI-ZIMMERMANN Dagmar, Firma THOR GmbH

36. HLADIK, Michael (Hrsg.), Gebäudehülle im Fokus Fraunhofer IRB Verlag, S. 97, Stuttgart 2012 — Dieses Buch bietet eine wertvolle Zusammenfassung hochbautechnisch kritischer Entwicklungen der letzten Jahrzehnte

37. HLADIK, Michael (Hrsg.), Gebäudehülle im Fokus Fraunhofer IRB Verlag, S. 271, Stuttgart 2012

38. ANTONI-ZIMMERMANN Dagmar, Firma THOR GmbH

39. NAY, Michael, & RASCHLE, Paul, Algen und Pilze an Fassaden im Blickwinkel der Forschung. Mikrobiologie im Bauwesen, 2. Auflage, 2006 — siehe dazu Broschüre „Applika"

40. HLADIK, Michael, Gebäudehülle im Fokus Fraunhofer IRB Verlag, Stuttgart 2012

41. Ebenda

2. Bauen im Kontext von Natur und Tradition

Projekte

100
Gutshof im Gitschtal

104
Seminarhof Kletzmayr

108
Der Weber — Haus der Zukunft Plus

Gutshof im Gitschtal

Die sensible Revitalisierung eines ländlichen Ensembles

Der Gutshof aus dem 16. Jahrhundert wurde gartenseitig um einen lichtdurchfluteten Essraum erweitert.

Revitalisierung eines ländlichen Ensembles
Standort: **Weißbriach** (Kärnten)
Planung: **1982–2000**
Ausführung: 1. Baustufe 1983, 2. Baustufe 1990, 3. Baustufe 1998, 4. Baustufe 2000
Auszeichnung: **Kärntner Landesbaupreis 1984**
Mitarbeiter: **Klaus Mösslacher, Birgit Berger-Zintl, Markus Rauscher, Helene Zavodnik**

2. Bauen im Kontext von Natur und Tradition

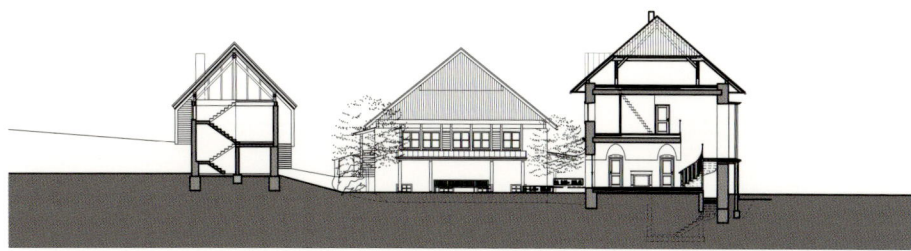

Schnitt durch den Hof mit Scheune und Wohnhaus

Innerhalb von 20 Jahren wurde in vier Baustufen dieses ländliche Ensemble in Weißbriach in Kärnten saniert, umgestaltet und erweitert.

Das massiv gebaute Wohnhaus stammt aus dem 16. Jahrhundert, die beiden Wirtschaftsgebäude sind deutlich jünger. Die drei Baukörper definieren zwei Außenräume. Der zentrale, gepflasterte Hof bildet das Entrée, an welchem sich alle Baukörper orientieren. Der Garten im Osten wird durch die beiden laubenartigen Holzanbauten von Wohnhaus und Wirtschaftsgebäude deutlich getrennt. Der Garten ist dem natürlichen Hangverlauf entsprechend mithilfe einer Natursteinmauer in zwei Ebenen angelegt. Der wertvolle Obstbaumbestand wurde erhalten und wird weiter kultiviert.

Bereits im Jahr 1983 wurde die kleinere der beiden Scheunen zu einem Wohnhaus für die Jungfamilie adaptiert, womit damals ein frühes Beispiel für eine strukturelle und architektonische Dorferneuerung gesetzt wurde und gleichzeitig der fortschreitenden Zersiedelung mit einem kleinen Beitrag entgegengewirkt werden konnte. 1990 machte die Vergrößerung der Familie eine Erweiterung der Wohnfläche notwendig. Dies geschah durch einen einfachen Anbau mit Zäsur und tiefer gesetztem Pultdach.

Im Jahr 1998 wurde in die große Scheune ein Sauna- und Gästebereich eingebaut, was nur eine geringfügige Änderung der Fassade durch die neue Befensterung zur Folge hatte.

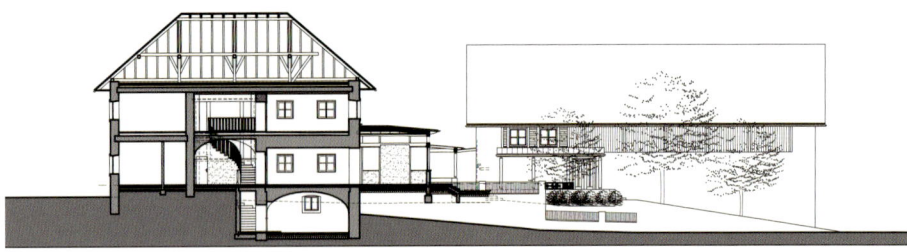

Schnitte und Ansichten von Wohnhaus und großer Scheune

Schließlich wurde im Jahr 2000 die Generalsanierung des eigentlichen Wohngebäudes in Angriff genommen. Dafür wurde der (nicht historische) Anbau im Nordosten des Wohnhauses gänzlich abgebrochen und durch eine großzügig überdachte Terrasse und einen Zubau in Holz-Glas-Konstruktion ersetzt. Dadurch wurde einerseits ein Bezug zwischen Wohn- und Gartenraum geschaffen und andererseits ein direkter Zugang in den Garten ermöglicht.

Straßenseitig wurden der alte Zugang und die Treppenkonstruktion abgebrochen und durch einen über zwei Geschoße verglasten, schlichten Erker mit Natursteinsockel und Holzrundsäulen ersetzt, der zur Belichtung des neuen Stiegenhauses sowie der Dielenbereiche dient. Hier wurde ein bewusster Kontrastpunkt zu den kleinen Fenstern des Bestandes gesetzt. Der Grundriss des bestehenden Wohnhauses wurde verändert, so bilden nun Küche, Wohnraum und Esszimmer im Zubau eine Einheit. Durch die Verlegung der vertikalen Erschließung zum neuen Glaserker wurde ein großzügiger, einladender Dielenbereich geschaffen, der auch Platz für einen offenen Kamin bietet.

Neues Esszimmer aus Holz (3. Baustufe 2000) (▲). Neues Dachgeschoß der alten Scheune (1. Baustufe 1983) (▶)

2. Bauen im Kontext von Natur und Tradition

Gutshof im Gitschtal. Die sensible Revitalisierung eines ländlichen Ensembles

Hofansicht des Gutshauses mit Zubau aus Holz

Das große ehemalige Stallgebäude im Zentrum der Anlage wird nunmehr im Erdgeschoß als Garage genutzt. Die alten Tore im Hofbereich wurden durch Fenster ersetzt. Durch die Anhebung des Hofniveaus im Bereich des Stalles entstand hier ein überdachter Sitzplatz. Der neu gepflasterte Hof ist nunmehr fast eben und deutlich besser nutzbar.

Seminarhof Kletzmayr

Revitalisierung eines ländlichen Ensembles zu einem Seminarhof

Der Gutshof mit neuer
Gartengestaltung von Südwest

Revitalisierung eines ländlichen Ensembles zu einem Seminarhof
Standort: **St. Marien** (Oberösterreich)
Planung: **1999**
Ausführung: 1999
Mitarbeiter: **Christian Mößler, Debora Mugnaini**

Der Kletzmayrhof, auch „Spitzhub" genannt, wurde zum ersten Mal im Jahre 1463 urkundlich erwähnt. Das heutige Aussehen bekam der Hof im Jahre 1863, damals wurde rund um die alte Bausubstanz der neue Hof errichtet.

Der prächtige Vierkanthof beeindruckt nicht nur durch seine Größe mit Seitenlängen von ca. 60 × 50 Meter, sondern besonders auch durch sein Sichtmauerwerk aus gebrannten Ziegeln, mit der wesentlich dunkleren Erdgeschoßzone aus doppeltgebranntem Material. Das ziegelrote Sichtmauerwerk beginnt ab der Sturzhöhe des Erdgeschoßes und löst das dunkle Band im Bereich der Fenster des Erdgeschoßes ab. Die Sockelzone ist aus Natursteinen ausgeführt.

Johann Kräftner schreibt in seinem Buch „Österreichs Bauernhöfe" über die Hauslandschaften in Oberösterreich: „So vielseitig das Land selbst mit seinen Landschaften vom Alpenhauptkamm bis zum Böhmerwald, vom Flachland am Inn bis zu den Hügeln des Mostviertels ist, so vielgestaltig und durch gegenseitige Beeinflussung vermischt sind auch seine Hauslandschaften." Von den drei ausgeprägten Hofformen Oberösterreichs, dem Vierseithof des Innviertels, dem Dreiseithof des Mühlviertels und dem Vierkanthof des Mostviertels, als „Vierkanter" bekannt, stellt letzterer die repräsentativste und geschlossenste Gehöftform Oberösterreichs, ja wohl ganz Österreichs dar.

Die Planungsaufgabe im Jahre 1999 bestand darin, den südseitigen Trakt, welcher ursprünglich als Pferdestall und Wagenschuppen diente, zu einem

Eingangssituation mit neuem Portal (▲)
(◄) Hofsituation mit neuem Portal

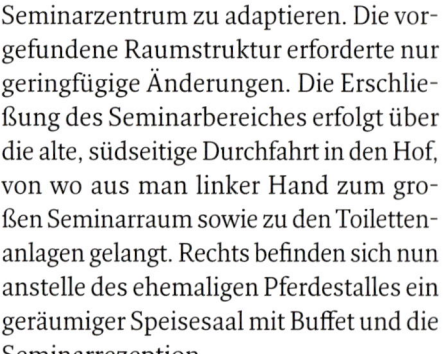

Schnitt durch den Hof des Vierkanters

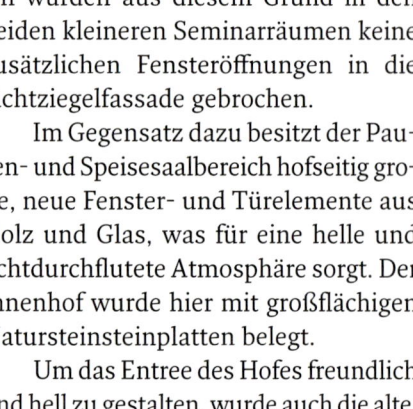

Seminarzentrum zu adaptieren. Die vorgefundene Raumstruktur erforderte nur geringfügige Änderungen. Die Erschließung des Seminarbereiches erfolgt über die alte, südseitige Durchfahrt in den Hof, von wo aus man linker Hand zum großen Seminarraum sowie zu den Toilettenanlagen gelangt. Rechts befinden sich nun anstelle des ehemaligen Pferdestalles ein geräumiger Speisesaal mit Buffet und die Seminarrezeption.

Der Speisesaal dient gleichzeitig als Vorbereich zu drei weiteren Seminarräumen kleinerer und mittlerer Größe. In der Südostecke des Vierkanters wurden zwei Stuben zu einem Seminarraum adaptiert.

Um das traditionelle Erscheinungsbild des Vierkanthofes nicht zu verändern, wurde auf Umbaumaßnahmen an der Außenfassade verzichtet. Im Speziellen wurden aus diesem Grund in den beiden kleineren Seminarräumen keine zusätzlichen Fensteröffnungen in die Sichtziegelfassade gebrochen.

Im Gegensatz dazu besitzt der Pausen- und Speisesaalbereich hofseitig große, neue Fenster- und Türelemente aus Holz und Glas, was für eine helle und lichtdurchflutete Atmosphäre sorgt. Der Innenhof wurde hier mit großflächigen Natursteinsteinplatten belegt.

Um das Entree des Hofes freundlich und hell zu gestalten, wurde auch die alte, mit zwei Bögen ausgestattete Durchfahrt durch ein Holz-Glas-Element an der südseitigen Außenwand neu gestaltet. Die Ziegelstrukturen der gewölbten Decken in den kleineren Seminarräumen wurden freigelegt und gereinigt. Die preußischen

2. Bauen im Kontext von Natur und Tradition

Seminarhof Kletzmayr. Revitalisierung eines ländlichen Ensembles zu einem Seminarhof

Der neue Speisesaal dient auch als Aufenthaltsbereich.

Kappendecken des Speisesaales erhielten aus akustischen Gründen einen neuen Putz mit rauer Oberfläche.

Einige Jahre nach der Fertigstellung des Seminarzentrums im Inneren des Gebäudes wurde das Objekt durch eine großzügige Freiraumgestaltung mit Schwimmteich, Bauerngärten und „Freiseminarraum" in einer Waldlichtung nochmals aufgewertet. Im Rahmen dieser gärtnerischen Gestaltung konnte die Geländesenke südlich des Gebäudes weitgehend aufgefüllt werden. Dadurch hat der Kletzmayrhof heute eine noch wesentlich sympathischere Ausstrahlung als nach seiner ersten Adaptierung.

Das Anwesen wird seit dem Jahr 1999 von der Familie Kletzmayr als Seminarzentrum geführt.

Der Weber —
Haus der Zukunft Plus

Metamorphose eines alten Bauernhauses
zu einem Energie-Plus-Haus

Südwestansicht mit neuem Carport und
Photovoltaikzellen auf den Balkonbrüstungen

Metamorphose eines alten Bauernhauses zu einem Energie-Plus-Haus
Standort: **Khünburg** (Kärnten)
Forschungsauftrag: 2009/2011
Planung: **2009/2010**
Ausführung: 2010/2011
Auszeichnung: **Energy Globe Kärnten 2011**
Mitarbeiter: **Bernd Zerza, Andreas Mitterer, Thomas Stöckl,
Michaela Schabus, Franziska Dej, Gerhild Goldberger**

**Das Projekt wurde vom Klima und Energiefonds
unterstützt und im Rahmen des Programmes
„Neue Energien 2020" durchgeführt.**

2. Bauen im Kontext von Natur und Tradition

Bestandsgebäude und Projektskizze

Das Projekt beinhaltet die Hochrüstung einer regionaltypischen und kulturhistorisch wertvollen Bausubstanz unter Einsatz von Solarthermie und Photovoltaik zu einem Passivhaus bzw. Energie-Plus-Haus. Diese Aufgabe wurde im Rahmen einer Sondierung durch das Programm „Haus der Zukunft Plus" seitens der Jury zur Realisierung empfohlen und schließlich durch das Förderprogramm „Neue Energien 2020" als Demonstrationsprojekt verwirklicht. Für das Ergebnis, dass dieses Gebäude mehr Energie erzeugt als verbraucht, waren eine Fülle von Innovationen erforderlich, zum Beispiel eine 40 Zentimeter starke Innendämmung ohne Dampfbremse im Steinmauerwerk.

Selbst bei Gebäuden der Nachkriegszeit — welche sich bereits mehr oder weniger der Formensprache der Moderne bedienen und deren thermische Sanierung zumindest aus ästhetischer Sicht kaum Probleme verursacht, sondern meist sogar Verbesserungen ermöglicht — stößt man auf Grenzen des technisch Machbaren und ökonomisch Vertretbaren. Bei regionaltypischen, traditionellen, historisch bedeutsamen Objekten betritt man allerdings ein Spannungsfeld, welches weit mehr Probleme birgt als nur das der bautechnischen Umsetzbarkeit. Bei dem Versuch einer „vollkommenen thermischen Sanierung" eines Bauernhauses mit ca. 60 Zentimeter starken Steinmauern, dessen Längsseite eben nicht nach der Sonne ausgerichtet ist, sondern anderen Bedingungen folgt, und der „Metamorphose" eines solchen Objektes zu einem

Südfassade des Bauernhauses mit Carport und Glashaus

Vorplatz mit Eingangssituation

2. Bauen im Kontext von Natur und Tradition

Der Weber — Haus der Zukunft Plus. Metamorphose eines alten Bauernhauses zu einem Energie-Plus-Haus

„Energie-Plus-Haus" bzw. Solarhaus stößt man auf gewaltige Gegensätze, die zunächst geradezu unlösbar erscheinen.

Die thermische Sanierung des Erdgeschoßes stellt eine vollständige Innovation in der Bautechnik dar. Die außergewöhnliche Herausforderung lag in der Innendämmung im Bereich des 60 Zentimeter starken Steinmauerwerkes. Für diese Art der Innendämmung wurde ein Feldversuch an der FH Kärnten in Spittal/Drau gestartet, mit dem positiven Ergebnis, dass entgegen dem Stand der Technik in der Bauphysik eine insgesamt 40 Zentimeter starke Innendämmung auf Basis von Zellulose, Heraklith-Platten und Lehmputz ohne Dampfbremse sich als durchführbar erwies. Dadurch erst war es vertretbar, diese neue Art der Innen-

dämmung auch beim Energie-Plus-Haus Weber zur Anwendung zu bringen.

Die Neukonzeptionierung des gesamten Dachstuhles in Passivhausbauweise war eines jener Ziele, welche von Beginn an klar verfolgt wurden und im Zuge der Planungsphase nicht mehr in Frage gestellt werden mussten. Der alte Dachstuhl wäre zwar aus Sicht der Denkmalpflege grundsätzlich erhaltenswert gewesen, entsprach aber statisch in keiner Weise den Anforderungen und hätte der Funktion eines Seminarraumes, welcher jedenfalls stützenfrei auszubilden war, nicht entsprochen. Auch die thermische Sanierung wäre kaum möglich gewesen.

Die archaisch-ländliche Formensprache des äußeren Erscheinungsbildes wird im Inneren mit zeitgemäßem

Blick von der Gartenlaube zum Bauernhaus

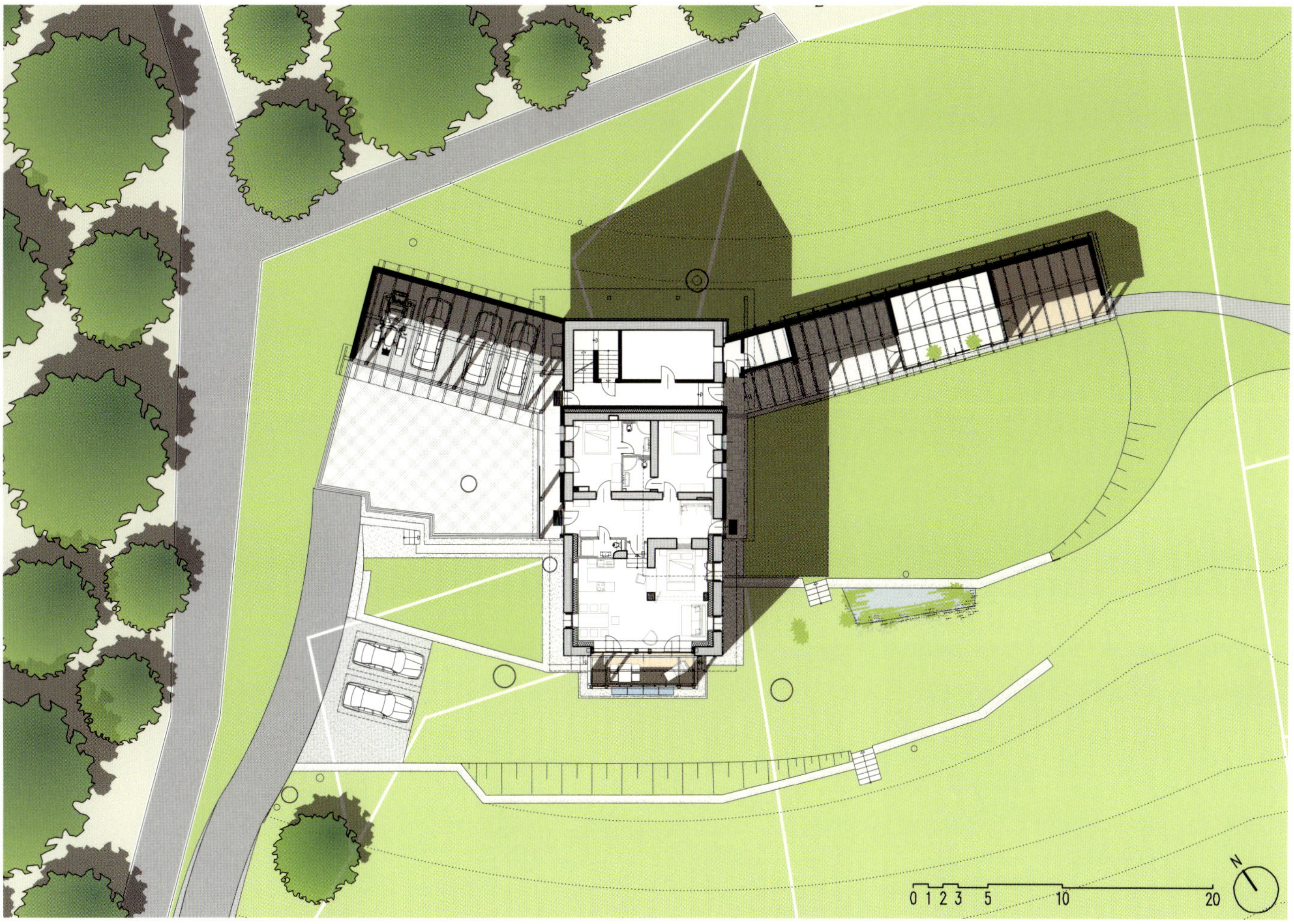

Alle Wohnungen haben Eichenböden
und lehmverputzte Wände.

2. Bauen im Kontext von Natur und Tradition

Der Weber — Haus der Zukunft Plus. Metamorphose eines alten Bauernhauses zu einem Energie-Plus-Haus

Interieur-Design weitergeführt. Umgesetzt wurde dieses Konzept mit baubiologisch hochwertigen, natürlichen Materialien sowohl im Baugefüge als auch im Innenausbau: Zellulose und Lehmputz für die Innendämmung, Mineralschaumplatten für die Außendämmung im Bereich der Steinmauern, Zellulose und Holzweichfaserplatten für die Holzbaubereiche samt naturbelassenem Lärchenholz für konstruktive Elemente, Fassadenschalungen, Fenster und Türen, Lehmputze mit Wandheizungen in allen Wohnungen, Zirbenholz für die Möbel und Lüftungskanäle. Das Erdgeschoß und das erste Obergeschoß beinhalten seit der Renovierung drei Ferienwohnungen. Zudem stehen den Gästen ein Glashaus und der überdachte Freibereich zur Verfügung.

Der Weber soll nicht nur als Unterkunft für ruhesuchende Menschen dienen. Er ist gleichzeitig Begegnungszentrum für den Informationsaustausch und die Weiterbildung in den Bereichen ökologische bzw. naturnahe und energieeffiziente Architektur, Kunst und Kunsthandwerk sowie ganzheitliche Sichtweisen in allen Lebenssphären, vor allem aber jener der Gesundheit von Seele, Geist und Körper. Seit Herbst 2011 steht das Haus für Seminare, Vorträge und Veranstaltungen zur Verfügung.

Durch die ausgeprägte Hanglage des Areals war es möglich, ein spezielles Glashaus für die Permakultur zu entwickeln, welches die einfallende Sonnenenergie optimal nutzt. Die üblichen Probleme von Glashäusern mit sehr großen Tempera-

Alle Möbel wurden aus massivem Zirbenholz
hergestellt.

2. Bauen im Kontext von Natur und Tradition

Der Weber — Haus der Zukunft Plus. Metamorphose eines alten Bauernhauses zu einem Energie-Plus-Haus

turschwankungen können hier vermieden werden, da die Glasflächen lediglich auf die Südseite ausgerichtet bleiben, die übrigen Bauteile hingegen als Speichermassen dienen.

Die Errichtung dieses speziellen Glashaustyps deckt die Energieversorgung des Energie-Plus-Hauses Weber ab. Es wurde als Idealtyp für eine Glashausarchitektur am Hang entwickelt, welcher ein optimiertes Verhältnis von Glasfläche zu den übrigen Oberflächen aufweist und den Sonneneinfallswinkel aller Jahreszeiten berücksichtigt.

Die Dachneigung von 35 Grad mit der vollflächigen und flächenbündigen Lösung für die PV-Module und die Solarkollektoren soll nicht nur die ästhetischen Ansprüche erfüllen, sondern vor allem

auch dafür Sorge tragen, dass im Winter Schneefreiheit durch das sofortige Abrutschen des Schnees gewährleistet ist.

Es wurde eine Südfront geplant, welche einerseits einen möglichst großen Sonneneinfall im Winter zulässt und sich andererseits im Sommer großzügig durch Schiebeelemente öffnen lässt. Die Kombination der Schrägverglasung mit der Integration von thermischen Solarkollektoren und Photovoltaikelementen wurde in einem intensiven Entwurfs- und Planungsprozess optimiert, nachdem mehrere Varianten entwickelt worden waren.

In der Detailkonzeptionierung des Glashauses wurde — wie bei einem Wohnhaus — auf die Vermeidung von Wärmebrücken geachtet. Dadurch kann dieses Glashaus ohne jegliche zusätzliche

Heizung allein durch die gezielte Südausrichtung und Dreifachverglasung bei den vertikalen Elementen seine Funktion erfüllen und über die gesamten Wintermonate uneingeschränkt genutzt werden.

2. Bauen im Kontext von Natur und Tradition

Der Weber — Haus der Zukunft Plus. Metamorphose eines alten Bauernhauses zu einem Energie-Plus-Haus

„Es ist unsere Aufgabe, die heute erkennbare Begrenzung der
Naturwissenschaft durch eine neue Betrachtungsweise zu überwinden,
um den komplexen Strukturen des Lebens gerecht zu werden."[1]
Holger König

3. Die ökologische Herausforderung — Auftrag der Gegenwart

Bauen im Schulterschluss mit der Natur

Im Brennpunkt dieses Kapitels „Die ökologische Herausforderung — Auftrag der Gegenwart" sollen nicht die Probleme, sondern die Lösungsansätze stehen. *„Raubbau an Ressourcen zu vermeiden, also verantwortlich mit den Materialien unserer Erde umzugehen, ist eines der wichtigsten Ziele ökologischen Handelns."*[2]

Der Auftrag der Gegenwart bedeutet in hohem Maße, von der Natur zu lernen. Der Mensch muss sich wieder mit der Natur versöhnen.

In diesem Zusammenhang sind für das Bauen folgende Themen relevant: die Baubiologie — also das gesunde Bauen, die Ökologie, die Energieeffizienz sowie das Solare Bauen.

Von allen Möglichkeiten der Annäherung des Menschen an die Natur erscheint uns jene der Baubiologie als die wichtigste und umfassendste. Die Abgrenzung zwischen Baubiologie und Bauökologie wird im Buch „Baubiologie in Frage und Antwort" klar dargelegt: *„Definitionsgemäß ist Baubiologie die Wissenschaft von den ganzheitlichen Beziehungen zwischen dem Menschen und der gebauten Umwelt. Ökologie ist die Wissenschaft von dem Beziehungsgefüge zwischen Lebewesen und Umwelt. [...] Das Wesentliche der Baubiologie ist die ganzheitliche Betrachtungsweise. Ihr Arbeits- und Aufgabengebiet ist umfassend und speziell auf den Lebensraum des Menschen ausgerichtet. Baubiologie berührt auch die physischen, psychischen und spirituellen Bereiche des Menschen."*[3]

Fassadenbegrünungen und Gründächer können einen wichtigen Beitrag zur Verbesserung des Kleinklimas bilden.

In der Architektur müssen ökologisches Denken und energieschonendes Bauen zu zentralen Inhalten des Entwurfsprozesses werden. Formalismen, welche heute noch Inhalt vieler Architektursprachen sind, sollten durch ökologische Parameter ersetzt werden. Ökologisches Bauen darf keine Randerscheinung bleiben im Sinne einer nebensächlichen Parallelentwicklung von einzelnen Idealisten. Erkenntnisse, die bereits eindeutig nachweisbar sind, müssen ins Bauen des Alltages und in das zentrale Architekturgeschehen einfließen. Die Berücksichtigung ökologischer Grundsätze muss ein wesentliches Beurteilungskriterium für gutes Bauen sein.

Auch das Thema „Bauen mit der Sonne" sollte bald einen größeren Einfluss auf die Formensprache der Architektur ausüben. Im Kapitel „Solararchitektur" wird anschaulich erläutert, dass die regionaltypische Architektur ungeahnte Potenziale für die Nutzung der Sonnenenergie aufweist. Dass traditionelle und gewachsene Bauformen und die geforderte Energieeffizienz der Gegenwart keine Widersprüche darstellen, wird anhand einer Reihe von Beispielen belegt.

Seitdem sich Menschen Behausungen errichten, werden bis ins 19. Jahrhundert praktisch nur zwei Baustoffe verwendet: einerseits der „nicht organische" Baustoff Stein (in Verbindung mit Erde), andererseits der „organische" Baustoff Holz. Beide werden als primäre Baustoffe bezeichnet, wobei sich die Entscheidung für eines dieser beiden Materialien meist aus der Verfügbarkeit ergab. Je nach geografischer Lage gilt dabei Stein oder Holz als der primäre Baustoff. In den meisten Gegenden Europas war dies das Holz. Auch in den Gebieten im Alpenraum, die eine alte Steinbautradition haben, ist bis auf wenige Ausnahmen, wie etwa das rätoromanische Siedlungsgebiet, der Steinbau der Nachfolger des Holzbaus.

Das Zusammenwirken der beiden Elemente Holz und Mauerwerk verkörperte im Bauen jahrhundertelang ein bipolares Prinzip, welches seine Gültigkeit auch am Ende des 20. Jahrhunderts keineswegs verloren hat.

Breiten Raum widmen wir in diesem Kapitel daher der Wiederentdeckung des Baustoffes Holz. Im letzten Teil werden dann öffentliche Holzbauten vorgestellt.

Volksschule aus Holz in Hermagor mit fassadenintegrierter Photovoltaikanlage und Gründach

Die Wasnerin — Wellnesshotel, zum Teil aus Holz gebaut, mit Solarthermie auf dem Gründach

„Es fehlt etwas. Wenn der Umbau der Industriegesellschaft nur durch die Zahlenmacht von Ökobilanzen oder Energieverbrauchsdaten erzwungen werden kann, dann wird diese zukünftige Gesellschaft dichter, härter, kälter und sinnesärmer sein als die bestehende."[4]

Holger König

Baubiologie — gesundes Bauen

Viele Menschen mussten es am eigenen Leib erfahren: Sie lebten in Wohnhäusern, deren Baustoffe Gifte enthielten, welche Krankheiten verursachten. Erst als es zu viele Betroffene gab, begann man die Fehlentwicklung zu erkennen. Seit etwa einem Vierteljahrhundert gibt es eine zunehmende Anzahl von Menschen und Organisationen, die sich mit Baubiologie und -ökologie beschäftigen.[5] Inzwischen sind das Ökologische Bauen und die Baubiologie für die Bauindustrie und für das Baugeschehen zu wichtigen Faktoren geworden, die nicht mehr ignoriert werden können.

Obwohl die Baubiologie ganz unmittelbar für die Gesundheit der Menschen verantwortlich ist und gemeinsam mit der Bauökologie „entdeckt" wurde, scheint sie in den letzten Jahren hinsichtlich der Dynamik ihrer Entwicklung hinter ihrer „Schwester" zurückzubleiben.

Die Ökologie des Bauens erhält durch den Teilaspekt der Energiekosteneinsparung bzw. der Energieknappheit sowie durch das Thema des Klimaschutzes plötzlich gewaltige Verbündete auf Seiten der Industrie. Umweltschutz lässt sich gut vermarkten. Die Baubiologie hingegen betrifft ja „nur den Menschen". Ökologie und Energieeffizienz wurden nicht nur von Architekten entdeckt, sondern auch von Bauphysikern, Bautechnikern aller Art, von Energie- und Haustechnikplanern und natürlich von den ausführenden Firmen verschiedenster Gewerbe.

Um die Baubiologie hingegen kümmern sich „nur" die „Baubiologen". Unter Ihnen sind viele verunsicherte, besorgte, oftmals in ihrer Gesundheit beeinträchtigte Menschen. Allerdings ist es eine Fehleinschätzung, wenn vitale Menschen glauben, dieses Thema betreffe sie nicht. Ähnlich wie die Geomanten haben sich viele Vorkämpfer dieser Bewegung aufgrund eigener gesundheitlicher Probleme diesem Thema zugewandt, das heißt, sie machen sich aus Erfahrung klug. Es ist hauptsächlich diesen Menschen zu verdanken, dass die Aspekte der Baubiologie in das Baugeschehen Eingang gefunden haben.

Auch die Naturheilkunde, die Komplementärmedizin und das geistige Heilen verdanken ihre fortschreitenden Erkenntnisse in hohem Maße jenen nicht vor Gesundheit strotzenden Menschen, die durch die Schulmedizin keine Heilung erfuhren und gezwungen waren, neue Pfade zu beschreiten.

Die „Wege der Gesundheit", wie sie Holger König seit 25 Jahren beschreibt, sollten längst Straßen, ja Hauptstraßen im Baugeschehen sein. Aber die Baubiologie ist für die elitäre Architektur noch kein Thema. Während sich energieeffizientes Bauen formal gestaltgebend manifestiert, erkennt man ein baubiologisch ambitioniertes Haus bestenfalls daran, dass ihre Schöpfer Vorlieben für organische Formen haben.

Baubiologische Ambitionen und Engagement für die Moderne scheinen sich eher zu widersprechen, haben sich doch Vertreter der modernen Architektur auch hinsichtlich der Materialität meist dem Neuesten, damit eher dem Künstlichen als

Der Weber — Haus der Zukunft Plus: Holzböden, Massivholzmöbel, Wände mit Lehmputz

dem Natürlichen bzw. der Naturnähe verschrieben. Dies bringt auch Holger König zum Ausdruck, wenn er feststellt, dass *„die moderne Zivilisation mit ihrer reduzierten Gestaltung [...] den Dingen um uns viele Qualitäten [nimmt]; der Mensch verliert dadurch vom Bezug zu seiner Umwelt und damit vom Bezug zu sich selbst."* [6]

Die Baubiologie stellt den Menschen und seinen Lebensraum ins Zentrum ihrer ganzheitlichen Betrachtungsweise. Daher stellt Holger König den Menschen selbst mit seinen fünf Sinnen, den Hör-, Geruchs-, Geschmacks-, Seh- und Tastsinn, vor die Analyse der einzelnen Baustoffe, und vergisst dabei nicht den sechsten Sinn für „Unerklärliches" zu erwähnen. Da wir aber keine Maschinen, sondern Menschen sind, sind unsere Wahrnehmungen und Empfindungen, die uns unsere fünf Sinne vermitteln, durchaus unterschiedlich. Die Komplexität und Vielschichtigkeit dieser Empfindungen mag wohl einer der Gründe dafür sein, dass in unserem Zeitalter der „Wissenschaftsgläubigkeit" der Stellenwert der Baubiologie nicht auf breiter Basis erkannt wurde.

Biohotel Daberer — neue Zimmer in konstruktivem Holzbau mit Wandtäfelungen aus Lärchenholz und Lehmputzen

Über das Sichtbare hinaus geht es in der Baubiologie also auch um die anderen Sinne und damit um Wahrnehmungsqualitäten wie Wärme und Feuchtigkeit, Luftqualität, Oberfläche und Akustik. Neben den natürlichen Strahlungen des unsichtbaren Frequenzbereiches, wie die natürlichen Global- und Erdstrahlungen, spielen die künstlichen, von Menschen geschaffenen Strahlungen aus dem Hochfrequenz- und Niederfrequenzbereich sowie elektrische und elektromagnetische Felder eine enorme Rolle.

Zwar ist es in den 80er Jahren des letzten Jahrhunderts durch die unermüdlichen Bemühungen einzelner Menschen um die Anerkennung baubiologischer Grundsätze schließlich gelungen, den Einsatz von Giftstoffen im chemischen Holzschutz oder etwa das Asbest aus dem Baugeschehen zu verbannen. Doch sehen wir uns heute mit der noch wesentlich größeren, unsichtbaren Gefahr des Elektrosmogs vor allem durch den Mobilfunk konfrontiert.

Dadurch sieht sich die Baubiologie mit einem neuen Themenkreis konfrontiert, welcher die bekannten Probleme noch übertrifft und in den Schatten stellt.

Was können wir also tun? Je stärker die negativen Umwelteinflüsse den Menschen bedrohen, desto bedeutsamer wird es, für „die dritte Haut des Menschen" — wie das Bauwerk oft genannt wird — eine sorgsame Materialauswahl vorzunehmen und ein möglichst gesundes Wohnklima zu schaffen. Die Baustoffe Holz und Lehm können dazu einen ganz wesentlichen Beitrag leisten.

Für die Luftqualität in modernen Häusern aber ist die Haustechnik in hohem Maße verantwortlich, und für manche Gebäude sind Wohnraumlüftungen unumgänglich. Auch hier gilt es neue Wege zu beschreiten. Als innovativer Lösungsansatz für diese Aufgabe seien etwa die Lüftungskanäle aus Zirbenholz genannt, welche bei einigen in diesem Buch vorgestellten Projekten realisiert wurden.

Im Hinblick auf den Elektrosmog werden neben der Abschirmung und der Netzfreischaltung außerhalb der Zeit der Nutzung der elektrischen Energie seit einigen Jahren neue technische Geräte angepriesen, welche laut Hersteller die Erkenntnisse der Quantenphysik nutzen sollen. Berichte darüber klingen vielversprechend. Die Erfahrungen der nächsten Jahre sollten Klarheit darüber bringen, wie sie wirken und ob sie erfolgreich eingesetzt werden können.

Biohotel Daberer — Yogaraum

„Im ausklingenden 20. Jahrhundert steht unsere Generation vor gewaltigen
Herausforderungen sozialer, ökonomischer und nicht zuletzt ökologischer Natur.
Längst ist klar, daß die rasante Entwicklung der letzten hundert Jahre,
das ‚fossile Zeitalter‘, an gefährliche Grenzen stößt. Sie ist weder fortsetzbar,
noch auf nennenswerte Anteile der Weltbevölkerung anwendbar."[7]
Zentrum für Bauen und Umwelt Donau-Universität Krems

Energieeffizienz als
ökologische Herausforderung

Ökologisches Denken bedeutet gesamtheitliches Denken. Darunter verstehen wir
das Bewusstsein, dass alles in Einklang zueinander stehen muss, dass ein Denken
und Handeln gegen die Natur früher oder später — meist viel eher als erwartet —
auch ein Denken und Handeln gegen uns selbst bedeutet. Ökologisches Bewusstsein im Bereich des Baugeschehens umfasst alle Aspekte des Bauens.

Das breite Baugeschehen in unserer hektischen Zeit findet jenseits eines ökologischen Denkens statt. Es wird nach wie vor von der Bauindustrie bestimmt. Dies
ist in unserer marktorientierten Wirtschaft zwar verständlich, aber nicht vernünftig.

Die Möglichkeiten der Architektur und die ihr zur Verfügung stehenden energieeffizienten Maßnahmen und nachhaltigen Energiesysteme müssen genutzt werden,
um den Ausstoß an Treibhausgasen rasch und nachhaltig zu senken. Die Architektur und, damit verbunden, die Energiesysteme der Zukunft sind die Schlüssel,
um rasch und effizient die hochgesteckten, ambitionierten Ziele auf dem Gebiet des
Klimaschutzes zu erreichen.

In den kommenden Jahrzehnten wird nachhaltiges Bauen *das* zentrale Thema
sein. Mit der verfügbaren Bautechnik sind die Werkzeuge für energieeffizientes
Bauen vorhanden.

Derzeit entfällt mehr als die Hälfte des Gesamtenergieverbrauchs in Österreich auf die Raumheizung. Unsere Zukunftsvision muss es sein, dass Gebäude
zu Kraftwerken werden, dass sie mehr Energie erzeugen, als sie verbrauchen. Die
Komponenten dafür sind vorhanden, es gilt nun, diese gezielt und intelligent ein-
zusetzen, die technischen und wirtschaftlichen Möglichkeiten für den sparsamen
Umgang mit Ressourcen auszuschöpfen und weitreichende Impulse für eine nach-
haltige Entwicklung zu setzen.

Innerhalb der letzten zehn Jahre ist diesbezüglich ein gewaltiger Entwicklungs-
schub im Bau zu verzeichnen. Die Idee, die Wärmeverluste über die Gebäudehülle
derart stark zu verringern, dass die Heizlast unter zehn Watt pro Quadratmeter liegt,
ist faszinierend. Die restliche noch benötigte Energie zum Heizen der Räume kommt
von passiven Wärmequellen. Das heißt, dass allein die Abwärme von Haushaltsge-
räten und von Glühbirnen sowie der Gewinn aus der Sonneneinstrahlung und die
Oberflächenwärme der Menschen selbst ausreichen, um ein Gebäude zu erwärmen.

*Im Jahr 2007 wurde das tausendste Passivhaus gefeiert, im Jahre 2010 bereits
die 10.000er-Marke überschritten.*[8] Die Entwicklung ist eindrucksvoll und zeigt die
Zukunftsträchtigkeit dieses Haustyps. Diese erfreuliche Tendenz ist allerdings nur
bei neuen Passivhäusern zu beobachten. Demgegenüber wurde bisher nur eine ver-
schwindend geringe Zahl von Altbauten zu Passivhäusern oder gar zu Plus-Energie-Häusern adaptiert.

Das Passivhaus kann tatsächlich als ökologisches Gebäude bezeichnet werden.
Die kontrollierte Wohnraumlüftung verleiht ihm zusätzlich einen höheren Raum-

Neues Bürogebäude der Firma
Weissenseer in Holz als Passivhaus

3. Die ökologische Herausforderung — Auftrag der Gegenwart

komfort, als das bei Wohnhäusern ohne dieses Heizsystem der Fall ist. Der jährliche Heizwärmebedarf liegt bei unter fünfzehn Kilowattstunden pro Quadratmeter. Für ein neu zu planendes Haus sind diese Werte oft schwer zu erzielen und erfordern eine hohe Disziplin bei der räumlichen Konzeption. Bei Sanierungen bzw. Adaptierungen historischer Gebäude steht man allgemein vor einer äußerst schwer zu lösenden Aufgabe, und es gibt noch kaum Beispiele dafür. Grundlage für die Projektierung und Planung von Passivhäusern ist das von Prof. Dr. Feist [9] entwickelte Passivhausprojektierungspaket (PHPP).

Was aber vielen Menschen suspekt erscheint, ist die Notwendigkeit einer kontrollierten Wohnraumlüftung sowie die Abdichtung der Gebäudehülle bis hin zur sogenannten Luftdichtheit. Über diese Forderung wird wohl noch am meisten nachzudenken sein. Vor allem ist der Einbau einer „kontrollierten Wohnraumlüftung" wiederum mit einem hohen Maß an Technik verbunden, welche die Heiztechnik nur bedingt ersetzt. Wie eine solche Lüftungsanlage in Zukunft ausgestattet werden könnte, wurde im Projekt „Der Weber — Haus der Zukunft Plus" durch den Einsatz von Lüftungskanälen aus Zirbenholz erprobt.

Hingegen sind die Vorbehalte vieler Menschen gegenüber dem Gedanken des energieeffizienten Hauses deutlich weniger geworden, seitdem offensichtlich wurde, dass ein solches Gebäude nicht zwangsläufig eine „Wohnbox" sein muss, sondern nicht mehr und nicht weniger ist als ein technischer Standard. Passivhäuser können also genauso wie andere Häuser, unter Berücksichtigung der regionalen Besonderheiten und der anderen Prinzipien der Baukunst, errichtet werden.

Und wenn dieser Gedanke konsequent weitergedacht wird, könnte die Zukunft dem sogenannten Plus-Energie-Haus gehören, einem Gebäude, welches für seinen Betrieb mehr Energie erzeugt, als es verbraucht und somit die Notwendigkeit des Betriebs von umweltbelastenden Kraftwerken verringert. Mit dem Energie-Plus-Haus Weber und dem Kompetenzzentrum Großschönau werden in diesem Buch zwei Beispiele dieser neuen Gebäude-Generation vorgestellt.

Musikschule in Feistritz/Gail in Holz- und Passivhausbauweise

Passivhaus-Schwimmbad Hotel Edelweiss in Wagrain

„Der Begriff ‚Solararchitektur' steht für die Kunst, Baumaßnahmen in einer Weise
zu planen und umzusetzen, die der Bedeutung der Sonne als einzige unerschöpfliche
Ressource gerecht wird. ‚Solararchitektur' beschreibt dabei nicht zwangsläufig
einen neuen, ‚gläsernen' Baustil, sondern vielmehr einen oft unscheinbaren, aber umso
wirkungsvolleren Qualitätsstandard unserer Gebäude."[10]
Zentrum für Bauen und Umwelt Donau-Universität Krems

Solararchitektur — Bauen mit der Sonne

Ein ganz wesentlicher Aspekt des ökologischen Bauens ist die Nutzung der Sonnenenergie. Dies bedeutet die Chance, fossile Brennstoffe zu substituieren.

Für den architektonischen Entwurf ergeben sich daraus Möglichkeiten einer
neuen, sinnfälligen und interessanten Formgebung von Baukörper und Fassade.
Gleichzeitig aber besteht natürlich auch bei diesem Thema die Gefahr, kurzlebigen
Moden hinterherzulaufen. Die gestalterische Grundsatzfrage lautet: In welchem
Maß zeige ich die aktive und passive Nutzung der Sonnenenergie dem Betrachter?
Die Antwort klingt einfach und ist dennoch so schwer umzusetzen: im rechten
Maß! So falsch es ist, die Nutzung der Solarenergie zu verstecken, so problematisch wäre es auch, sie in einem hemmungslosen oder plumpen Funktionalismus
zu demonstrieren.

*Die gestalterische
Grundsatzfrage lautet:
In welchem Maß zeige ich
die aktive und
passive Nutzung der
Sonnenenergie?*

Nehmen wir an, ein Planer vertritt die Ansicht, die Nutzung der Sonnenenergie
müsse so radikal erfolgen, dass zum Beispiel die Südseite eines Hauses aufgrund
des Sonneneinfallswinkels eine Schräge von etwa 60 Grad aufzuweisen hätte, während das nordseitige Dach flach geneigt auszubilden sei: Damit übersieht er jedoch
in seiner Euphorie die übrigen Gesetze der Baukunst und verkennt die Problematik
asymmetrischer Giebelausbildungen. Die Lösungen solcher Bauaufgaben sollten
einfühlsam erfolgen, um einen breiten ästhetischen Konsens zu erzielen.

Konkret gesprochen geht es dabei um die Kunst, große Glasflächen und Kollektorflächen mit den Anforderungen in Bezug auf die Beschattung durch Vordächer
und die Bedeckung der Glasflächen (für die Zeiten der Nichtbesonnung) zu einer
harmonischen und ästhetischen Architektur zu verbinden. Das mehr oder weniger
ziellose Anbringen von Kollektoren auf irgendwelchen Dachflächen kann dieser Herausforderung jedenfalls nicht gerecht werden, wie auch die vollständig verglasten
Fassaden weder im Winter noch im Sommer den Anforderungen eines Solarhauses
entsprechen. Nach den Problemen, die die ersten Generationen von Solarhäusern
gezeigt haben, ist klar: Ein Solarhaus braucht als Ausgleich zum Glas viel Masse
und muss im Sommer beschattet werden, um es vor Überhitzung zu schützen.

Die vorgenannten Kriterien sollten uns vor Augen führen, dass gute Solarhäuser weder wie Glashäuser für Gemüse noch wie UFOs aussehen müssen. Die Solararchitektur stellt uns Gestaltungsaufgaben, die nicht immer leicht zu lösen sind.
Umso reizvoller ist es jedoch, sich dieser Herausforderung zu stellen.

Neben der direkten oder „passiven" Nutzung der Sonnenenergie durch die
Planung und Herstellung von zur Sonne hin orientierten Glasflächen gibt es nach
derzeitigem Stand der Technik zur Nutzung der Sonnenenergie weiters die Solarthermie sowie die gebäudeintegrierte „Photovoltaik".

Norbert Schreier schildert in seinem Buch „Solarwärme optimal nutzen",
welch riesige Menge an Energie uns mit der Sonne theoretisch zur Verfügung steht:

Passive Nutzung der
Sonnenenergie — Ruheraum
im Passivhaus-Schwimmbad
Hotel Edelweiss

3. Die ökologische Herausforderung — Auftrag der Gegenwart

„Die auf die Erdoberfläche auftreffende Strahlung beträgt weltweit im Tagesdurchschnitt (bezogen auf 24 Std.) ungefähr 165 W/m², mit erheblichen Schwankungen je nach Breitengrad, Höhenlage und Witterung." [11] Und weiter: *„Die gesamte Energiemenge ist mehr als 5.000 mal größer als der Energiebedarf der Menschheit, das Potenzial größer als das aller anderen erneuerbaren Energien zusammen."* [12]

Es liegt an uns, dieses Potenzial zu nutzen. Die technisch ausgereifteste Art der Solarthermie ist die Warmwasseraufbereitung durch Solarkollektoren, aber auch für die Raumheizung ist diese Energieform gut nutzbar.

Solarthermie am Dach —
Krankenhaus Laas

Es gibt drei Möglichkeiten, thermische Sonnenkollektoren oder Photovoltaikzellen im Bauwerk und um das Bauwerk zu integrieren, und zwar die Integration in die Dachfläche, die Integration in eine Wand sowie die Integration innerhalb von Außenanlagen.

Die naheliegendste und effizienteste Methode ist die Integration in Dachflächen, da der Wirkungsgrad bei schräg gestellten Kollektoren am besten ist. Wie schon im Kapitel über den Sinn des Daches erwähnt, bietet die regionaltypische Architektur dafür ideale Voraussetzungen. Bei zeitgenössischen Gebäuden mit Flachdächern ist meist die Fassadenintegration die einzige Möglichkeit, Kollektoren in die Gebäudehülle mit einzubeziehen. Das Aufstellen von Kollektoren auf Flachdächern ohne Bezug zum Baukörper ist in den seltensten Fällen architektonisch überzeugend und in der Regel immer mit zusätzlichen Kosten verbunden. Die notwendigen Konstruktionen für die Herstellung des optimalen Aufstellwinkels sind teuer und windanfällig. Dazu kommt die Problematik, dass die Konstruktionen die Abdichtungsbahnen bei Flachdächern durchdringen. Ihr Ersatz macht meist aufwendige bauliche Maßnahmen erforderlich. Integrierte Lösungen hingegen sind nicht nur ästhetischer, sondern in der Regel auch ökonomischer, da sie ja bei optimierter Planung Gebäudehüllen, vor allem Dach- oder Fassadenmaterialien, ersetzen und dadurch die Mehrkosten der Solarthermie und Photovoltaik verringern.

Wandintegrierte Solarthermie —
Arche des Waldes

Neben dem Dach kann — quasi als zweitbeste Lösung — die Fassade als Träger für thermische Sonnenkollektoren oder Photovoltaikzellen dienen. Der Wirkungsgrad an der lotrechten Fassade ist in der Regel etwas schlechter als am Dach. In den Wintermonaten, also bei flacher Sonneneinstrahlung, bietet die Fassade jedoch für die Nutzung der Solarthermie eine gute Basis, da ja gerade in der kalten Jahreszeit am meisten Wärme gebraucht wird. Über das Jahr gerechnet bietet aber ein Steildach die besten Voraussetzungen für die Solarenergie.

Die dritte Lösung macht sich Geländestrukturen zunutze; so können etwa Höhendifferenzen von Terrassen für die Bestückung mit Kollektoren genutzt werden. Die ökonomischen Vorteile der direkten Gebäudeintegration fallen bei dieser Alternative allerdings weg.

Die verschiedenen Passivhaushersteller und Hersteller von thermischen Solarkollektoren nehmen jeweils zu Recht für sich in Anspruch, zukunftsträchtige, energieeffiziente Systeme herzustellen. Jedoch sind beide innerhalb der letzten Jahre vor allem wegen der enormen Aufwertung und steigenden Beliebtheit des Passivhauses gewissermaßen zu Gegnern geworden. Hintergrund für diese Spannungen ist, dass beide Seiten glauben, den jeweils anderen Partner bzw. die andere Technologie quasi nicht zu benötigen. Aufgrund des extrem niedrigen Energiebedarfs von Passivhäu-

Wettbewerbsentwurf
Hotel in Mösern —
PV-Module auf Böschung

sern ist die Bestückung mit Solarkollektoren kaum noch als wirtschaftlich anzusehen. Hersteller von Solarkollektoren sehen daher in der Passivhausphilosophie ein Gefahrenpotenzial für den Absatzmarkt von thermischen Kollektoren, da diese Häuser tatsächlich vielfach keine Sonnenkollektoren zur Raumheizung brauchen.

Die Lösung dieses Konfliktes bietet die zukunftsträchtige Form des Plus-Energie-Hauses, also des Hauses, welches mehr Energie gewinnt, als es verbraucht. Dazu ist aber in der Regel der Einsatz von gebäudeintegrierten Photovoltaikzellen erforderlich.

„Das Kunstwort Photovoltaik (PV) beschreibt das grundlegende physikalische Prinzip von Solarzellen: sie wandeln die Globalstrahlung (Licht: griechisch phos, photos) in Elektrizität um, deren Spannung die Einheit Volt trägt." [13] Das modulare Prinzip ermöglicht beliebige Systemgrößen unterschiedlichster Anwendungen (einzelne Solarzellen, Taschenrechner, Uhren bis hin zu großen Kraftwerken), wobei der Grundbaustein immer derselbe bleibt: die Solarzelle.

Die Solarzellenindustrie steht am Beginn ihrer Entwicklung und verzeichnet enorm hohe Wachstumsraten. Die Photovoltaik gilt daher als eine der wesentlichen und zukunftsträchtigsten Energieformen.

Die Photovoltaik, die als formschönes Element gesehen wird, könnte ein wesentlicher Impulsgeber für die Weiterentwicklung ästhetischer Architektur sein. Abgesehen von diesen rein optischen Argumenten erhält die Frage der energetischen Gebäudeplanung einen immer höheren Stellenwert. Gebäude zu planen, die einen möglichst hohen Anteil der benötigten Energie über die Gebäudehülle gewinnen, wird zum Gebot der Stunde. Dabei kann die Photovoltaik in ihren vielen Spielarten ein wesentliches Element darstellen, da verschiedenste Formen der Energiegewinnung (Stromgewinnung) über Teile der Gebäudehülle denkbar sind — von weitgehend transparenten Elementen bis hin zu Fassadenteilen, bei denen oft gar nicht erkennbar ist, dass sie aktive Solarelemente darstellen.

Wichtige Faktoren für den zukünftigen, verstärkten Einsatz der Photovoltaik in der Architektur sind die verstärkte Standardisierung von Komponenten, die Erhöhung der Anzahl von innovativen Demonstrationsgebäuden, die Entwicklung von Photovoltaik-Modulen, die den besonderen Bedürfnissen der Gebäudegestaltung entsprechen, die Verstärkung der Verwendung des Mehrfachnutzens sowie die Entwicklung hocheffizienter Bauteile in Kombination mit Photovoltaik-Modulen.

Mittel- und langfristig kann die Photovoltaik aufgrund ihres außergewöhnlichen Potenzials entscheidend zur Verringerung der CO_2-Emissionen beitragen. Ein möglichst hoher Anteil der Photovoltaik an der österreichischen bzw. der europäischen Stromversorgung würde dazu beitragen, unabhängig von internationalen Konflikten und Ressourcenkämpfen zu sein. Die Photovoltaik ist ein wesentliches Element der Energieautonomie. Neben dem ökologischen Aspekt der Integration von Solarthermie und Photovoltaik ist aber noch eine andere Dimension von Bedeutung: Mit der Photovoltaik tritt nunmehr eine Technologie ins Baugeschehen ein, welche einen wirklichen Zugewinn an formaler Qualität in der Architektur ermöglicht, sofern diese überzeugend integriert wird.

Im Folgenden wollen wir verschiedene Beispiele für dach- und fassadenintegrierte Lösungen vorstellen.

Die Photovoltaik und die Solarthermie können wesentliche Impulse für eine ästhetische Architektur geben.

Fassadenintegrierte Photovoltaikelemente beim Wettbewerbsprojekt Hotel Garni Raaba

1. Solarthermie und Photovoltaik
Architekturbüro Ronacher (Baujahr 1999)

Auf der südgerichteten Dachfläche wurden sowohl Photovoltaikzellen als auch thermische Kollektoren installiert. Alle Einsatzmöglichkeiten von Energie aus der Sonne wurden beim Eingangsbaukörper des Architekturbüros realisiert, um Systemlösungen für den effizienten Energiegewinn und die effiziente Energieverwendung zu demonstrieren. Man nähert sich dem Bürogebäude mit Blick auf die verglaste Südfront, die Dachfläche mit Solarthermie und die PV-Anlage und betritt das Haus über einen zentralen Wintergarten mit außen liegendem Sonnenschutz und Abluft an höchster Stelle gegen sommerliche Überwärmung.

Auszeichnung: Österreichischer Eurosolarpreis 2002

2. Solarthermie-Dachlösung
Erweiterung Hotel Feuerberg, Gerlitzen (Baujahr 2007)

Das Hotel Mountain Resort Feuerberg auf der Gerlitzen liegt auf einer Seehöhe von über 1.900 Meter. Ein Schwimmbiotop erreicht hier selbst im Sommer ohne Erwärmung über eine Solaranlage kaum Badetemperaturen. Daher wurden die zwei nach Südosten bzw. Südwesten orientierten Dachflächen der beiden Saunahäuser zur Gänze mit thermischen Kollektoren bestückt.

3. Solarthermie-Dachlösung
Landeskrankenhaus Laas, Kärnten
(Bauwerk: Baujahr 1998, Solarkollektoren: Baujahr 2005)

Die ehemalige Lungenheilstätte aus den 1930er Jahren wurde in den Jahren 1996 bis 1998 vollständig saniert und erweitert. Die Dachfläche des Altbestandes bietet durch ihre Orientierung nach Süden und durch die Dachneigung von ca. 40 Grad ideale Voraussetzungen zur Bestückung mit Solarkollektoren für die Brauchwassernutzung. Hier wurde die gesamte Fläche des zentralen Hauptdaches bis hin zur Dachverschneidung für Kollektoren genützt.

Architekturbüro Ronacher — Wintergarten

Hotel Feuerberg

Landeskrankenhaus Laas

Architekturbüro Ronacher

4. Solarthermie-Dachlösung

Camping-Sanitärgebäude Familie Knaller, Weißensee (Baujahr 2009)

Die gesamte südliche Dachfläche des Sanitärgebäudes wurde mit thermischen Kollektoren bestückt, wodurch die Kosten für die Dachdeckung zur Gänze eingespart wurden. Das Gebäude deckt mit seinen 120 Quadratmetern Kollektorfläche und einem 16.000-Liter (!)-Warmwasserspeicher 100 Prozent des Brauchwassers und einen großen Anteil der Raumheizung im Winter, welche ansonsten durch Biomasse erzeugt wird. Die Dachneigung von 25 Grad liegt im unteren Grenzbereich für den Wirkungsgrad der Kollektoren — allerdings gleichzeitig im oberen Grenzbereich für die Größe der offenen Kubatur des Innenraumes. Bauen bedeutet immer das Abwägen mehrerer Aspekte.

5. Glasgewächshaus mit Solarthermie und Photovoltaik

Energie-Plus-Haus Weber (Baujahr 2010)

Nachdem die Ausrichtung des bestehenden Bauernhauses eine fast reine Nordsüdrichtung des Firstes zeigt, war klar, dass eine Bestückung der bestehenden Dachflächen mit der geplanten Photovoltaikanlage und den thermischen Solarkollektoren keinen befriedigenden Wirkungsgrad erreichen würde. Nachdem aber das Gesamtkonzept des Areals die Herstellung einer Permakultur zum Inhalt hat, war der Bau eines Glasgewächshauses, welches keinerlei zusätzliche Energie außer dem Sonnenenergieeintrag benötigen soll, die naheliegende Idee, um eine südorientierte „Trägerfläche" für thermische Kollektoren und die Photovoltaikanlage zu erhalten.

6. Solarthermie und Photovoltaikanlage als Dachlösung

Kärntner Badehaus in Millstatt (Baujahr 2012)

Das Kärntner Badehaus wurde in hohem Maße nach energieeffizienten und ökologischen Prinzipien errichtet. Dies tritt durch eine energieeffiziente Haustechnik, vor allem aber auch durch die bauliche Hülle in reiner Holzbauweise und in Passivhausqualität zutage. Zudem wurde der Baukörper mit einem 35 Grad steilen Satteldach konzipiert, dessen gesamte Dachfläche zur Südwestseite mit Solarthermie und Photovoltaik ausgestattet wurde, um einen beträchtlichen Teil der erforderlichen Energie durch solare Gewinnung abzudecken.

Camping-Sanitärgebäude Knaller

Energie-Plus-Haus Weber

Kärntner Badehaus in Millstatt (▲ ▶)

7. Solarthermie- und Photovoltaikintegration Fassade

Wohnhaus in Finkenstein (Baujahr 2002)

Bei diesem ausschließlich aus Holz erbauten Wohnhaus sollten von Anfang an die Südfront der Fassade mit Solarthermie und die Dachfläche mit Photovoltaikzellen bestückt werden. Die Sonnenkollektoren decken die Brauchwassererwärmung und den Großteil der Raumheizung ab. Der Bauherr ist selbst Elektromeister mit großer Erfahrung in der Installierung von PV-Anlagen. Letztlich entschied er sich jedoch für die Installation einer „Photovoltaikallee" im Einfahrtsbereich.

    Auszeichnung: Österreichischer Eurosolarpreis 2003 (Anerkennung)

8. Solarthermie Wand, Passive Nutzung der Sonne

Arche des Waldes, Mariazell (Baujahr 2006)

Das Gebäude wurde als Musterbeispiel für ökologisches und solares Bauen konzipiert. Neben dem zeitgemäßen Einsatz des Baustoffs Holz wurden darüber hinaus vorwiegend ökologische Materialien zur Anwendung gebracht. Das Konzept des Gebäudes steht für die Minimierung des Energieverbrauchs. Die gesamte Südfront wurde in der Mitte verglast und im Randbereich mit thermischen Kollektoren bestückt. Die Wasserfläche verstärkt durch Reflexion die solaren Gewinne.

9. Fassadenintegrierte Photovoltaik

Volksschule Hermagor (Baujahr 2004)

Der Neubau der Volksschule Hermagor wurde als Pilotprojekt für ökologisch und baubiologisch einwandfreies Bauen konzipiert, um ein Höchstmaß an Behaglichkeit sowie ein gesundes Umfeld für die Kinder zu schaffen und um das Bewusstsein für ressourcenschonendes Bauen und ressourcenschonende Energiegewinnung zu schärfen. Die Süd- und die Ostfront der Schule wurden im Bereich der Fensterzwischenräume mit einer Photovoltaikanlage bestückt. Hierbei konnte der erste Kärntner Photovoltaikzellen-Produzent für die Aufgabe gewonnen werden, passgenaue, rahmenlose Module zu produzieren. Der Ertrag aus der Einspeisung kommt der Schule zugute.

Wohnhaus in Finkenstein

Arche des Waldes

Volksschule Hermagor (◄ ▲)

„In der Zeit der historischen Stile bestand die Gefahr, dass die Kräfte des Gefühls
den realen Boden verloren oder ins Scheinleben einer Gefühlsroutine abglitten.
Bei der Abwehr der Gefahr tritt die entgegengesetzte hervor, die darin besteht,
dass die Kräfte des Verstandes alle Gefühlsmomente zu unterdrücken streben
und eine hochmütige Diktatur aufrichten."[14]

Fritz Schuhmacher

Bauen im Spannungsfeld
zwischen Handwerk und Industrie

Die Entwicklung des industriellen Wohnbaus für die Befreiung und Aufwertung
des Proletariats war ein wichtiger ideologischer Aspekt der Moderne. Anhand vieler Beispiele der Gesellschaftspolitik ist jedoch inzwischen ersichtlich geworden,
dass die Masse nicht befreit wurde, sondern in neue Abhängigkeit geraten ist.
200 Jahre nach Beginn der industriellen Revolution sollte man sich die Frage stellen:
Wo lebten die Menschen individueller, freier? In der einfachen Hütte am Waldrand
oder im „Termitenhügel" (E. W. Heine) der modernen Großstadt?

Der sozialpolitische Anspruch der Moderne war hoch, aber auch widersprüch-
lich. Eines der Markenzeichen der Begründer der Moderne war es, die Scheinwelt des
Bürgerlichen zu verachten. Tom Wolfe schreibt in seinem Buch „From Bauhaus to
Our House" mit einer gehörigen Portion Ironie über den Zwang der fortschrittlichen
Architekten, um jeden Preis intellektuell, aber um Gottes willen ja nicht „bourgeois"
zu sein. Und er fragt ketzerisch, wie denn die modernen Arbeitersiedlungen aussa-
hen bzw. was „non bourgeois" zu bedeuten hatte: Es durfte nur Flachdächer geben,
keine Gesimse, keine Farben, keine Täfelungen, keine Wölbungen und dergleichen.
Wolfe wagt die Frage zu stellen, wie die Arbeitersiedlungen denn den Arbeitern ge-
fielen: „Oh, sie beklagten sich, wie es in jener Phase der historischen Entwicklung ihre
Natur war. Wie Corbu[15] selbst es ausdrückte, mußten sie ‚umgeschult' werden, um die
Schönheit der ‚Strahlenden Stadt' der Zukunft zu erfassen. In Geschmacksfragen han-
delten die Architekten als kulturelle Wohltäter der Arbeiter. Es hatte keinen Sinn, wenn
man sie direkt befragte, da sie, wie Gropius ausgeführt hatte, einstweilen noch ‚kulturell
unterentwickelt' waren."

Im gesellschaftspolitischen Kontext der modernen Architektur gesehen, ist es
aber vor allem bemerkenswert, dass das neue Bauen maßgeblich dafür verantwortlich war, dass das Handwerk und somit der gesellschaftliche Mittelstand durch das
industrielle Bauen abgelöst und in weiten Teilen zerstört wurde. Tom Wolfe ver-
weist auf den Kurzschluss, der in diesem Zusammenhang die Argumentation bestimmte: Zum einen waren in der neuen Architektur handwerkliche Details verpönt
und wurden ausgemerzt, zum anderen postulierten dieselben Architekten, es gäbe
keine Alternative mehr zum internationalen Stil:

„Es war nicht so, daß das Handwerk starb. Eher würgte der International Style
den Bedarf danach ab, besonders bei Geschäftsbauten." Der zweite Teil der Argumentation der Modernen lautete dann: „Schön. Zeigen Sie mir die Handwerker, die diese
Sachen machen können, und dann reden wir weiter. Es gibt sie nicht mehr.' Wohl wahr.
Aber warum nicht?"[16]

Wahrlich ein Teufelskreis, in den uns die Glaubenssätze des modernen Menschen
geführt haben. Und schließlich muss festgestellt werden, dass viele einfache Menschen
Leidtragende in doppeltem Sinne geworden sind: Die Industrialisierung nahm manchem
sowohl das „goldene Handwerk" als auch seine einfache, aber individuelle „Hütte".

Vorgefertigte Fußgängerbrücke
am Pressegger See — Dach- und
Brückenkörper bilden eine statische
Einheit, das Dach sorgt für
konstruktiven Holzschutz.

3. Die ökologische Herausforderung — Auftrag der Gegenwart

Düsterer und lakonischer als E. W. Heine in seinem Buch *„New York liegt im Neandertal"* kann man diese Problematik kaum wiedergeben: *„Die Häuser der Zukunft werden kurzlebige Industrieprodukte oder gigantische Termitenhügel sein. Es kommt in Zukunft nicht mehr darauf an, wie ein Gebäude aussieht, sondern vielmehr darauf, daß es so praktisch ist wie eine Maschine. Moderne Bauten, Autos und Toilettenpapier sind nicht Ausdruck von irgendetwas, sondern Mittel zum Zweck. Die aufkommende globale Stadtlandschaft verändert nicht nur die Erde, sondern auch den Menschen. Der historische Hausmensch ist gestorben. Der neue Städter verhält sich wie ein Höhlenbewohner."* [17]

Die Moderne hat dabei Bauformen ins breite Baugeschehen eingeführt, welche (wie Hans Sedlmayr nachgewiesen hat) bereits im Zuge der Französischen Revolution verwendet wurden — also lange bevor neue Materialien und Fertigungstechniken als Argumente dafür dienten.

Wie steht es aber heute, 80 Jahre nach den Anfängen der industriellen Vorfertigungstechnik des Bauens, mit jener Forderung, das Produkt Haus nach dem Vorbild des Autos am Fließband entstehen zu lassen? Was bei Industrieprodukten wie beim Auto zur Selbstverständlichkeit geworden ist und sich auch in seiner Gestalt widerspiegelt und von jedermann akzeptiert wurde, stieß beim Haus nicht nur auf Gegenliebe. Die Betonschachtelbauweise hat die Menschen unglücklich gemacht. Dennoch hat die Fertigteilindustrie weite Bereiche des Bauens erobert, und die Realität des ökonomischen Drucks zwingt uns dieses Thema auf. Systematisierung und Vervielfältigung sind aus unserer Welt spätestens seit dem Eintritt ins Computerzeitalter nicht mehr wegzudenken.

Vorgefertigte Autobrücke aus Holz für bis zu 60 t Belastung. Entwurf und Statik: Büro Lackner/Raml, architektonische Ausgestaltung: Architekten Ronacher

Wir mögen heute der verlorenen Zeit des goldenen Handwerks nachtrauern; einer Epoche, die zwar keinen Wohlstand im heutigen Sinn zu bieten hatte, in der aber die Menschen Zeit hatten. Wir können gegen den Verlust vieler Ideale ankämpfen, sich aber dem Trend der Industrialisierung und Vorfertigung entgegenzustemmen, ist, als wollte man verschüttete Milch auflöffeln. Also müssen wir uns dieser Herausforderung stellen.

Die menschliche Arbeitskraft ist kostspielig geworden, sie wurde zunehmend durch die Maschine ersetzt. Und so wie heute unsere Autos, so werden auch bald unsere Häuser von Robotern produziert werden.

Der moderne Mensch hat keine Zeit. Die Produkte seines Schaffens sind zu teuer, wenn sie für ihre Herstellung mehr Zeit benötigen als die der Konkurrenz. Vielen Menschen fehlt die Zeit zum Hausbauen, nicht wenigen die Zeit zum Planen, einigen sogar jene zum Denken.

Auf diesem Boden chronischen Zeitmangels treibt die Fertighausindustrie prächtige Blüten. Es sind zwei unterschiedliche Richtungen, aus denen die Angriffe auf die gute Gesinnung des Bauens erfolgen: Auf der einen Seite wird das Sichtbarmachen der Möglichkeiten der Vorfertigung zum neuen Kult erhoben und jegliche Forderung nach Einfügung von Neuem in bestehende Bausubstanz, jeglicher Anspruch auf Behaglichkeit negiert. Die harte Sprache der Maschine, welche die Bauteile produziert hat, wird bewusst in das Bauwerk hineingetragen. Auf der anderen Seite wird durch übertriebene Gestaltung die Vorfertigung gänzlich verleugnet und eine andere Bauweise vorgetäuscht.

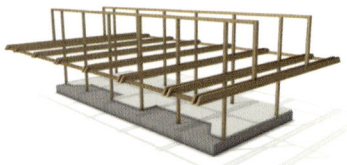

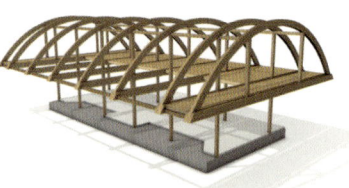

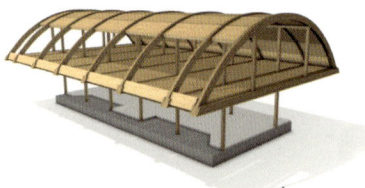

So wenig die Vorfertigung zum Selbstzweck, zum Allheilmittel des neuen Bauens werden konnte, so wenig kann die Verleugnung der neuen technischen Möglichkeiten der Vorfertigung eine befriedigende Antwort sein. Gemeint sind hier etwa Fertighäuser in Tafelbauweise, deren Holz-Leicht-Konstruktionen alle Arten von Masken zur Schau tragen, ob Kunststoffputz, Ziegelmuster, Ziersprosse oder Sockelputz. Und wieder einmal findet man die Mitte schwer, denn sie wird fast erdrückt von der Kommerzialität und vom einseitigen Denken unserer Zeit.

Vorgefertigte Architektur verpflichtet uns dazu, besonders viel Verantwortung zu übernehmen, da Schwächen oder Fehler durch die Stückzahl potenziert werden. Die Industrialisierung hat zwar nahezu alle Bereiche der Wirtschaft erobert, jedoch haben die Menschen immer noch schwerwiegende Vorbehalte gegenüber der Massenproduktion von Bauteilen bzw. Häusern.

Einer der frühzeitig formulierten Träume der „Modernen" und eines der scheinbar stichhaltigsten Argumente für den puristischen Stil des neuen Bauens war zweifelsfrei die Möglichkeit der Vorfertigung. Walter Gropius äußerte sich dazu im Jahre 1924 so: „... der größte Teil der Stadtbewohner eines bestimmten Landes hat die gleichen Wohn- und Lebensbedürfnisse. Darum ist es unbegreiflich, warum die Häuser, die wir bauen, nicht einheitlich sind wie zum Beispiel unsere Kleidung, Schuhe, Wagen. Die Bauindustrie muß ihr Augenmerk vor allem auf die Normierung und auf die Serienproduktion konzentrieren; keine ganzen Häuser, sondern die Hauptteile, die danach in verschiedenen Häusertypen montiert werden, das gleiche läuft auch beim Entwurf moderner Maschinen ab."[18]

Am Ende des 20. Jahrhunderts wissen wir aber, dass die Vision von der Industrialisierung des Bauens vielerorts zum Albtraum für Stadtrandbewohner geworden ist. Und selbst der große Traum von der Verbilligung des Bauens hat sich im Wesentlichen noch nicht erfüllt. „Der aktuelle Entwicklungsstand der Bauindustrie zeigt uns, daß die Kosten für die moderne industriemäßige Produktion noch nicht niedriger sind als die Kosten der traditionellen Bauweise."[19]

Dennoch, die verstärkte Entwicklung des Bauens in Richtung Industrialisierung und Vorfertigung ist Realität. Daher sollte die Anwendung der Vorfertigung nicht jenen überlassen werden, für die Wirtschaftlichkeit um jeden Preis oder die Faszination der „Maschine" im Mittelpunkt des Interesses stehen.

In diesem Sinne wollen wir Walter Gropius folgen: „Das wahre Ziel des Fertigbaus ist sicherlich nicht, immer dasselbe Haus zu produzieren. Die Menschen würden sich gegen eine übertriebene Mechanisierung wehren, da sie ja unserem Leben nicht entspricht. Aber deswegen soll die Industrie nicht an der Türschwelle des Hauses halten. Es bleibt nichts anderes, als die Herausforderung der Maschine anzunehmen und sie unseren Bedürfnissen anzupassen."[20]

Ein Anpassen an die Bedürfnisse des Menschen bedeutet aber nicht nur, dass eine adäquate Form gefunden werden muss, auch die Entscheidung für den richtigen Baustoff ist ein wichtiges Thema.

Das späte 20. Jahrhundert ließ den ökologischen Baustoff Holz endlich aus dem hundertjährigen Dornröschenschlaf erwachen. Die vorzüglichen Materialeigenschaften des Holzes bilden ideale Voraussetzungen für eine exakte Herstellung der Werkstücke bzw. Bauteile durch computergesteuerte Abbundanlagen. Sein geringes

Wettbewerbsentwurf für ein hochalpines Gebäude. Die Vorfertigung war ein wichtiges Entwurfskriterium.

3. Die ökologische Herausforderung — Auftrag der Gegenwart

Eigengewicht löst Transport- und Montageprobleme weitaus leichter, als dies etwa bei Stahl- oder Stahlbetonteilen der Fall ist, und seine ausgezeichnete Wärmedämmung lässt Gestaltungsmöglichkeiten in Form von sichtbaren Konstruktionsgefügen zu, ohne dass konstruktive Schwachstellen wie Wärmebrücken entstehen, die bei Stahl- oder Stahlbetonteilen nur durch höchst aufwendige Maßnahmen umgangen werden können.

Die baubiologischen Vorzüge des Holzes sind unbestritten. Entscheidend aber ist, dass durch seine Bearbeitung mit noch so exakten Maschinen der Behaglichkeit, die dieser Baustoff ausstrahlt, kein Abbruch getan wird. Auch moderne Holzbearbeitungstechnologien, wie die hochwertige Verleimung, welche eine Voraussetzung für exakte Bauausführung bei größeren Holzquerschnitten darstellt, haben dem Holz seine Wärme nicht nehmen können.

Die eigentliche Herausforderung, die sich mit dem faszinierenden Fortschritt in der Vorfertigungstechnik des Bauens stellt, ist nicht die Logistik für Planung, Terminierung, Vorfertigung, Transport, Montage und deren reibungslosen Ablauf, sondern die Schaffung einer Architektur, die trotz der Erfüllung dieser Ansprüche den menschlichen Bedürfnissen entspricht. Diesem ökologischen und menschengerechten Baustoff ist das nächste Kapitel gewidmet.

Montage der Holzbauteile
beim Brückenbauwerk Malta

Brückenbauwerk Hotel Malta als Holzfachwerk
mit diagonalen Zugbändern aus Stahl

„Ein Vergleich der wichtigsten technischen Leistungsdaten der Baustoffe Holz,
Stahl, Beton zeigt die Überlegenheit des Baustoffproduzenten ‚Natur'."
Wolfgang Winter

Holz — ein faszinierender Baustoff

Atrium des neuen ÖBf-Büros

Betrachtet man den Baustoff Holz aus wissenschaftlicher Sicht, so hat man schnell eine Erklärung für seine Vorteile. Bauphysik, Baubiologie, Statik und auch die Kosten sprechen für die Verwendung dieses ältesten aller Baustoffe. Wolfgang Winter, Universitätsprofessor am Institut für Tragwerkslehre und Ingenieurholzbau an der TU Wien, fasst die wichtigsten Fakten zusammen: *„Ein Vergleich der wichtigsten technischen Leistungsdaten der Baustoffe Holz, Stahl, Beton zeigt die Überlegenheit des Baustoffproduzenten ‚Natur'. Holz ist ein mit Zellulosefasern bewehrter Verbundbaustoff mit hohem Hohlraumanteil. Astfreies Holz ist bei gleicher Tragkraft leichter als Stahl, es kann Zug- und Druckkräfte übernehmen und hat annähernd die gleiche Druckfestigkeit wie Beton, der allerdings keine Zugfestigkeit aufweist. Im Gegensatz zu den kristallinen, aus der Mineralwelt kommenden Baustoffen hat Holz auf Grund seines hohen Hohlraumanteiles eine zufriedenstellende Wärmedämmwirkung bei gleichzeitiger Speicherfähigkeit für Wärme und Feuchtigkeit. Es ist das tragfähigste aller wärmedämmenden Materialien. [...] Holz ist der ideale ‚Zehnkämpfer' unter den Materialien mit dem ausgeglichensten Leistungsbild in allen für das Bauen wichtigen ‚Disziplinen'.*" [21]

Obgleich diese Fakten alleine schon überzeugen, waren die persönlichen Gründe für den Einsatz des Baustoffes Holz zuallererst emotionale und gestalterische. Ob Dachuntersichten, Deckenraster, Riegelwandgerippe oder gar räumliche Fachwerkskonstruktionen, die konstruktiven Grundlagen eines Baugefüges lassen sich mit keinem Baustoff so logisch und problemlos spüren und erleben wie mit Holz.

Seit mittlerweile drei Jahrzehnten erlebt der Holzbau eine gewaltige Renaissance. So sehr das Holz für seine angeblichen Nachteile, vor allem für die Tatsache, dass es brennt, im 20. Jahrhundert büßen musste, so sehr besteht nunmehr die Chance, dass es durch die Fülle seiner überragenden Materialeigenschaften zum Baustoff des neuen Jahrhunderts wird.

„Die Gründe, weshalb er [der Holzbau] *seine ehemals dominierende Rolle im Bauwesen verloren hat, sind vielfältig, jedoch kaum technischer Natur. Die technische Leistungsfähigkeit des Materials ist unbestritten; Einzelbeispiele zeigen die vielseitigen Anwendungsmöglichkeiten bis hin zu den komplexesten Bauaufgaben hochentwickelter Industriegesellschaften. Man kann überspitzt sagen: Gäbe es keinen Stahl und keinen Stahlbeton, könnte man alles, oder fast alles, technisch verantwortbar in Holz bauen.*" [22]

Um dem Holz die Chance zu geben, der Baustoff des neuen Jahrhunderts zu werden, sollten wir uns einiger Fakten bewusst sein:

Bauen mit Holz ist aus gesamtheitlicher Sicht gesehen anderen Bauweisen vorzuziehen. Dafür sprechen ökologische, wirtschaftliche, volkswirtschaftliche, baubiologische, wohnphysiologische und statische Gründe. Stahl, Stahlbeton und Ziegel sind Baustoffe, welche im Zuge ihrer Herstellung große Mengen CO_2 freisetzen und Sauerstoff binden. Holz hingegen ist ein CO_2-neutraler Baustoff.

Auch der Energieverbrauch spricht eindeutig für den Baustoff Holz. Dieser ist bei der Beton- und Ziegelbauweise etwa doppelt so hoch wie bei der Holzrahmen- oder Holzskelettbauweise.

Seit drei Jahrzehnten erlebt der Baustoff Holz eine gewaltige Renaissance.

Hotelhalle — Die Wasnerin

Die ökologische Krise, in der wir uns befinden, hat eine ihrer Ursachen daher auch im viel zu geringen Einsatz des Baustoffs Holz. In der Vergangenheit hingegen galt als Faustregel für praktisch alle Regionen: Wo immer Holz zur Verfügung stand, wurde es auch als primärer Baustoff eingesetzt.

Die Holzbauweisen wurden seit dem 18. Jahrhundert kontinuierlich und seit dem Beginn des 20. Jahrhunderts radikal verdrängt. Für diese Entwicklung gibt es Ursachen, die wir kennen müssen. Das Holz konnte sich — ob berechtigterweise oder nicht — gegenüber anderen Baustoffen nicht behaupten.

„Holz als tragender Baustoff hat nur eine Chance, wenn die Konzeption der Konstruktion eine in der Qualität begründete Wirtschaftlichkeit aufweisen kann. Die Anforderungen heutiger Bauaufgaben aus der Form und der Funktion sind mit modernen Ingenieurkonstruktionen zu erfüllen. Dies ist jedoch ohne neue technologische Entwicklungen nicht möglich, welche mit wissenschaftlichen und theoretischen Modellierungen zu untermauern sind. Mehr Anstrengungen in Forschung und Lehre sind dafür Grundvoraussetzung." [23]

Wenn wir den Holzbau stärken wollen, müssen wir daher in der richtigen Reihenfolge die Prinzipien traditioneller Holzbauten studieren und optimieren, aus den Fehlern der Vergangenheit lernen, die industriellen Technologien verbessern, um die großen Chancen des Baustoffs nicht durch Fehler in der Anwendung zu mindern. Zusätzlich muss aber die Akzeptanz der Menschen für das Holz in geeigneter Art und Weise wiedergewonnen werden. Diesen Weg sanft zu beschreiten wird besser sein, als mit dem Holzkopf durch die Betonwand zu gehen.

Eingangshalle vom Hotel Kreuzwirt

Die Tatsache, dass der Zugang zum konstruktiven Holzbau über zwei Wege erfolgt, nämlich über die Rückbesinnung einerseits und über die Innovation andererseits, zeigt sich auch in dem Vorhandensein äußerst konträrer Erscheinungsformen im derzeitigen Bauen mit Holz. Entsprechend unterschiedlich sind dabei die Standpunkte der Vertreter dieser Bauweisen — mit der jeweiligen Überzeugung, das Richtige zu tun. Dabei sollte nicht übersehen werden, dass die Erfahrung aus dem jahrhundertelangen Umgang mit dem Baustoff Holz und das Wissen über moderne Holzbautechniken gleichermaßen bedeutend sind. Jede einäugige Herangehensweise kann der Zukunft des Holzbaus Schaden zufügen.

Holz ist ein biologischer Baustoff und daher dem raschen Verfall ausgesetzt, wenn er nicht entsprechend geschützt wird.

Holzbalkendecke Hotel Larimar

Baulich-konstruktiver Holzschutz soll vor allem verhindern, dass im Bauwerk Bedingungen zu hoher Holzfeuchte entstehen, sodass Schädlingsentwicklung ermöglicht wird. Sicherlich handelt es sich bei diesem Thema um eines der wichtigsten des zeitgemäßen Holzbaus. Durch eine entsprechende Detailplanung und Ausführung ist Vorsorge dafür zu treffen, dass die Niederschläge, etwa durch überstehende Dächer, vom Bauwerk ferngehalten werden. Es muss verhindert werden, dass Wasser in die Konstruktion eindringen kann, indem entsprechende Überdeckungen ausgeführt werden. Auch ist darauf zu achten, dass Spritzwasser vermieden wird und ein Schutz gegen aufsteigende Bodenfeuchtigkeit gegeben ist.

Der konstruktive Holzschutz wird aber auch durch entsprechende bauphysikalisch angepasste Wandaufbauten gewährleistet, indem etwa vermieden wird, dass Tauwasserbildung innerhalb von Bauteilen auftreten kann, bzw. ist dafür

Holzkonstruktion Schwimmbad
Hotel Wasnerin

Hotel Die Forelle mit
zwei Zubauten aus Holz

Sorge zu tragen, dass eingefallenes Tauwasser wieder austreten und austrocknen kann.

Die bewährten Produkte traditionellen Bauens sind lebendige Zeugen des konstruktiven Holzschutzes. Bauten, welche unter Missachtung dieses Wissens errichtet wurden, sind längst zerstört und können nicht mehr als Beispiele falscher Bauweisen angeführt werden. Vor allem in ländlichen Gebieten wird mit der Übernahme traditionsbezogener Formensprachen oft die besser nachvollziehbare Lösung erzielt. Das bedeutet gleichzeitig, dass Holzkonstruktionen wieder mehr Akzeptanz bei den Menschen erfahren.

Die Suche nach dem „Mythos der Reinheit" in der „modernen Architektur", wie es Peter Blake kritisch nannte (gemeint ist damit die Abschaffung traditioneller Bauelemente, wie Rahmen, Dachrinnen, Dachvorsprünge und dgl.), kann für den modernen Holzbau gefährlich werden. Die immer wieder geforderte und in jedem Jahrzehnt neu formulierte „zeitgemäße" Architektursprache kann sinnvollerweise nur auf der Grundlage der materialspezifischen Eigenschaften des Baustoffs Holz aufgebaut werden.

Der für manche als unbeständig geltende Baustoff Holz kann seine Beständigkeit nur unter Beweis stellen, wenn ökologische und konstruktive Grundsätze und insgesamt das dem Menschen Dienliche über architektonische Aktualität gestellt werden. Innovation sollte gerade hier als evolutionärer Prozess verstanden werden.

Regierungen haben in jüngster Zeit zunehmend auf diese Renaissance alter Erkenntnisse reagiert und holzfeindliche Bauordnungen novelliert, womit der Durchbruch für den zeitgemäßen Holzbau geschafft ist. Betrachtet man die ökologische Situation, in der wir uns befinden, so war es höchste Zeit.

Doch der Baustoff Holz war innerhalb der verschiedenen Bautraditionen meist an andere Werkstoffe als „Partner" gebunden.

Durch die Kombination von Holztragwerken mit massiven Bauteilen werden nicht nur Probleme des konstruktiven Holzschutzes und der statischen Aussteifung gelöst, der Dialog mit massiven Bauteilen erhöht auch die Wirkung des Baustoffs Holz. Darüber hinaus können dadurch bauphysikalische Probleme umgangen werden.

Auch die heimische Baukultur ist geprägt durch eine Vielzahl an Kombinationen von Holz- und Steinbau. Aufgrund der Strenge seiner Bauweise war es mit dem reinen Holzblockbau kaum möglich, Geländeunebenheiten auszugleichen. Vor allem im Wohnhausbau war es daher in den alpinen Gebieten meist unumgänglich, das Basisgeschoß oder das Erdgeschoß zumindest teilweise in Steinbauweise zu errichten.

Die Grundrisse unserer traditionellen Bauten wurden weitgehend vom geradlinigen Blockbau bestimmt.

Die vielfältigen konstruktiven Konzepte der Mischbauweise innerhalb der Bautradition liefern uns eine Reihe von Vorbildern, die auch für das heutige Baugeschehen keineswegs ihre Gültigkeit verloren haben. Auch für moderne Bauten sollte das Prinzip einer gemeinsamen Verwendung vorherrschen: die Kombination von massiven Baustoffen mit Holz, das die Vorteile beider Materialien nutzt bzw. deren Nachteile vermeidet. Das Holz sollte primär dort eingesetzt werden, wo seine großartigen Materialeigenschaften am besten genützt werden können.

3. Die ökologische Herausforderung — Auftrag der Gegenwart

Die häufigen Wünsche nach kombinierter Anwendung von Holz- und Massivbauteilen lassen sich durch vielfältige Erkenntnisse untermauern, wonach dieser Mix hochbautechnische, baubiologische, wohnphysiologische und andere Vorteile mit sich bringt. Die Assoziation des reinen Holzskeletthauses bzw. Holzriegelhauses mit einer Baracke ist manchmal schwer zu verhindern. Tatsächlich ist es auch kaum möglich, ein Holzhaus mit einem guten Raumklima zu bauen, ohne es mit massiven Materialien anzureichern.

Der Umgang mit konstruktivem Holzbau bei wirtschaftlicher Anwendung, also zum Beispiel beim Holzskelettbau, war immer relativ streng an ein bestimmtes Raster gebunden, und dies ist in der zeitgemäßen Architektur erst recht der Fall. Hingegen erlaubt der Mauerwerksbau einen weit freieren Umgang mit Formen. Der Geradlinigkeit des Holzes steht die Amorphie des aus Ziegeln oder Beton geformten Mauerwerks gegenüber. Bereits der Blockbau erfordert wesentlich strengere und geradlinigere Grundrissformen als der Massivbau. Der Fachwerkbau ist noch stärker rastergebunden.

Sporthaus Erwin Resch
am Katschberg

Im Zusammenwirken beider Baustoffe tritt daher gewissermaßen eine Disziplinierung des Mauerwerkbaus durch den Holzbau ein. Während etwa eine Stahlbetondecke in formaler Hinsicht eher geeignet ist, den unregelmäßigen Zuschnitt von Räumen zu kaschieren, ist die Verwendung des rechten Winkels die Konsequenz aus einem möglichst wirtschaftlichen, statisch logischen Umgang mit dem Baustoff Holz. Eine nicht rastergebundene Holzarchitektur wirkt unruhig und ist zudem unwirtschaftlich.

Mit Holz und Mauerwerk kann man nicht alles bauen, aber bedeutend mehr als allgemein angenommen. Viele Materialien sind im Laufe der letzten Jahrzehnte ebenso schnell aus dem Baugeschehen verschwunden, wie sie erfunden worden waren. Holz und Mauerwerk hingegen werden wohl auch in Zukunft eine tragende Rolle im Baugeschehen spielen.

Hotel Feuerberg — in der sechsten Baustufe wurden alle Zimmer mit Wintergärten aus Holz und Glas erweitert.

Holzbauten für öffentliche Räume

Das Thema der Mitte und des Ganzen ist für öffentliche Bauten von großer Bedeutung. Zunächst ist es wichtig, dass diese an zentralen oder zumindest bedeutsamen Orten errichtet werden. Aufgrund ihrer Größe sollten sie selbst über eine klar definierte und ausgebildete Mitte verfügen. Je nach Funktion, Lage und Situierung in Relation zum Umfeld ist dabei die Bildung des Außenraumes von großer Bedeutung.

Einrichtungen für die Allgemeinheit, wie es Bildungs-, Sport- und Kultur- oder Verwaltungsbauten sind, haben in hohem Maße Vorbildwirkung. In allen Kulturen waren diese Bauwerke neben den Sakralbauten zentraler Treffpunkt für die Bevölkerung. Wegen der großen Zahl an Menschen, die an einem Ort und in einem Raum Platz finden müssen, ist die Schaffung solcher Räume eine große Herausforderung für den Planer im Hinblick auf die Statik, das Raumgefüge und die Gesamtform.

Im klassischen Griechenland waren Sport- und Theaterbauten meist sehr gut in die Landschaft integriert. Eine solche Eingebundenheit wurde später beispielsweise beim Olympiastadion von Berlin erreicht. Je größer ein Bauwerk ist, desto wichtiger wird seine harmonische Beziehung zur natürlichen Umgebung. Wahre architektonische Größe zeigt sich dabei oft — wie etwa am Theaterbau von Epidauros — nicht in einer Betonung der Größe, sondern in der Zurücknahme. Die Nutzung der Naturform ist meist sinnvoller und ästhetischer als die Darstellung, was Technik vermag. Dies wird etwa deutlich bei der teilweisen Versenkung eines Amphitheaters in die Erde oder bei der Nutzung von Hügelformationen im Sprungschanzenbau.

Die Architektur öffentlicher Bauten darf den menschlichen Begegnungen nicht im Weg stehen. Sie sollte einen würdigen Rahmen bilden für das Bild der Menschen, welche lernen, spielen, wettkämpfen oder kulturelle Veranstaltungen durchführen. Ein passender Rahmen kann ein schönes Bild veredeln, er kann ein durchschnitt-

Das Atrium aus Holz über drei Geschoße verleiht dem Schulzentrum Hermagor eine neue Mitte als Kommunikationszentrum.

Neuer Turnsaal der Volksschule Sachsenburg

liches Bild erstaunlich aufwerten. Gerade bei Bauten für Sport, Bildung und Kultur haben neue Holzbauweisen ungeahnte Möglichkeiten eröffnet. Im Folgenden soll gezeigt werden, dass Holzkonstruktionen nicht nur menschliche, sondern auch wirtschaftliche, vor allem ökologische Lösungen anbieten und interessante Baugefüge ermöglichen.

Längst sind die Zeiten vorbei, in denen der Baustoff Holz nur für Einfamilienhäuser oder andere kleine Bauaufgaben wiederentdeckt wurde. Auch bei größeren Wohnbauten und Bauten für den Tourismus ist der Einsatz des Baustoffes Holz längst wieder selbstverständlich, nicht so jedoch für öffentliche Bauten. Bewusst werden daher in diesem Kapitel des Buches, welches der ökologischen Bewegung gewidmet ist, die *öffentlichen* Holzbauten in den Mittelpunkt gestellt.

Neben der „Wilhelm-Svarowski-Beobachtungswarte" (Der Kristall), der „Arche des Waldes" auf der Bürgeralm oberhalb von Mariazell und dem Brückenbauwerk Malta an der Kölnbreinsperre werden in diesem Kapitel zwei Schulen (die Volksschule Hermagor sowie die Musikschule Feistritz/Gail), als Veranstaltungsgebäude das Weißensee-Haus sowie das Kompetenzzentrum in Großschönau und ein Bürogebäude für die neue Unternehmensleitung der österreichischen Bundesforste in Purkersdorf vorgestellt. Zusätzlich zu diesen Projekten wurden innerhalb der letzten 20 Jahre Turnsäle und Schulerweiterungen aus Holz geplant und errichtet. Diese wurden aber bereits im Buch „Architektur und Zeitgeist" publiziert und sind daher hier nicht vertreten.

Neuer Schlauchturm aus Holz bei der FF Sachsenburg

Zusehertribühne für das „Huab'n Theater" in Brandlucken — Holzkonstruktion für Sitzreihen und Dach (Rendering M3D Manhartsberger KG)

Anmerkungen **Kap. 3**

1. KÖNIG, Holger, Wege zum Gesunden Bauen, S. 7,
    ÖkoBuch, Staufen bei Freiburg
2. KÖNIG, Holger, Wege zum Gesunden Bauen, S. 39,
    ÖkoBuch, Staufen bei Freiburg
3. SCHNEIDER Anton, MAER, Wolfgang, STREIL, Stephan,
    Baubiologie in Frage und Antwort, Institut f. Baubiologie
    und Ökologie, 4. Aufl., Mai 1999, S. 5
4. KÖNIG, Holger, Wege zum Gesunden Bauen, S. 6,
    ÖkoBuch, Staufen bei Freiburg
5. Die größten baubiologischen Institute: In Österreich:
    IBO — Österreichisches Institut für Bauen und Ökologie GmbH,
    in Deutschland: IBN — Institut für Baubiologie und Ökologie,
    in der Schweiz: SIB — Schweizerische Interessensgemeinschaft
    Baubiologie/Bauökologie
6. KÖNIG, Holger, Wege zum gesunden Bauen, S. 9, ÖkoBuch,
    Staufen bei Freiburg, 1997
7. UNIVERSITÄTSLEHRGANG SOLARARCHITEKTUR 1997/98, S. 4,
    Zentrum für Bauen und Umwelt Donau-Universität Krems
8. Bundesministerium für Land- und Forstwirtschaft, Umwelt
    und Wasserwirtschaft (BMLFUW), Daten und Zahlen, Anzahl der
    Passivhäuser in Österreich seit 2000
9. FEIST, Wolfgang (*1954) ist ein deutscher Physiker und Bauphysiker.
    Er leitet das von ihm gegründete Passivhaus Institut in Darmstadt
    und gilt als Vorreiter des Passivhaus-Energiestandards für Gebäude.
    (Quelle: Wikipedia — Die freie Enzyklopädie)
10. UNIVERSITÄTSLEHRGANG SOLARARCHITEKTUR 1997/98, S. 4,
    Zentrum für Bauen und Umwelt Donau-Universität Krems
11. SCHREIER, Norbert et al., Solarwärme optimal nutzen, S. 17,
    Wagner & Co Verlag, Cölbe, 1980-2005
12. SCHREIER, Norbert, et al., Solarwärme optimal nutzen, S. 17,
    Wagner & Co Verlag, Cölbe, 1980-2005
13. WELLER, Bernhard, HEMMERLE, Claudia, JAKUBETZ, Sven,
    UNNEWEHR, Stefan, Photovoltaik — Technik, Gestaltung,
    Konstruktion, Edition Detail, München 2009
14. SCHUHMACHER, Fritz, Strömungen in deutscher Baukunst
    seit 1800, S. 147, Braunschweig, Wiesbaden 1982
15. CORBU = In der Architektenschaft gebräuchlicher Begriff für den
    Architekten Le Corbusier (eigentlich: Charles-Édouard Jeanneret-
    Gris, *6. Oktober 1887, † 27. August 1965)
16. WOLFE, Tom, From Bauhaus to Our House, S. 70, Berlin,
    Wien 1981
17. HEINE, Ernst W., New York liegt im Neandertal — Die abenteuerliche
    Geschichte des Menschen von der Höhle bis zum Hochhaus, S. 279,
    Zürich 1984
18. GROPIUS, Walter; vergl. dazu: DOLS, José A. (Alexander Christopher
    als Interviewpartner), Moderne Architektur — Fundamente,
    Funktionen, Formen, S. 92, Reinbek b. Hamburg 1978
19. GROPIUS, Walter; vergl. dazu: DOLS, José A. (Alexander Christopher
    als Interviewpartner), Moderne Architektur — Fundamente,
    Funktionen, Formen, S. 93, Reinbek b. Hamburg 1978
20. GROPIUS, Walter; vergl. dazu: DOLS, José A. (Alexander Christopher
    als Interviewpartner), Moderne Architektur — Fundamente,
    Funktionen, Formen, S. 94, Reinbek b. Hamburg 1978
21. WINTER, Wolfgang, Vortrag zum 3. Bieler Symposium für die
    Holzwirtschaft, Biel 1994
22. WINTER, Wolfgang, Vortrag zum 3. Bieler Symposium für die
    Holzwirtschaft, Biel 1994
23. NATTERER, Julius, Holzbau Atlas Zwei, S. 66, München 1992

3. Die ökologische Herausforderung — Auftrag der Gegenwart

Projekte

142
Der Kristall

148
Arche des Waldes

152
ÖBf-Bürogebäude

158
Volksschule Hermagor

164
Musikschule Feistritz

168
Weißensee-Haus

174
Kompetenzzentrum Großschönau

178
Brückenbauwerk Malta

Der Kristall

Ein Bergkristall als Symbol für
die Erhabenheit der Natur

Der Kristall wurde auf einen
bestehenden Baukörper aus Naturstein
aufgesetzt und liegt auf der
Franz-Josefs-Höhe oberhalb der
Pasterze in ca. 2.500 Meter Seehöhe.

Wilhelm-Swarovski-Aussichtswarte im Nationalpark Hohe Tauern
Standort: **Kaiser-Franz-Josefs-Höhe** (Kärnten)
Planung: **1995-1997**
Ausführung: 1997/1998
Mitarbeiter: **Hannes Ressi, Manfred Eder, Klaus Krieber**

3. Die ökologische Herausforderung — Auftrag der Gegenwart

Beim sogenannten „Kaiserstein", diesem geschichtsträchtigen Standort auf der Kaiser-Franz-Josefs-Höhe, sollte 20 Jahre nach der Errichtung eines Geschäftes und eines Restaurants eine Aussichtswarte entstehen.

Der neue Baukörper nutzt den bestehenden, aus Natursteinen gestalteten Flachbau als Plattform. Die Bestandskubatur wird als Teil der Geländeformation angesehen. Der neue Baukörper in Form eines Kristalls durchdringt diese Geländeformation. Die Aussichtswarte ist daher nicht nur aus Stein gebaut — sie ist selbst „Stein". Dadurch wird nicht nur der Mythos des Standortes aufgegriffen, schließlich befinden wir uns auf dem „Kaiserstein". Darüber hinaus wird auch der Tatsache Rechnung getragen, dass in den Hohen Tauern der Bergkristall jener Edelstein mit einem besonderem Symbolgehalt ist. Auch soll hier erwähnt werden, dass die Firma Swarovski als Förderer des Nationalparks den Großteil der Mittel zur Errichtung dieses Objektes zur Verfügung gestellt hat.

Grundidee des Gebäudes war es, für die Besucher der Großglockner Hochalpenstraße und des Nationalparks einen witterungsgeschützten, transparenten Raum zu schaffen, um in Ruhe die einmalige Hochgebirgslandschaft des Großglocknermassivs betrachten zu können, und durch gezielte Information im Inneren Wissen zu vermitteln. Das Objekt besteht aus vier Ebenen, wobei das Erdgeschoß und das erste Obergeschoß fast zur Gänze geschlossen sind. Dennoch dringt das Licht, das durch die transpa-

Blick vom Inneren des Kristalls auf den Großglockner

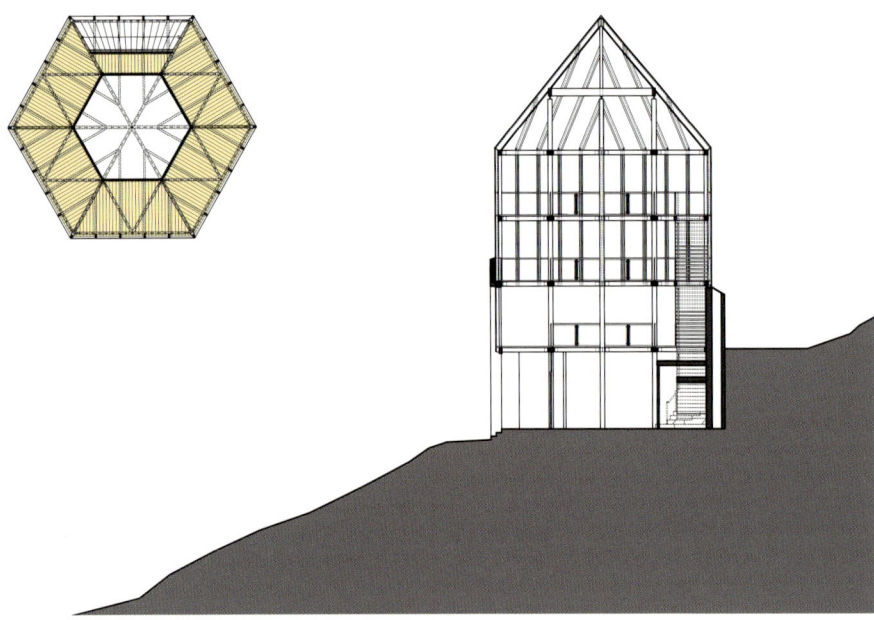

Grundriss, Querschnitt und Südansicht des Kristalls. Der massive Bauteil des Erdgeschoßes bestand bereits und wurde nur geringfügig verändert.

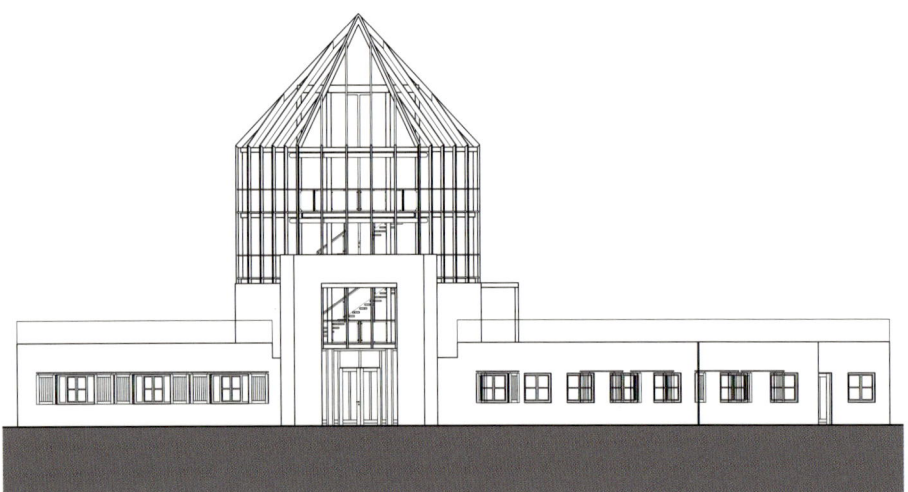

3. Die ökologische Herausforderung — Auftrag der Gegenwart

Der Kristall. Ein Bergkristall als Symbol für die Erhabenheit der Natur

Die Spitze des Kristalls wurde vom Künstler Adi Holzer mit den Farben des gesamten Lichtspektrums gestaltet.

renten Fassaden der oberen Geschoße fällt, über die offenen Lufträume in die Mitte des Kristalls und bis in das Erdgeschoß. Hier und im ersten Obergeschoß wird der Besucher darauf eingestimmt, welche Naturschauspiele er in den völlig aufgeglasten Obergeschoßen, unter anderem mittels Präzisionsgeräten der Firma Swarovski Optik, erleben und beobachten kann.

Obwohl diese Bauaufgabe bei extremen klimatischen Bedingungen auf circa 2.500 Metern Seehöhe mit 1.000 Kilogramm Schneelast, enormen Windkräften, Eis und Hitze höchste Ansprüche in Bezug auf Konstruktion und Detailgenauigkeit stellte, wurde für die Primärkonstruktion und auch für wesentliche Teile des Innenausbaus der Baustoff Holz verwendet. Durch den Einsatz diagonaler Windverbände aus Stahlstangen war es möglich, die Dimensionen der Rundholzsäulen auf einen Durchmesser von 20 Zentimetern zu beschränken.

Die Spitze des Kristalls wurde vom Künstler Adi Holzer mit den Farben des gesamten Lichtspektrums gestaltet. Sie symbolisiert die Brechung des Lichts und verleiht dem Inneren des Gebäudes bei jeder Wetterlage eine angenehme Stimmung.

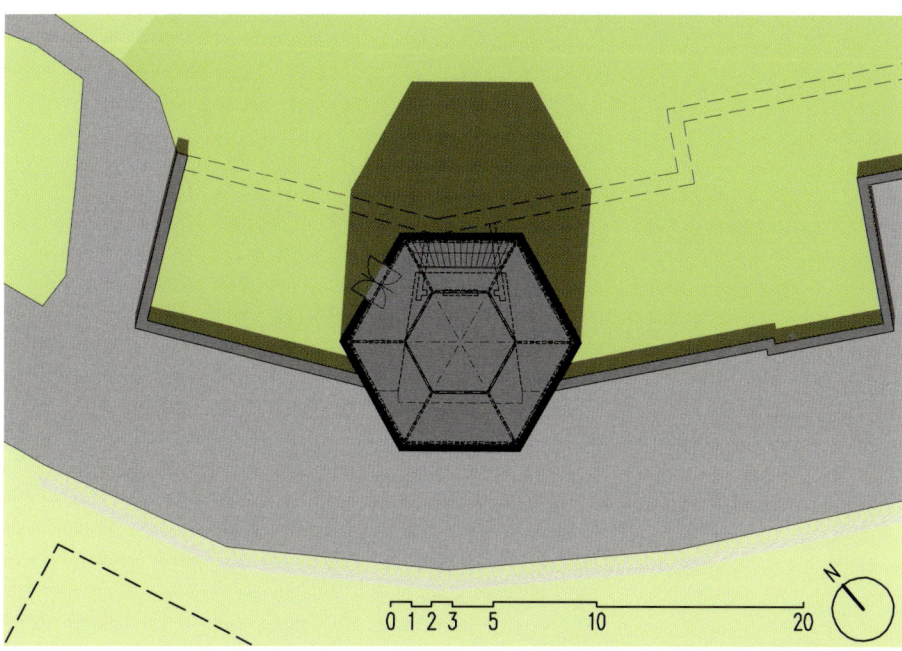

◄) Über zwei Edelstahlkamine wird Luft von außen angesaugt und nach oben geblasen, damit es im Sommer zu keiner Überhitzung kommt.

0 1 2 3 5   10   20

3. Die ökologische Herausforderung — Auftrag der Gegenwart

Der Kristall. Ein Bergkristall als Symbol für die Erhabenheit der Natur

Arche des Waldes

Die „Arche" als Symbol für die
Zusammenhänge der Natur

Der Solitärbaukörper der Arche des
Waldes wurde als ökologisches Pilotprojekt geplant und errichtet.

Ausstellungsgebäude der Wald- und Holzwirtschaft
Standort: **Mariazeller Bürgeralpe** (Steiermark
Planung: **2004**
Ausführung: 2005
Mitarbeiter: **Bernd Zerza**

3. Die ökologische Herausforderung — Auftrag der Gegenwart

Dieses Ausstellungsgebäude der Wald- und Holzwirtschaft wurde als neues Zentrum der Erlebniswelt auf der Mariazeller Bürgeralpe geplant. Der Solitärbaukörper nimmt hinsichtlich Form und Materialwahl die naturräumlichen Gegebenheiten auf. Die Dominanz des Holzes als Baustoff sowie vor allem auch die Adaptierung der Rundform des künstlich geschaffenen Bergsees sowie der Erlebnisbahn wurden im Bauwerk umgesetzt. Anstelle des ursprünglich vorgeschlagenen Standortes nordöstlich der Bahn wurde das Gebäude direkt zwischen Bahn und See gestellt und das Thema Schiff bzw. Arche aufgegriffen. Das Bauwerk sollte wie ein am Hafen liegendes Schiff die an sich schon attraktive Situation am kleinen Bergsee zusätzlich aufwerten. Der Spazierweg um den See führt nunmehr an der Vorderfront der Arche über einen breiten Lärchensteg, welcher auch zum Sitzen und Verweilen einlädt. Ebenso ist die Fahrt mit der Erlebniseisenbahn durch das „Verschwinden" der Bahn hinter dem Gebäude mit zusätzlicher Spannung verbunden.

Die Erschließung der „Arche" erfolgt an der Südfront inmitten des breiten Steges. Beim Eintritt zeigt sie sich als offenes, zweigeschoßiges Gebäude mit einer geschwungenen Galerie. Die gesamte Südfront wurde verglast, sodass sich das Gebäude durch die einfallende Sonne erwärmt, wobei das weit ausladende Dach die Sommersonne stark bricht. Die Nordfront hingegen ist weitgehend geschlossen. Durch die großzügige Öffnung nach Süden in Richtung See eignet

sich das Gebäude bei Veranstaltungen auf der Seebühne auch als Zuschauertribüne. Hierbei sind sowohl der Raum auf dem vorgelagerten und überdachten Lärchenrost als auch die Fläche des Erdgeschoßes sowie die Fläche der Galerie nutzbar.

Das Projekt verfügt über eine Fläche von circa 310 Quadratmetern, davon entfallen etwa 200 Quadratmeter auf die Ausstellungsfläche im Erdgeschoß und 80 Quadratmeter auf die Fläche der Galerie im ersten Obergeschoß.

Das Gebäude soll als Musterbeispiel für ökologisches Bauen dienen. Neben dem zeitgemäßen Einsatz des Baustoffs Holz wurden darüber hinaus vorwiegend ökologische Materialien verwendet. Das Konzept des Gebäudes steht für die Minimierung des Energieverbrauchs, denn

Die Galerie des linsenförmigen Ausstellungsraumes erhöht die Raumkapazität bei Veranstaltungen und bietet einen guten Blick auf die Exponate bei Ausstellungen.

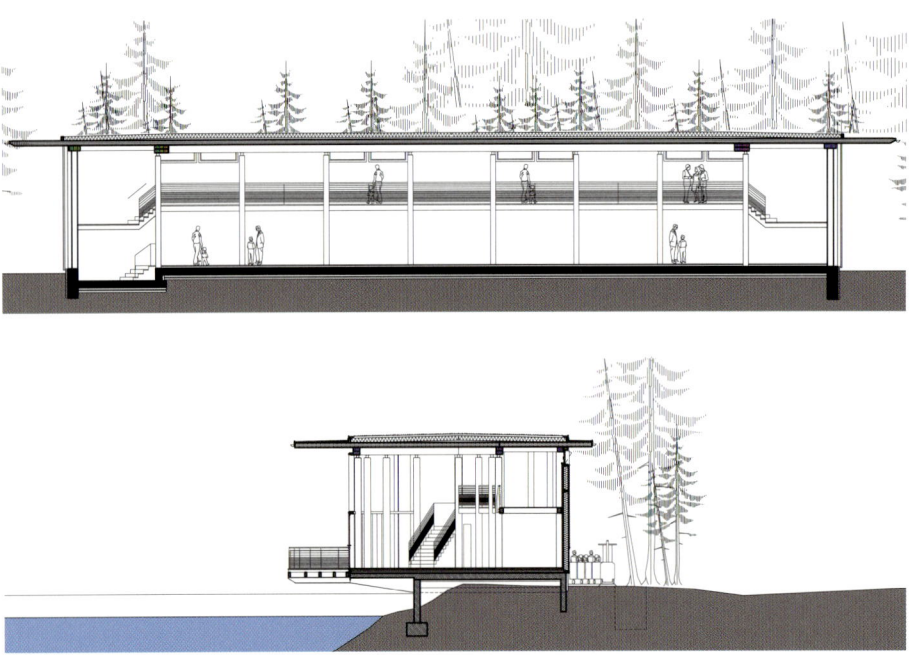

Der Querschnitt des Gebäudes zeigt die weite Auskragung über den See.

3. Die ökologische Herausforderung — Auftrag der Gegenwart

Arche des Waldes. Die „Arche" als Symbol für die Zusammenhänge der Natur

Die Arche des Waldes dient auch als zusätzliche Tribünenfläche für die schwimmende Bühne.

durch die einfallende Sonnenstrahlung im Süden und durch die gut gedämmte Nordfassade wird das Haus über das gesamte Jahr hinweg allein mittels Sonnenenergie so weit temperiert, dass es auch im Winter ohne Primärenergie frostfrei gehalten wird.

Die äußersten Fassadenelemente an der Südseite wurden mit thermischen Solarkollektoren bestückt, welche Brauchwasser erwärmen und die Fußbodenheizung im Winter speisen.

Die Außenwände wurden als tragende Holzriegelwände ausgeführt. Die oberste Decke bzw. den Dachabschluss bilden 20 Zentimeter starke Kreuzlagenholz-Deckenelemente. Diese Dachkonstruktion weist durch die Kreuzlagenverleimung eine hohe statische Festigkeit auf.

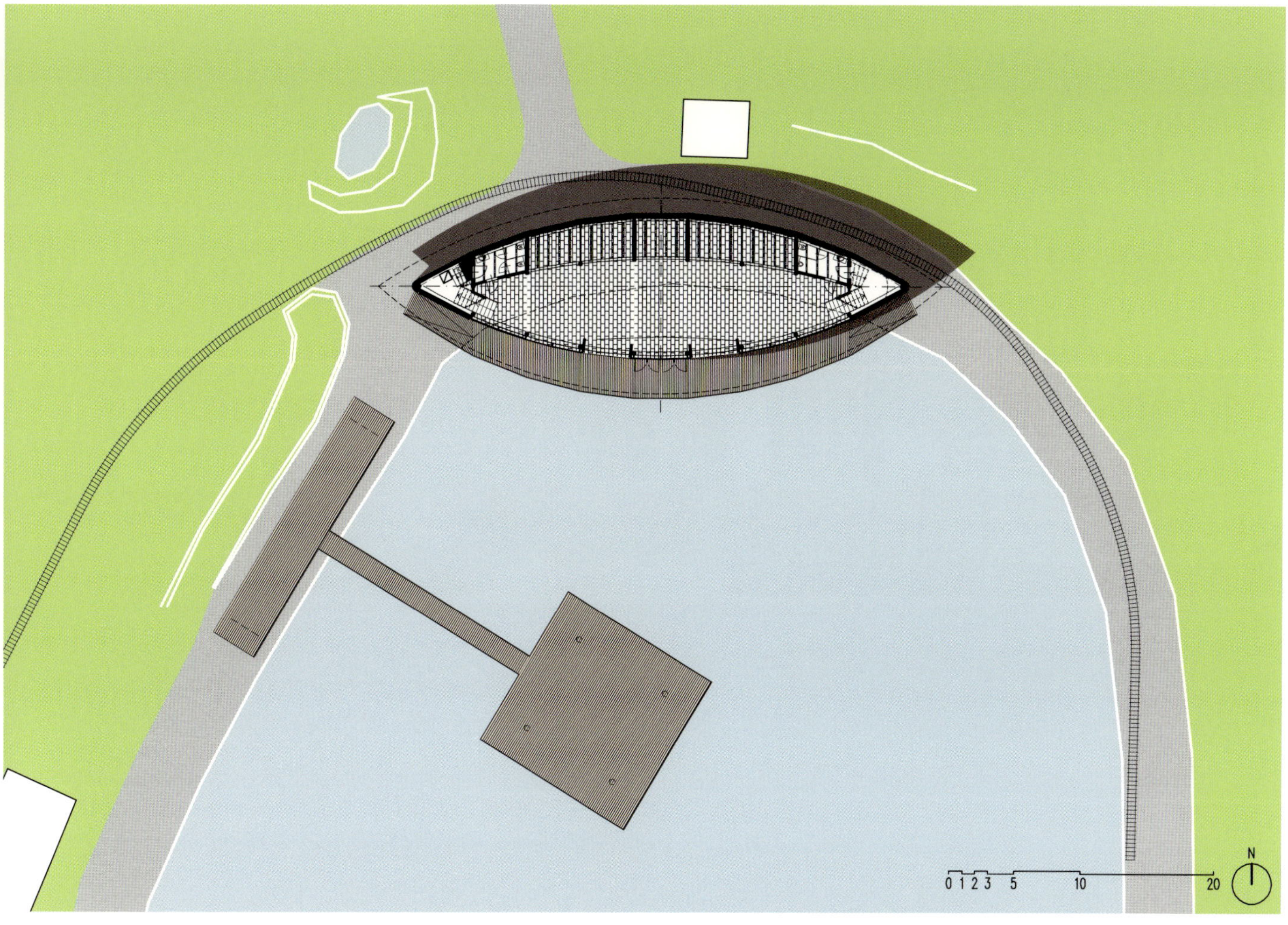

ÖBf-Bürogebäude

Ein Bürogebäude aus dem Baustoff Holz
im städtischen Umfeld

Vorderansicht des viergeschoßigen
Bürogebäudes. Das weit ausladende
Vordach sorgt für konstruktiven
Holzschutz.

Sitz der Unternehmensleitung der Österreichischen Bundesforste AG
Standort: **Purkersdorf** (Niederösterreich)
Wettbewerb: 1999
Planung: **1999/2000**
Ausführung: 2000–2002
Mitarbeiter: **Dieter Maurer, Helene Zavodnik, Alexander Gressel**

3. Die ökologische Herausforderung — Auftrag der Gegenwart

Selten erhält man die Möglichkeit, einen Solitärbaukörper aus dem Baustoff Holz in dieser Größenordnung im städtischen Umfeld zu planen und zu errichten. Schon der ursprünglich im Architektenwettbewerb für dieses Bauvorhaben vorgesehene Standort in Wien im 14. Bezirk bestand aus einer freien Grünfläche.

Noch bevor endgültig eine mögliche Baubewilligung für Wien erteilt wurde, entschieden sich jedoch die Österreichischen Bundesforste, das Gebäude nur wenige Kilometer weiter westlich in Purkersdorf, in einem Park unmittelbar neben dem Schloss Purkersdorf, zu errichten. Aus städtebaulichen Gründen wurde hier das vierte Geschoß bewusst zurückgesetzt, um eine bessere Eingliederung in das bauliche Umfeld von Purkersdorf mit seinen zwei- bis dreigeschoßigen Bauten zu erzielen.

Die Vorgabe aus dem Wettbewerb war, ein viergeschoßiges Holzgebäude zu planen, obwohl in Wien zum damaligen Zeitpunkt die Bauordnung ein Holzgebäude dieser Größe nicht zugelassen hätte. Aber auch in Purkersdorf (Niederösterreich) war es nur unter der Voraussetzung äußerst kooperativer Gespräche mit der Stadt, der Baubehörde und dem Sachverständigen möglich, ein Gebäude mit einem derart hohen Anteil an Holz zu errichten. Dass die Sockelzone dieses Bauwerks nach außen hin nicht in Holz erscheint, ist aber keineswegs dadurch begründet, dass man auf die Errichtung eines echten Viergeschoßers in Holz verzichtet hätte. Ausschlaggebend hierfür waren vielmehr Überlegungen zum

Das Gebäude wird über eine Holzbrücke sowie einen großzügig überdachten Vorbereich erschlossen.

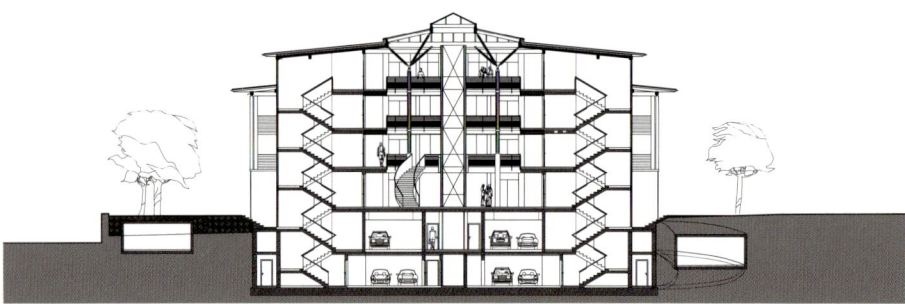

Neben vier oberirdischen Geschoßen aus Holz besitzt das Haus zwei Tiefgaragengeschoße.

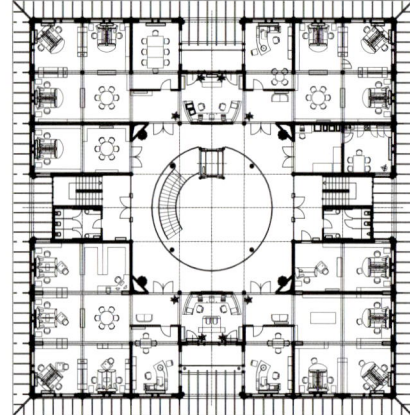

Der kreisförmige Luftraum hat einen Durchmesser von ca. elf Metern.

3. Die ökologische Herausforderung — Auftrag der Gegenwart

ÖBf-Bürogebäude. Ein Bürogebäude aus dem Baustoff Holz im städtischen Umfeld

konstruktiven Holzschutz im Spritzwasserbereich sowie gestalterische Gründe — dem Gebäude sollte von außen ein ausgewogenes Antlitz verliehen werden. Bei genauerer Betrachtung dieser Sockelzone kann man jedoch erkennen, dass lediglich die Fassadenplatten aus Betonfertigteilen bestehen. In den Fensterleibungen erkennt man durchaus die tragenden Holz-Wand-Paneele der Erdgeschoßzone.

Das konstruktive Grundkonzept der Mitte besteht aus vier „Bäumen" (Rundholz Lärche), welche frei über alle Geschoße aufstreben und deren „Äste" den Fuß- und Mittelpfettenkranz sowie das Holzgespärre der Glaspyramiden tragen. Die freistehenden Rundsäulen im Innenbereich tragen Doppel-Leimholzprimärträger. Diese wiederum dienen als Auflager von starken Brettsperrholzpaneelen. Die Fassadensäulen bestehen aus einem Verbund von Lärchenrundholzsäulen und rechteckigen Leimholzstützen.

Ein großes Anliegen war es, die Idee der über vier Geschoße frei sichtbaren Säulen mit den eingehängten Holzgaleriedecken statisch und ästhetisch ansprechend zu bewältigen. Die Stahlträger, welche die einzelnen Holzmassivdeckenelemente der Galerie miteinander verbinden, blieben unsichtbar, denn Technik ist grundsätzlich da, dem Menschen zu dienen, und braucht nie über Gebühr in den Vordergrund zu treten. Das Antlitz eines Gebäudes hat viele Bedingungen zu erfüllen; Technik ist ein Teilaspekt, aber nicht der wichtigste. Die Forderung des Zeitgeistes, Technik über menschliche

Bedürfnisse zu stellen, wird hier bewusst nicht mitgetragen.

Dem Thema des konstruktiven Holzschutzes wurde bei diesem Projekt große Aufmerksamkeit gewidmet. Das weit ausladende Vordach schützt die Fassade vor zu starker Bewitterung. Durch den Rücksprung des Dachgeschoßes wird das Verhältnis von Fassadenhöhe zu Vordach hinsichtlich der Schlagregenbeanspruchung zusätzlich verbessert. Sämtliche Balkonbalken wurden trotz ihrer Lage weit hinter dem Vordach mit Blechabdeckungen versehen. Die Erdgeschoßzone ist zur Gänze durch Betonfertigelemente geschützt.

Der Holzbau hat — vor allem für größere öffentliche Bauten — nur dann Zukunft, wenn dem konstruktiven Holzschutz zumindest wieder jenes Augenmerk geschenkt wird, wie es bei traditionellen Holzbauten der Fall war. Nur dann kann er sein großes Potenzial ausschöpfen, welches ihm für die Zukunft aus ganzheitlicher, vor allem aber auch aus ökologischer Sicht innewohnt.

3. Die ökologische Herausforderung — Auftrag der Gegenwart

ÖBf-Bürogebäude. Ein Bürogebäude aus dem Baustoff Holz im städtischen Umfeld

Die Innenraumgestaltung ist geprägt durch die Symbiose aus konstruktiven Holzteilen, wie Primärträgern, Stützen, Holzrippendecken sowie weißen Flächen aus Gipskarton.

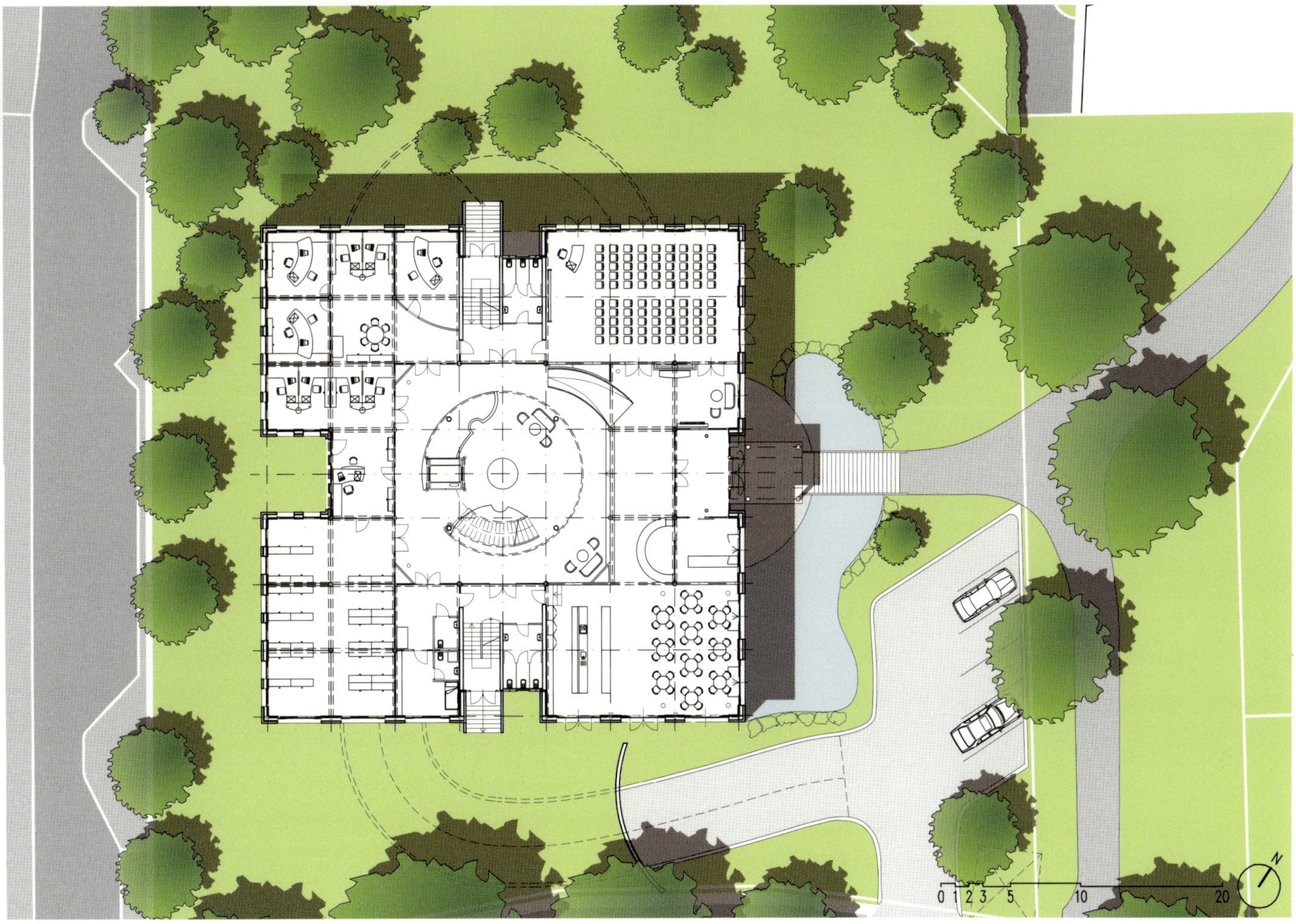

0 1 2 3 5   10   20

Volksschule Hermagor

Ein Pilotprojekt, das die Sinne der Kinder für mehr Nachhaltigkeit schärft

Die Volksschule Hermagor von der Südostseite. Turnsaal und Schulgebäude definieren gemeinsam den Pausenhof.

Neubau ökologische Volksschule aus Holz

Standort: **Hermagor** (Kärnten)

Wettbewerb: 2002

Ausführung: 2002/2003

Auszeichnung: **Energy Globe Kärnten 2005, Kärntner Holzbaupreis — Anerkennung 2005, Rotary Umweltpreis 2005, Österreichischer Gründach-Städtewettbewerb 2008 — Anerkennung**

Mitarbeiter: **Günther Weratschnig, Alexander Gressel, Christian Kanzian**

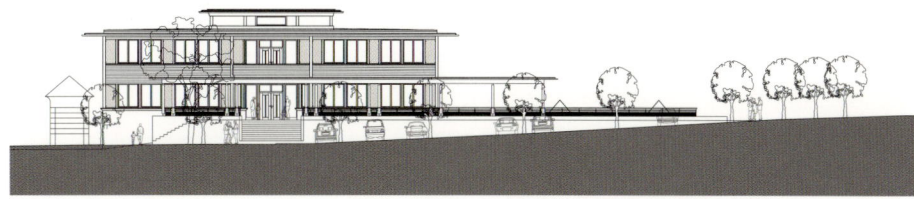

Die Westansicht zeigt den Geländeverlauf, das Gebäude wird sowohl barrierefrei über das Turnsaaldach als auch über die Treppen erschlossen.

Der Neubau der Volksschule Hermagor wurde als Pilotprojekt für ökologisch und baubiologisch einwandfreies Bauen konzipiert. Mit dem Gebäude sollte einerseits ein Höchstmaß an Behaglichkeit und ein gesundes Umfeld für die Kinder geschaffen werden, andererseits das Bewusstsein für ressourcenschonendes Bauen und ressourcenschonende Energiegewinnung geschärft werden. Zum Einsatz kamen vor allem der Baustoff Holz und Lehmputz in allen Klassenräumen als Klimaregulator und Schadstoffumwandler, das Gründach als Wärmespeicher sowie eine kontrollierte Wohnraumlüftung. Weiters wurde eine Photovoltaikanlage installiert — diese dient der Demonstration der Energiegewinnung ohne Schadstoff-Ausstoß.

Der Eingang an der Westseite nimmt stark Bezug auf die Bebauung der Wohnsiedlung „Neue Heimat" und bildet den ostseitigen Abschluss dieser Wohnstraße. Aufgrund der Topografie des Geländes bzw. des starken Straßengefälles wurde entschieden, das Gebäude auf der Westseite auf mittlerer Ebene zu erschließen. Dadurch ist nicht nur das Obergeschoß, sondern auch das Erdgeschoß barrierefrei erreichbar.

Der Turnsaal wurde unmittelbar an der westlichen Grundgrenze im rechten Winkel zur Südfront situiert und mit einem begehbaren Dach ausgestattet. Dadurch wurden die nutzbaren horizontalen Flächen sowohl für den öffentlichen als auch für den schulischen Bereich vergrößert. Der Hauptzugangsweg von Süden wird durch eine großzügig ausgelegte Überdachung geschützt.

Sowohl das Untergeschoß als auch das Dachgeschoß verfügen über weit ausladende Vordachkonstruktionen.

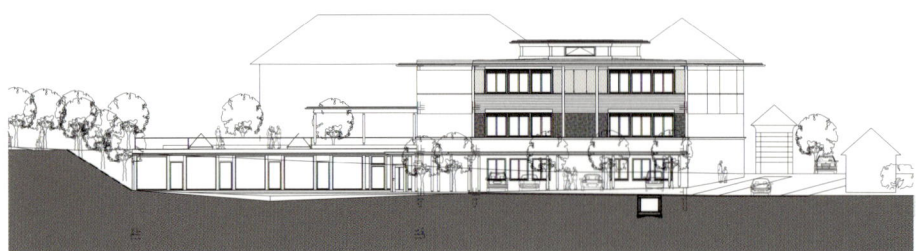

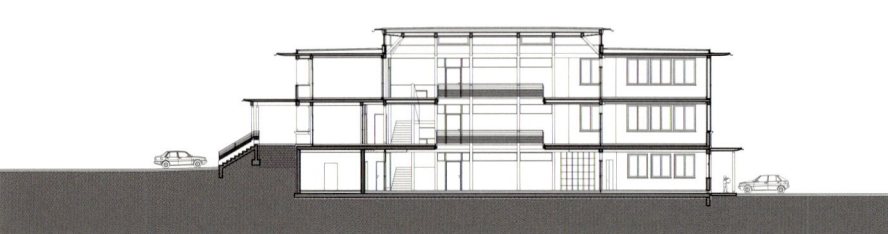

Der Turnsaal tritt nur in der Hälfte seiner Höhe nach außen hin in Erscheinung. Das Dach des Turnsaals befindet sich in der Eingangsebene.

Großzügig überdachter Eingangsbereich zur Volksschule

Das Gebäude ist als kompakter Baukörper mit einer zentralen, von oben belichteten Halle und mit einem schiffsförmigen Luftraum über alle Geschoße konzipiert. Die Klassenräume sind direkt von der Halle aus erreichbar. Alle Klassenräume sind rund um diesen zentralen Erschließungsbereich angeordnet. Dadurch ist die Orientierung im Haus sehr einfach. Die freie Mitte mit dem Licht von oben vermittelt Behaglichkeit und entspricht einem wichtigen Prinzip des Bauens nach der Lehre des Feng Shui. Dass der Luftraum in der Mitte die Form eines Schiffes hat, hat durchaus symbolischen Charakter. Im Erdgeschoß befinden sich seitlich des Einganges Direktion, Schulwart- und Konferenzraum.

Unter der Anleitung der Werklehrerin Elisabeth Muffat wurden die beiden Lehmwände von Schülern der Volksschule gestaltet. Sie zeigen den Lebenszyklus unter Einbeziehung keltischer Symbole.

Der Schulbau ist in erster Linie als konstruktiver Holzbau konzipiert. Zwei Vollgeschoße wurden praktisch ausschließlich aus Holz hergestellt. Die Decken wurden aus Massivleimholzpaneelen errichtet. Decken mit größeren Spannwei-

3. Die ökologische Herausforderung — Auftrag der Gegenwart

Volksschule Hermagor. Ein Pilotprojekt, das die Sinne der Kinder für mehr Nachhaltigkeit schärft

ten wurden durch enge Holzrippen an der Unterseite verstärkt. Um dem Konzept der Nachhaltigkeit zu entsprechen, wurden auch im Ausbau nachwachsende Rohstoffe eingesetzt: Konstruktionsholz, Holzweichfaserplatten als Außenwanddämmung und Zellulosefaserflocken als Dämmung zwischen den Holzkonstruktionen.

Der überwiegende Teil der Fußböden wurde in Stabparkett mit geölter Oberfläche ausgeführt. Die Wände in den Klassen wurden mit Lehmputz ausgestattet.

Die Süd- und die Ostfront der Schule wurden im Bereich der Fensterzwischenräume mit einer integrierten Photovoltaikanlage mit einer Leistung von circa 2,2 kW/h bestückt. Von Beginn der Planungen an war beabsichtigt, die Photovoltaikzellen in die Fassade zu integrieren.

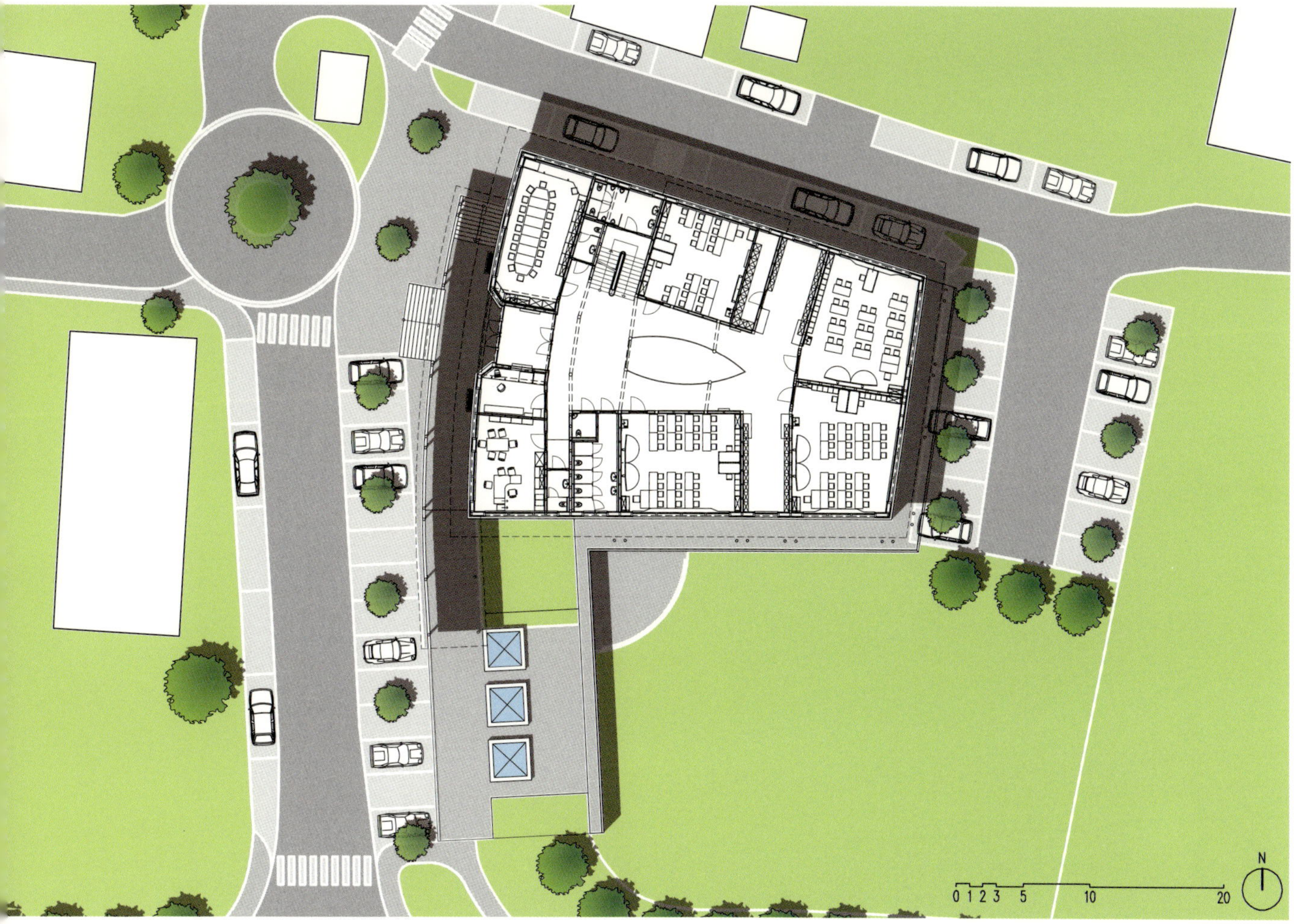

0 1 2 3 5   10   20   N

3. Die ökologische Herausforderung — Auftrag der Gegenwart

Volksschule Hermagor. Ein Pilotprojekt, das die Sinne der Kinder für mehr Nachhaltigkeit schärft

Dreigeschoßige Aula im Zentrum der Schule (◄), die Belichtung des Dachgeschoßes erfolgt über Oberlichtverglasungen unterhalb der „Dachlaterne" (▼). Sowohl der Turnsaal als auch die Klassenräume verfügen über Holzdecken (▼▼).

Der Ertrag aus der Einspeisung kommt der Schule zugute. Hier wurde ein wichtiger Umweltgedanke realisiert: „Kinder, wir erzeugen Strom direkt aus der Sonne!" Im Inneren wurde ein Messgerät installiert, welches zeigt, wie viel Strom gerade produziert wird. Ein wichtiger Aspekt dieses Projektes ist es, Themen wie Umweltethik, Respekt vor der Schönheit der Natur, nachhaltiger Schutz unserer Lebensgrundlagen, Gleichgewicht zwischen Ressourcen-Nutzung und -Schonung, Verantwortung gegenüber der Umwelt im eigenen Wirkungsbereich bereits unseren jüngsten Mitbürgern, den Kindern, anschaulich zu vermitteln.

Um in den Klassenräumen eine optimale Luftqualität mit geringer CO_2-Konzentration zu erreichen, wurde eine kontrollierte Wohnraumlüftung mit Wärmerückgewinnung eingebaut. Diese ermöglicht eine permanente Frischluftzufuhr, ohne dass die Fenster geöffnet werden müssen. Jeder Klassenraum besitzt sein eigenes Lüftungsgerät. Dadurch ist jeder Raum individuell steuerbar.

In allen Klassenzimmern wurde eine Wandflächenheizung eingebaut, welche in den circa drei Zentimeter starken Lehmputz eingeputzt wurde. Da es sich hierbei um ein Niedertemperatur-Heizsystem handelt, ist das Temperaturgefälle im Raum minimal und somit ein hohes Maß an Behaglichkeit gewährleistet.

Musikschule Feistritz

Ein Ort der Begegnung in Passivhaus- und Holzbauweise

Die Musikschule in Feistritz bildet gemeinsam mit dem bestehenden Amtsgebäude einen Hof.

Musikschule mit Veranstaltungssaal in reiner Holzbau- und Passivhausbauweise

Standort: **Feistritz/Gail** (Kärnten)

Planung: **2007**

Ausführung: 2009

Mitarbeiter: **Thomas Stöckl**

3. Die ökologische Herausforderung — Auftrag der Gegenwart

Dieses Projekt ist das erste in Kärnten von der öffentlichen Hand errichtete Gebäude in Passivhausbauweise. Es besteht zur Gänze aus Holz.

Als weitere Besonderheit darf auch der Gebäudetypus angesehen werden: Um die Bauherrenwünsche innerhalb des vorgegebenen Kostenrahmens erfüllen zu können, wurde ein sehr kompakter, quadratischer Gebäudetypus entwickelt, welcher die Funktionen einer Musikschule mit jenen eines kleinen Veranstaltungsgebäudes einer Landgemeinde in Einklang bringt. Im Gebäudekonzept sind daher die Anforderungen an einen Veranstaltungssaal mit denen an eine Musikschule derart verschmolzen, dass alle Erschließungszonen für die Klassenräume gleichzeitig als erweiterte Zuhörer- bzw. Zuseherbereiche zur Verfügung stehen.

Weiters dienen die beiden Musikklassenzimmer im Erdgeschoß gleichzeitig als Vorbereitungsräume zur Bühne. Nur ein solches Konzept, das eine Mehrfachnutzung von Räumen vorsieht und damit die Kubatur beschränkt, ermöglichte es, vorgegebene Kosten und Wünsche der Bauherrschaft in Einklang zu bringen.

Gleichzeitig dient aber dieses kompakte Holzbau-Konzept der Idee des Passivhauses, vor allem durch die Anwendung des Zwiebelschalenprinzips, das sich daraus ergab. Als erschwerender Faktor für die Umsetzung der Passivhausidee erwies sich die Notwendigkeit, das Gebäude an die Nordseite des bestehenden Gemeindehauses anzudocken. Die Freistellung der Südfront im ersten Obergeschoß war daher nicht nur hinsichtlich der Baukör-

perausformung, sondern auch mit Blick auf die Energieeffizienz geboten.

Die Fassadengestaltung ist überwiegend durch horizontale, offene Lärchenbrettschalungen geprägt, übernimmt aber im Bereich des Fensterbandes des ersten Obergeschoßes den roten Farbton des Altbestandes durch die farbigen Fassadenplatten. Aus Gründen des konstruktiven Holzschutzes wurde der Sockelbereich mit grauen Fassadenplatten ausgebildet.

Die Detaillierung des Gebäudes nach Passivhausstandard umfasste auch eine Eigenentwicklung bei der Dachverglasung. So wurde hier eine Kombination aus horizontaler Dachverglasung (Passivhausfenster) mit einer darüberliegenden Schrägverglasung, welche lediglich dem Witterungsschutz dient, geschaffen.

Altbestand vor Umbau

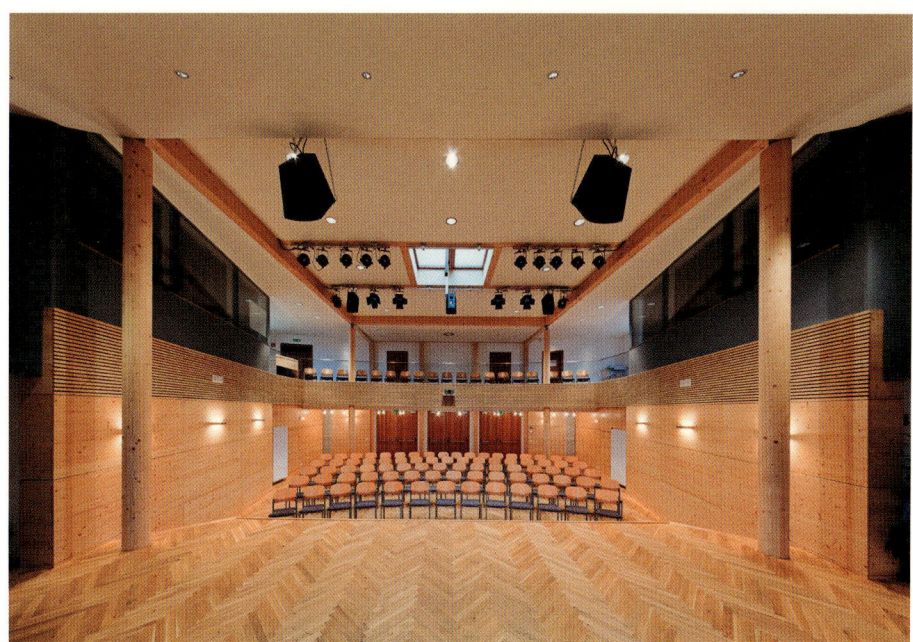

Auch der Altbestand, welcher durch die Musikschule ersetzt wurde, bildete einen Hof zum Amtsgebäude (▲▲). Blick von der Bühne in den Zuseherraum und auf die Galerie (▲). Das Vordach wird durch Stahlbetonsäulen getragen, um eine gestalterische Einheit mit dem Vordach des Amtshauses zu erlangen (◄).

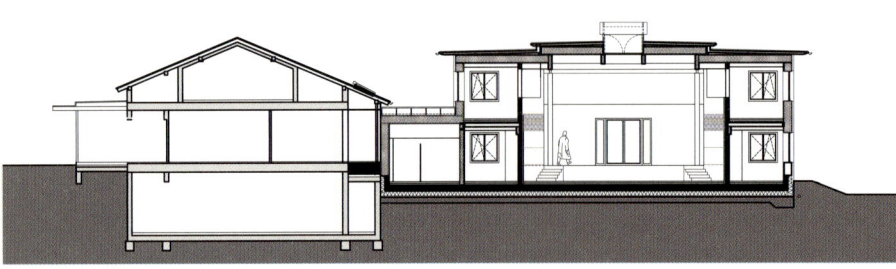

Quer- und Längsschnitt durch das zweigeschoßige Gebäude mit zentralem Veranstaltungsraum

Die Musikschule samt Veranstaltungssaal wurde nördlich des bestehenden Gemeindehauses und Kindergartengebäudes der Gemeinde Feistritz an der Gail errichtet und bildet gemeinsam mit dem Bestandsgebäude einen hofartigen Vorplatz. Was das Gesamterscheinungsbild des baulichen Ensembles anbelangt so wurde darauf Wert gelegt, dass es Gemeinsamkeiten zwischen alt und neu gibt. Dies äußert sich in der Gestaltgebung des Äußeren, im Speziellen der überdachten Vorbereiche. Daher wurde die Formensprache der Stahlbetonsäulen des Gemeindehauses auf die Vorzone der Musikschule übertragen, obwohl es sich hier um ein reines Holzgebäude handelt.

Das Erdgeschoß verfügt über einen überdachten Vorplatz. Das Foyer kann über zweiflügelige Türen zum überdachten Vorplatz hin geöffnet werden, um diesen bei Veranstaltungen mit einzubeziehen. Das Obergeschoß wird über eine Treppe mit Zwischenpodest vom Foyer aus erreicht. Hier gelangt man über einen Vorbereich auf eine Galerie, welche zusätzlich Sitzplätze bietet. Diese dient gleichzeitig als Erschließung für die übrigen Räume, ein Direktorenzimmer, ein Konferenzzimmer und zwei Unterrichtsräume. Ein großer Luftraum gibt den Blick auf den Veranstaltungssaal und die Bühne frei.

In einem Wettbewerbsverfahren für Kunst am Bau wurde unter fünf eingereichten Entwürfen das Projekt von Hanno Kautz einstimmig zum Siegerprojekt erklärt. Das Konzept basiert auf der einfachen, subtilen Darstellung einer einzelnen Note, die — einmal zur Gänze sichtbar

Der kompakte Veranstaltungsraum bietet gemeinsam mit der Galerie für ca. 120 Personen Platz.

3. Die ökologische Herausforderung — Auftrag der Gegenwart

Musikschule Feistritz. Ein Ort der Begegnung in Passivhaus- und Holzbauweise

dann wieder aufgeblasen in verschiedene Größen, bis zum Teil nur mehr ein geschwungenes Oval vorhanden ist — die Glasflächen beider Gebäude überzieht. An ausgewählten Glasflächen der Musikschule, aber auch des Gemeindeamtes, dringen so Noten vom Inneren des Gebäudes nach außen. Durch die Eigenschaft der Folien — aus welchen die Noten gefertigt sind — verändert sich das optische Erscheinungsbild und unterstreicht die vielseitige Lebendigkeit des Ortes.

Die künstlerische Gestaltung verstärkt somit die Intention der Architektur, die Gesamtanlage — bestehend aus Gemeindeamt, Kindergarten und neuer Musikschule — zu einer Einheit zusammenzuführen.

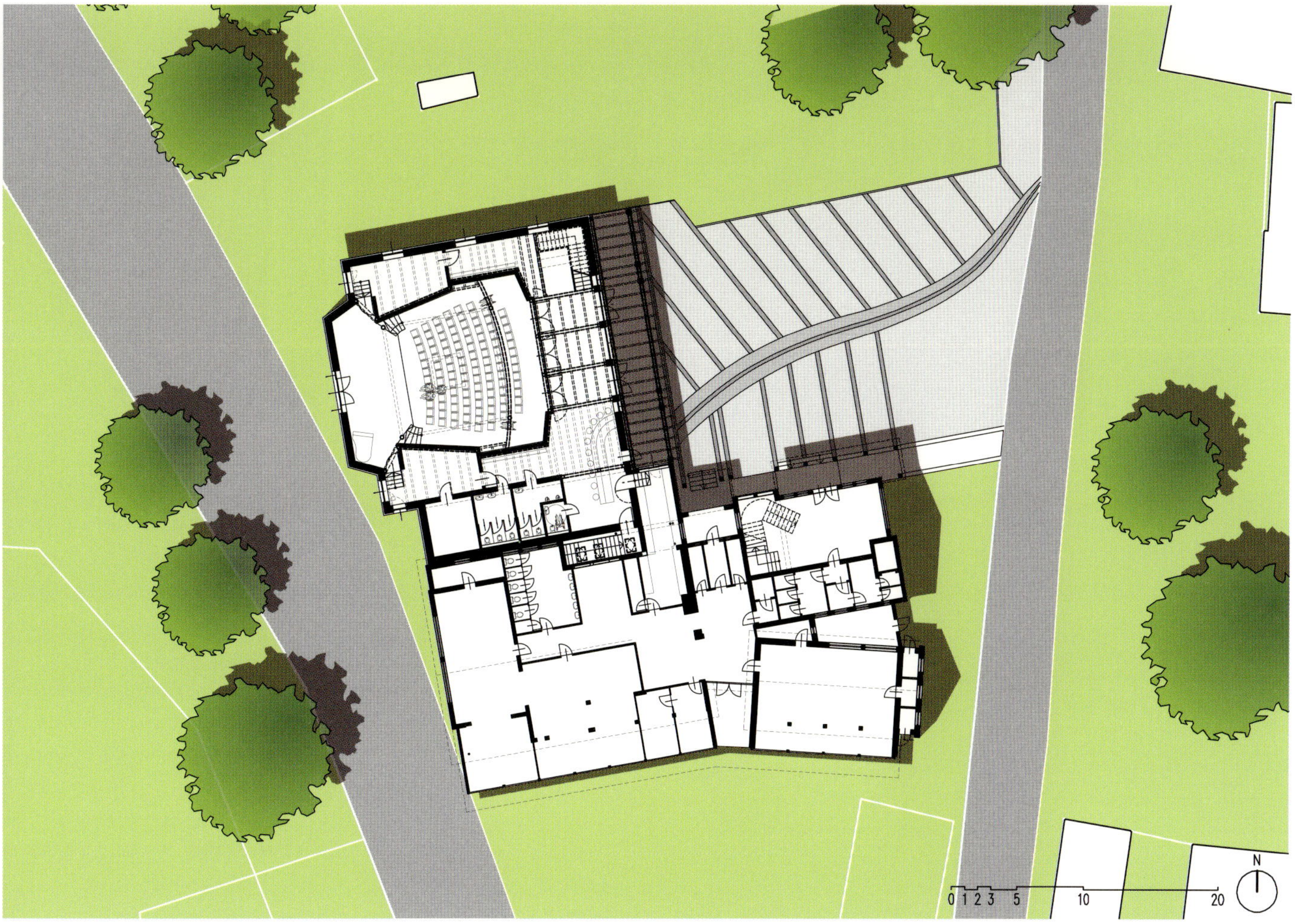

Weißensee-Haus

Traditionelle Bauformen
neu interpretiert

Das Weißensee-Haus bildet einen
Gebäudekomplex aus zwei Häusern mit
einem zentralen Platz in der Mitte.

Veranstaltungs- und Seminarzentrum mit Tourismusinformation,
Geschäften und Gastronomie am Weißensee
Standort: **Techendorf** (Kärnten)
Planung: **2002**
Ausführung: 2003
Mitarbeiter: **Klaus Mösslacher, Alexander Gressel**

3. Die ökologische Herausforderung — Auftrag der Gegenwart

Die Westansicht zeigt den Geländeverlauf vom unteren zum oberen Platz.

Die bauliche Entwicklung am Weißensee seit der Nachkriegszeit zeigt im Gegensatz zu anderen Tourismusregionen ein hohes Maß an Kontinuität und Harmonie trotz reger Bautätigkeit. Große Bausünden blieben den Orten rund um den Weißensee erspart. Diese Situation stand im Mittelpunkt der Auseinandersetzung bei der Entscheidung, welcher der Wettbewerbsentwürfe umgesetzt werden sollte. Viele Menschen beginnen wieder die Schönheit von Ensembles, von gewachsenen Dörfern und Städten zu erkennen. Es gilt, Innovationsbereitschaft und Verständnis für den Geist eines Ortes zu vereinen. Zeitgemäße und fortschrittliche Baugedanken und Details in eine der jeweiligen Region verständliche Sprache des Bauens zu übersetzen, ist der Schlüssel zu beständiger und menschlicher Architektur. Dieser Schritt ist keineswegs einengend, wie manche behaupten. Im Gegenteil, er ist eine wichtige Voraussetzung für Kreativität und Vielfalt.

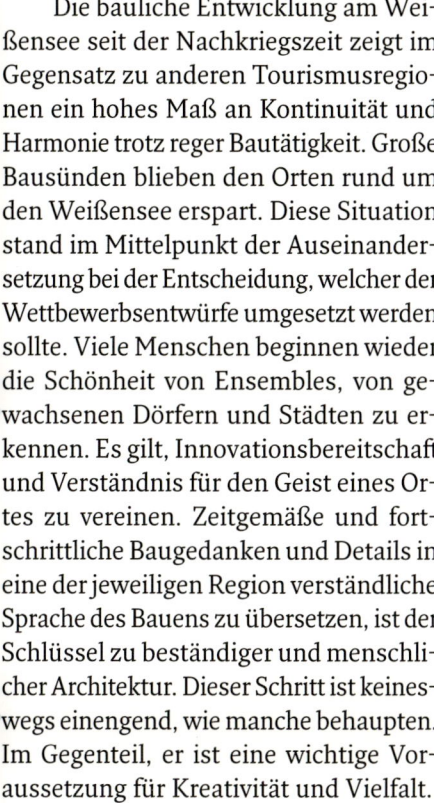

Die Entwurfsidee des Weißensee-Hauses ist gekennzeichnet durch die Auflösung des vorgegebenen Raumprogramms in zwei Baukörper (von denen einer teilweise bereits bestand). Diese definieren einen unteren „Vorplatz" sowie einen zentralen Dorfplatz für Veranstaltungen in der Mitte zwischen beiden. Die Schaffung zweier Baukörper ermöglichte somit einerseits Baukubaturen und Proportionen, die dem Ortsbild gerecht werden, und andererseits die Ausformung eines zentralen Platzes als gut nutzbares Zentrum. Ein solcher Platz fehlte bislang am Weißensee. Von der breiten Treppe

Veranstaltungsraum und Foyer

Das Nebengebäude mit dem Tourismusbüro ist zur Gänze aus Holz errichtet (▶).
Zuseherraum mit Blick auf die Bühne (▼)

3. Die ökologische Herausforderung — Auftrag der Gegenwart

Weißensee-Haus. Traditionelle Bauformen neu interpretiert

im Norden und vom Parkplatz im Süden kommend erreicht man über den zentralen Platz und die großzügig überdachten Freibereiche das Foyer zum Veranstaltungssaal.

Die architektonische Grundhaltung ist bestimmt durch die Verbindung von archaisch-ländlichen Architekturelementen mit einer schlichten, luftigen Holzbauweise als bewusst eingesetztes Stilmittel der Seearchitektur. Die bestehende Kubatur des Hauptgebäudes wurde im Unter- und Erdgeschoß im Wesentlichen adaptiert. Ab dem ersten Obergeschoß wurde der alte Baukörper verschmälert; dadurch entstand eine neue Firstlinie als Achse mit schlankerem Giebel für den Hauptbaukörper. Der neue Veranstaltungssaal bildet den südlichen Abschluss

des Hauptbaukörpers, dessen Satteldach bis zur Bühnenvorderfront weitergeführt wurde. Dadurch war innenräumlich die Ausbildung einer Zweigeschoßigkeit des Saales mit einer Galerie und einem von der Galerie abtrennbaren Seminarraum möglich. Der trapezförmige Saal lässt sich durch die Miteinbeziehung der Galerie im Obergeschoß auf circa 270 Quadratmeter erweitern. Zudem besteht die Möglichkeit, den Foyerbereich zu öffnen und die Raumkapazität mit Sicht auf die Bühne auf insgesamt etwa 360 Quadratmeter zu vergrößern. Im Westen begrenzt der zweite, schlanke, längsgestreckte Baukörper den Platz. Hier befinden sich ein Stehcafé und die Tourismusinformation.

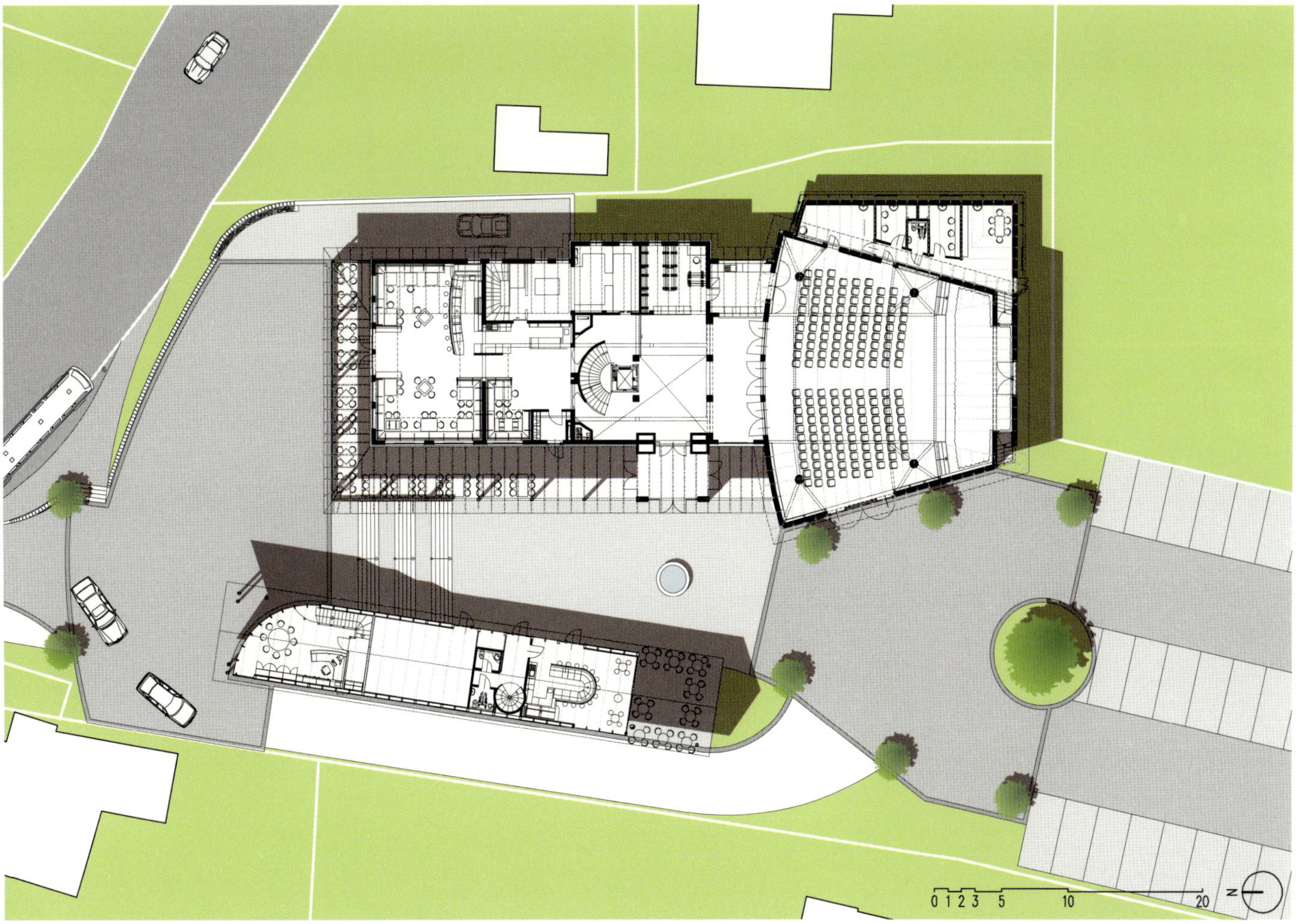

Kompetenzzentrum Großschönau

Das Forschungszentrum „Haus des Lebens und Bauens"

Der Gebäudekomplex ist aufgrund der Passivhausbauweise und der großen Anzahl an Photovoltaikmodulen ein Plus-Energie-Gebäude.

Forschungs- und Kompetenzzentrum in Großschönau, „Linse und Halle"

Standort: **Großschönau** (Niederösterreich)

Planung: **2010/2011**

Ausführung: 2011

Mitarbeiter: **Thomas Stöckl, Debora Mugnaini, Mario Niescher**

3. Die ökologische Herausforderung — Auftrag der Gegenwart

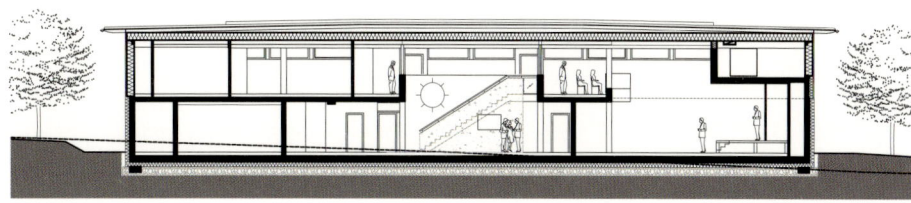

Längsschnitt durch das Gebäude mit der zweigeschoßigen Eingangshalle im Zentrum der Linse

Das Forschungszentrum „Haus des Lebens und Bauens" beinhaltet die Verwaltung, das Schulungs- und Ausbildungszentrum sowie Seminar- und Präsentationsräume. In einem zweiten, eigenen Baukörper, der durch einen Laubengang mit der „Linse" verbunden ist, befindet sich eine Ausstellungshalle. Die gesamte Planungs- bzw. Bauaufgabe wurde in zwei Baukörper — bestehend aus einem schiffsförmigen Veranstaltungs- und Kompetenzzentrum sowie einem rechteckigen Ausstellungshallengebäude — aufgelöst, um den Maßstab des Ortes nicht zu sprengen. Die Ausrichtung der beiden Baukörper zueinander schafft eine Hofsituation mit dem sogenannten „Sonnenplatz" samt Sonnenuhr. Sonnenuhr und Mittelachse der Linse werden in einer Linie eingenordet, während die Ausstellungshalle in einem freien Winkel zur Linse steht.

Angestrebt wurde zweierlei: Zum einen sollte eine kompakte Gebäudeform mit zentraler, lichtdurchfluteter Mitte und guter Orientierbarkeit entstehen, die ein geborgenes Raumgefühl vermittelt. Zum anderen sollte eine exakte bzw. optimierte Ausrichtung nach Süden mit einer möglichst großen Längsfront zur Sonne erreicht werden. Dies führte für den Entwurfsansatz zu einem linsenförmigen Baukörper mit großem, zweigeschoßigem Luftraum. Die geschwungene Form des Baukörpers findet aber ebenso im Äußeren ihren Sinn: Für den Ankommenden weist die Baukörperform den Weg zur Einfahrt. Im Bereich des Vorplatzes bilden Linse, Bindeglied und Halle gemein-

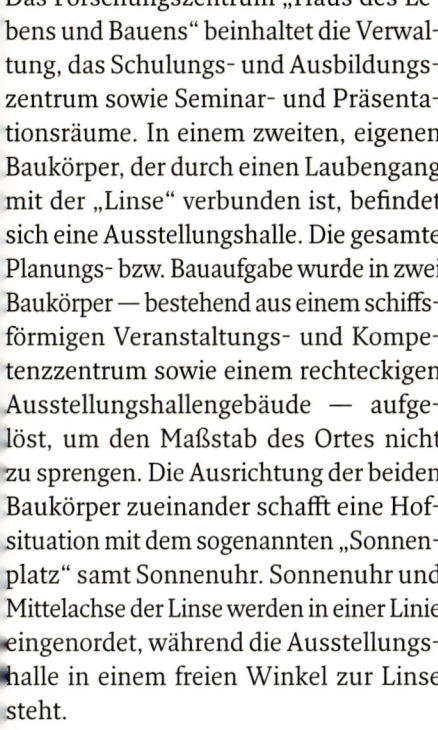

„Linse" und „Halle" bilden gemeinsam einen Hof.

Linse und Halle, dargestellt als 3D Renderings

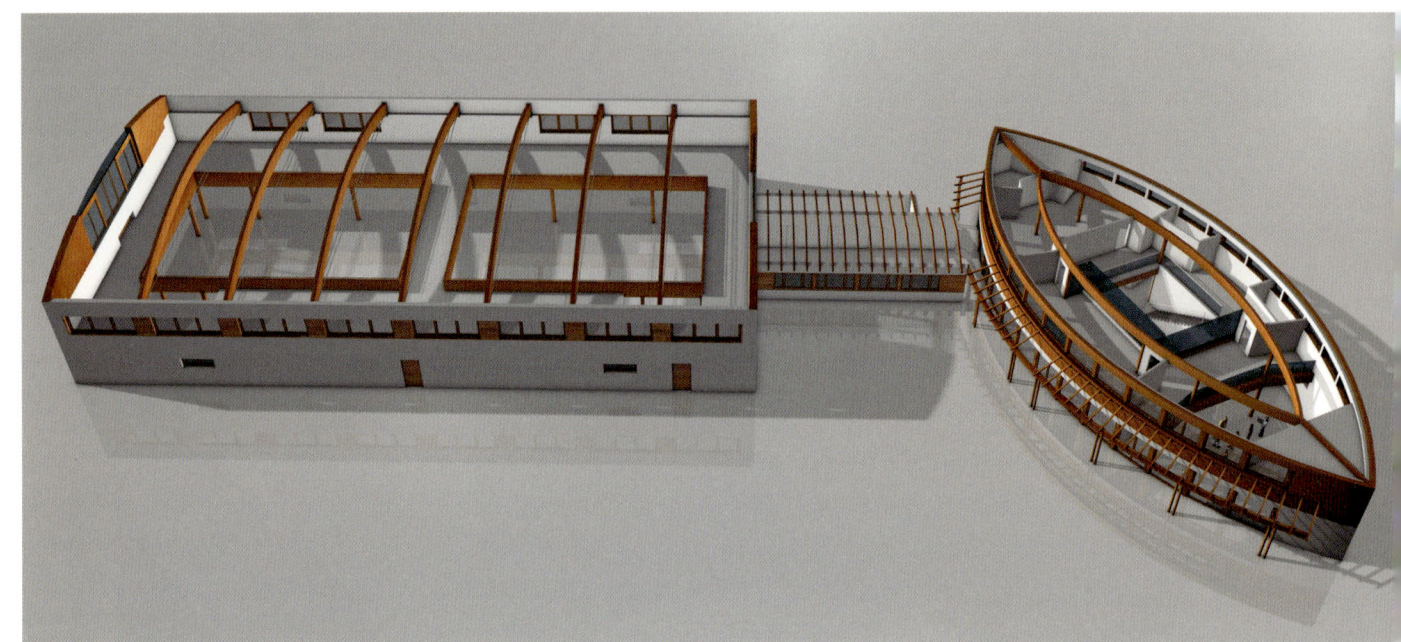

3. Die ökologische Herausforderung — Auftrag der Gegenwart

Kompetenzzentrum Großschönau. Das Forschungszentrum „Haus des Lebens und Bauens"

sam einen Hof. Die Linse — Symbol für die Fokussierung des Lichtes — ist nach Süden weitgehend aufgeglast und dient als großflächiger Sonnenkollektor, welcher Licht und Wärme ins Innere weitergibt. Weit ausladende Vordächer beschatten in den Sommermonaten sowohl das Obergeschoß als auch das Erdgeschoß. Die „Linse" verfügt über ein Erdgeschoß und ein erstes Obergeschoß. Das Zentrum wird durch einen zweigeschoßigen Luftraum geformt, welcher eine klare geometrische Mitte bildet und für eine leichte Orientierung im Gebäude sorgt. In diesem Zentrum befinden sich eine offene, einläufige Treppe und ein Informationspult mit Rezeption.

Das Erdgeschoß samt Zwischendecke wurde in Massivbau-Passivhausbauweise

hergestellt. Im Obergeschoß löst sich das linsenförmige Gebäude in Holz und Glas ebenso in Passivhaus-Bauweise auf, wobei die geschwungene Südfront, wie im Erdgeschoß, fast ausschließlich aus Fensterflächen besteht, während die geschwungene Nordseite über niedrigere, bänderförmige Oberlichter verfügt.

Das Dach des Laubenganges an der Südfront der Linse schafft erstens einen witterungsgeschützten Zugang zum Gebäude, zweitens bietet es einen Sonnenschutz für die hochstehende Sommersonne. Drittens schließlich wird das geneigte Dach als Trägerfläche von Photovoltaikmodulen genutzt. Um zu einem Plus-Energie-Haus zu gelangen, wurde zusätzlich auf dem Dach der Halle eine PV-Anlage installiert.

Der größere der beiden Baukörper, „die Halle", wurde als Ausstellungshalle zur geschichtlichen Entwicklung der Bautechnik konzipiert und ist mit stahlunterspannten Holzbindern ausgeführt.

Ausstellungshalle mit PV-Anlage und Fassadenbegrünung (Umsetzung innerhalb Forschungsprojektes GrünAktiv Fassade)

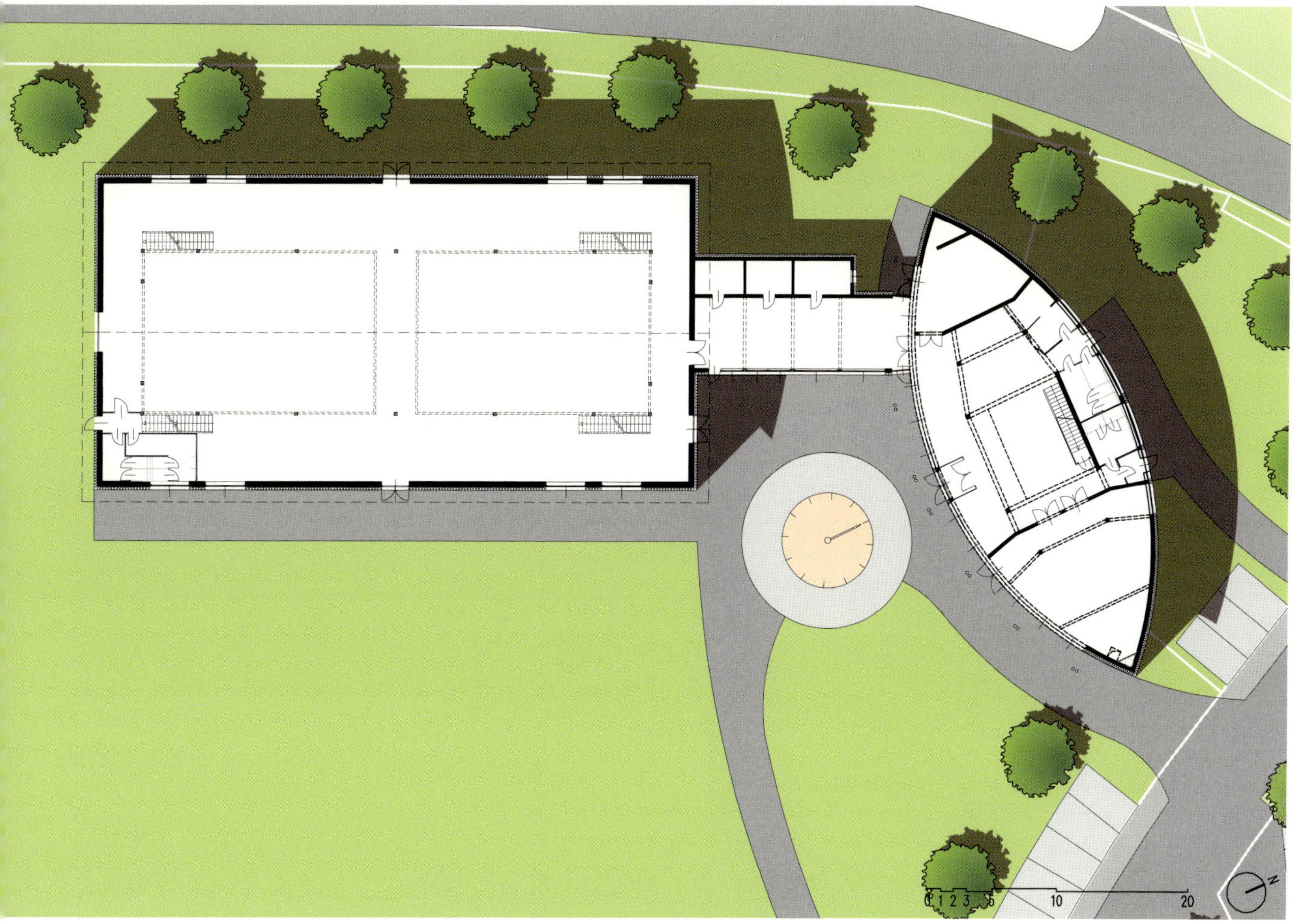

Brückenbauwerk Malta

Ein spektakulärer Brückenbaukörper in Holzbauweise als Ausstellungsraum

Das Brückenbauwerk dient als Ausstellungsraum und verbindet den Parkplatz mit dem bestehenden, zylinderförmigen Baukörper.

Revitalisierung des Berghotels Malta samt Ausstellungsgebäude in Holz

Standort: **Malta** (Kärnten)

Planung: **Frühjahr 2009**

Ausführung: Oktober 2009–August 2010

Mitarbeiter: **Thomas Freunschlag, Bernd Zerza, Johannes Pinter,**

Lackner & Raml ZT GmbH (Tragwerksplaner)

3. Die ökologische Herausforderung — Auftrag der Gegenwart

Schon von weitem sticht die markante Zylinderform des Berghotels Malta Besuchern der Staumauer und des Kärntner Nationalparks ins Auge. Das Gebäude wurde im Jahr 1973 auf 1.933 Meter Seehöhe als Unterkunft für die Arbeiter des Staudammes errichtet und später zu einem einfachen Berghotel adaptiert. 2009 wurde es generalsaniert und durch ein Ausstellungs-Brückenbauwerk aus Holz erweitert. Bauherr war der Verbund, Österreichs führendes Stromunternehmen und einer der größten Stromerzeuger aus Wasserkraft in Europa.

Für das umfassende Projekt wurde ein geladener Architekten-Wettbewerb ausgeschrieben. Die Lösung besteht aus einem Brückenbau aus Holz, in dem gleichzeitig eine Ausstellung untergebracht ist. Gleichzeitig wurde das bestehende Berghotel Malta generalsaniert und erweitert, die Fassade des zylinderförmigen Hauptbaukörpers und der bestehenden Zubauten wurden thermisch und gestalterisch saniert sowie die Zimmergestaltung und die Hoteleinrichtung neu adaptiert. Eine große Aussichtsterrasse wertet den Umbau zusätzlich auf.

Zum Verständnis des Projektes ist festzuhalten, dass die ursprüngliche Absicht der Bauherrschaft darin bestand, ein neues Ausstellungsgebäude auf Ebene des Parkplatzes — also etwa fünf Geschoße tiefer als der bestehende Turmbaukörper — zu errichten. Der Auslober des Wettbewerbes gab jedoch zu bedenken, das Hotel leide darunter, dass viele Besucher „gar nicht hinauffinden" würden, sondern

eher zu den hinter dem Stausee liegenden Almhütten abwanderten. Dies lieferte den Schlüssel zur Lösung, und es wurde ein Ausstellungsgebäude innerhalb eines Brückenbaukörpers konzeptioniert, welcher vom Parkplatz aus erschlossen wird, in seiner baulichen Ausformung jedoch über die Malta-Hochalmstraße direkt in die Basis des zylinder-

förmigen Hotel- und Restaurantbaukörpers führt. Die Erschließung des neuen Gesamtprojektes erfolgt sowohl fließend über eine Treppenanlage im Inneren des Brückenbaukörpers als auch durch einen Lift, welcher für die barrierefreie Erreichbarkeit des zentralen Ausstellungsraumes sorgt. Durch das Heranrücken dieses Brückenbaukörpers unmittelbar an den

Der zylinderförmige Altbestand wurde thermisch und optisch saniert und mit Schieferplatten verkleidet.

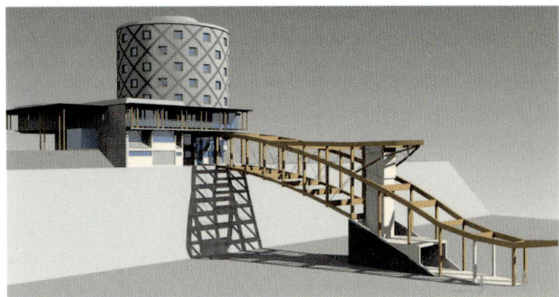

Der Brückenbaukörper wurde als Holzfachwerkbau konzipiert und ausgeführt.

Foto des Altbestandes vor Errichtung des Brückenbaukörpers.

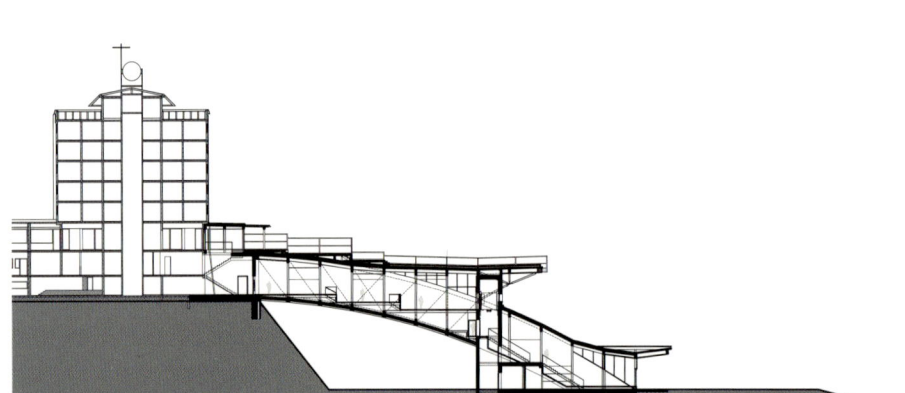

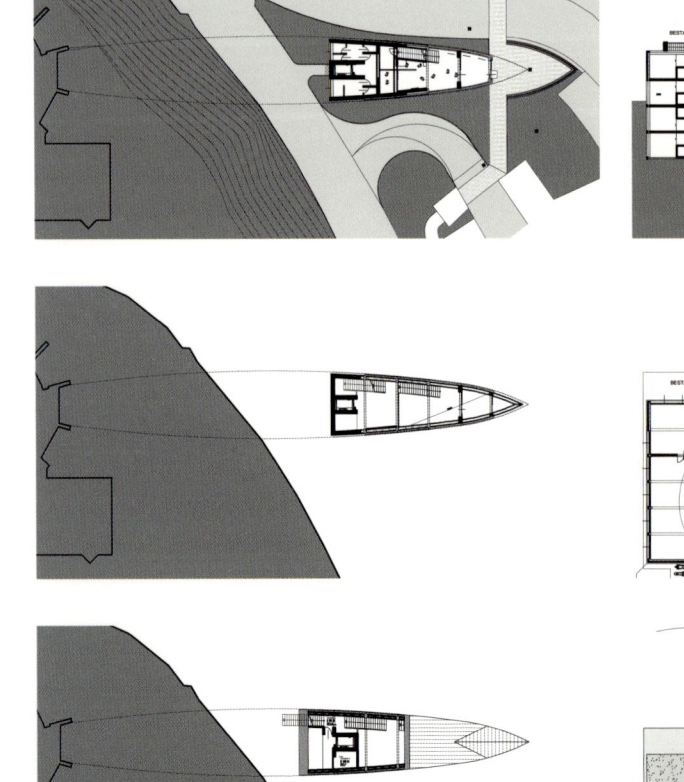

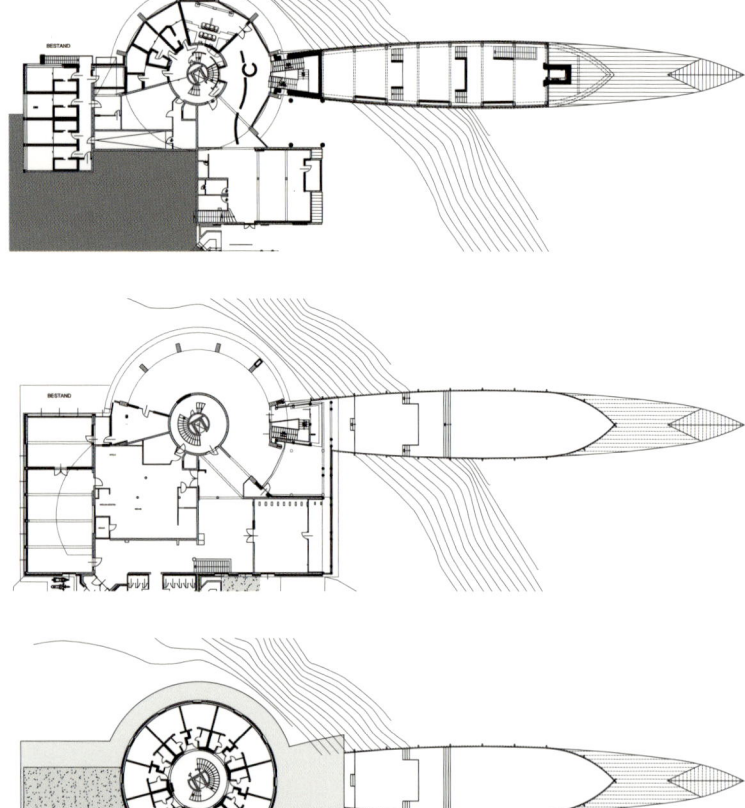

3. Die ökologische Herausforderung — Auftrag der Gegenwart

Brückenbauwerk Malta. Ein spektakulärer Brückenbaukörper in Holzbauweise als Ausstellungsraum

Altbestand ist es möglich, die gesamte — schiffsförmige — Dachfläche des Ausstellungsgebäudes als große Aussichtsterrasse zu nutzen.

Das Brückenbauwerk ist als konstruktiver Holzfachwerkbau konzipiert. Windgeschwindigkeiten bis zu 200 km/h, Schneelasten von 1.100 kg/m² und eine freie Spannweite von ca. 40 m waren die zu bewältigende Herausforderung. Die Dimensionen der Ober- und Untergurte aus schichtverleimtem Holz sowie der Diagonalverbände aus Stahl wurden im Laufe der Berechnungen mehrfach erhöht, vor allem, um den Sicherheitsanforderungen im Hinblick auf die extremen Windgeschwindigkeiten gerecht zu werden. Sämtliche Holzbauteile und andere Materialien gelangten über die

Malta-Hochalmstraße mit ihren engen und niedrigen Tunneln auf 1.933 Meter Seehöhe. Aus diesem Grund waren die Möglichkeiten der Vorfertigung begrenzt, und die einzelnen Gebäudeteile mussten vor Ort zusammengebaut werden. Der verbindende Baukörper von Parkplatz und Hotel präsentiert sich in der Seitenansicht als geschwungene Brücke, deren glatte Metall- bzw. Glasfassaden-Oberfläche an fließendes Wasser erinnern soll. Die Ausrichtung des Brückenbauwerks weist in Richtung Staumauer bzw. Speichersee und ist gleichzeitig parallel zum bestehenden Nebenbaukörper ausgerichtet.

Wesentlicher Teil der gesamten Planung und Bauausführung war eine komplette thermische und optische Sanierung

des Altbestandes. Für die Neugestaltung des Hotelturms wurden mehrere Varianten untersucht. Im Wettbewerbsprojekt waren zusätzlich zu den schrägen Fensterleibungen, welche die Fenstergrößen harmonisieren, als Gestaltungselement diagonale Fassadenbänder vorgesehen. Nach Fortschreiten des Planungsprozesses wurde schließlich die Variante mit Natur-Schieferplatten und schrägen Fensterleibungen aus hellem Metall ausgeführt. Dieses Gestaltungsmittel wurde letztlich in seiner zurückhaltenderen Formensprache als die für den Ort angemessenere Lösung angesehen. Die gezielt eingesetzten schrägen Fensterleibungen ordnen die unregelmäßig in der Fassade liegenden quadratischen Fenster und schaffen so ein ruhiges Gesamtbild.

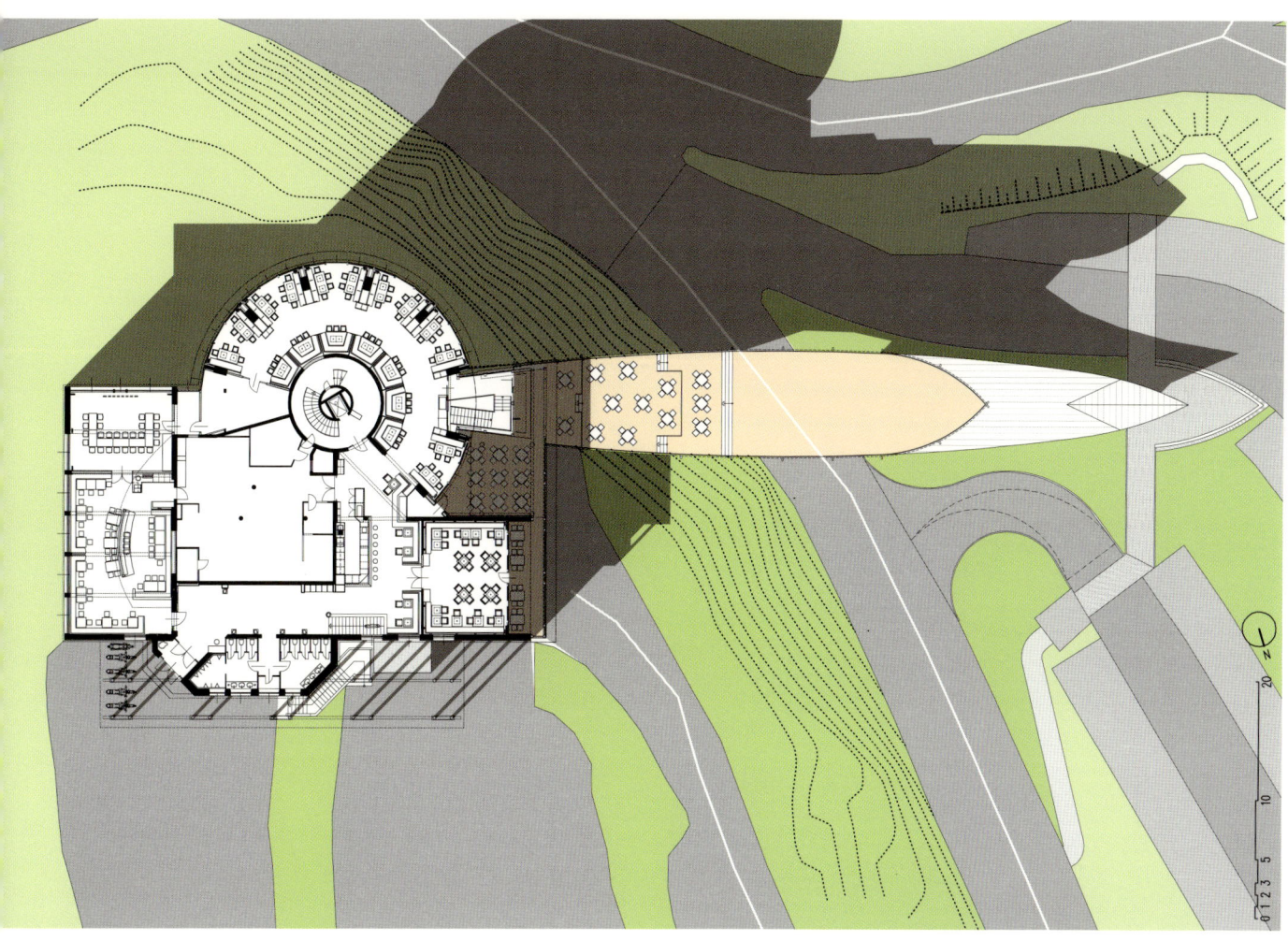

Die große, schiffsförmige Terrasse bietet einen herrlichen Blick auf den Speichersee. Der rückwärtige Teil der Terrasse wurde mit einer Holzkonstruktion überdacht.

3. Die ökologische Herausforderung — Auftrag der Gegenwart

Brückenbauwerk Malta. Ein spektakulärer Brückenbaukörper in Holzbauweise als Ausstellungsraum

Die mit den Schieferplatten verkleidete Fassade ist äußerst witterungsbeständig und verursacht im Sonnenschein Lichtreflexe, die die Rundform des Gebäudes hervorheben. Im Licht changiert die Fassade von Hellgrau bis Anthrazit. Die übrigen Bereiche des Altbestandes sowie der gesamte Brückenbaukörper erhielten eine Stahlblechfassade in hellen und dunklen Grautönen. Fassadenteile, welche nicht so stark der Witterung ausgesetzt sind, wie Vordachkonstruktionen, neue Dachuntersichten und dergleichen, erscheinen im Baustoff Holz. Gemeinsam mit Glas und Stahl prägt das natürliche Material das neue Erscheinungsbild. Vordachflächen aus Brettsperrholzplatten schaffen gemeinsam mit den tragenden Säulen aus verleimten Lärchenrundhölzern das gewünschte Ambiente auf der Terrasse und im Eingangsbereich.

Im Brückenbau befindet sich die Ausstellung „Verbund-Energiewelt Malta". Sie führt vom Parkplatz über mehrere Geschoße bis zum Shop im ersten Untergeschoß des Hotelbaus und kann von beiden Seiten aus betreten werden. Die Ausstellung soll Strom interaktiv begreifbar machen. An der Südfront des Brückenbaukörpers ist eine Photovoltaikanlage integriert, welche gleichzeitig im Inneren in semitransparenter Ausführung als Teil der Ausstellung fungiert. Diverse interaktive Stationen, ein Wasserfall und eine Kletterwand komplettieren die umfassende Erlebnisausstellung.

Sowohl die Zimmer als auch das Restaurant des Berghotels Malta wurden vollkommen erneuert.

3. Die ökologische Herausforderung — Auftrag der Gegenwart

Brückenbauwerk Malta. Ein spektakulärer Brückenbaukörper in Holzbauweise als Ausstellungsraum

„Der wahre Ausdruck des Körper-Geistes ist dieses Feld von Intelligenz,
das jede Zelle durchdringt, das jede Tätigkeit auf alle anderen Prozesse abstimmt,
und das dies unterhalb der Schwelle unserer bewussten Wahrnehmung vollzieht.
Wissenschaftler bezeichnen diese Fähigkeit des Körper-Geistes als unendliche
Korrelation. Da die meisten von uns keine Wissenschaftler sind, können
wir diese Eigenschaften des Körper-Geistes allwissend, allgegenwärtig und
allmächtig nennen.“ [1]

Deepak Chopra

4. Feinstoffliche Aspekte — das Thema der Zukunft

Mehr Spiritualität

Im dritten Kapitel dieses Buches wurden die wichtigsten Kernthemen des gegenwärtigen Bauens beschrieben und Möglichkeiten einer stärkeren Ökologisierung durch Solararchitektur, Baubiologie und den vermehrten Einsatz des Baustoffes Holz dargestellt. Die darin aufgestellten Forderungen werden zwischenzeitlich von einer großen Anzahl von Menschen und Medien mitgetragen. Es handelt sich um Themen, die seit den achtziger Jahren des vergangenen Jahrhunderts diskutiert und zunehmend umgesetzt werden.

Im vierten und letzten Abschnitt wollen wir den Versuch wagen, jene Aspekte des Bauens zu nennen und zu beschreiben, welche für eine gedeihliche zukünftige Entwicklung eine wesentlich stärkere Rolle spielen könnten als derzeit. Wenn wir sie zu einem größeren Gemeinsamen zusammenführen wollen, so finden wir den gemeinsamen Nenner am ehesten im Begriff der „Feinstofflichkeit“ bzw. im „Spannungsfeld von Geist und Materie“. Natürlich sind auch diese Aspekte Teil der Gegenwart. Aber der Prozentsatz an Menschen in unserer Gesellschaft, der sich damit beschäftigt, ist noch relativ klein, und entsprechend gering sind die Auswirkungen auf die gebaute Umwelt.

Mit dem übergeordneten Thema der Feinstofflichkeit dringen wir teilweise in den Bereich der „Grenzwissenschaften“ ein, also in Wissenschaftsdisziplinen, deren Anerkennung sich noch nicht allgemein durchgesetzt hat. Aber dieses Phänomen ist nicht neu, und die Feststellung: „Die Wissenschaft von heute ist der Irrtum von

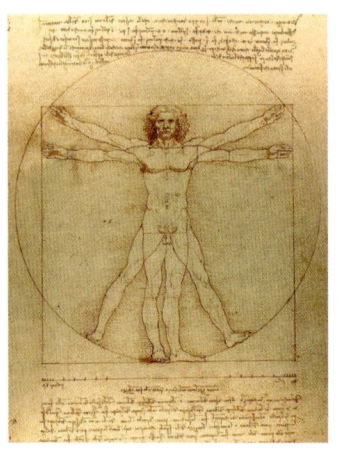

Der vitruvianische Mensch
von Leonardo da Vinci in der
„Quadratur des Kreises“

morgen", trifft auf unzählige Aussagen der Vergangenheit zu, die einmal als gesichert gegolten haben. Dass die Erde eine Scheibe sei, ist nur eine von vielen dieser Irrtümer, und auch wenn vor fünfhundert Jahren nahezu alle Menschen daran glaubten, ist diese Aussage, wie wir heute wissen, trotzdem falsch.

Mit der Jahrtausendwende ist das Weltbild vieler Menschen einem starken Wandel ausgesetzt. *„Es gibt kaum einen wissenschaftlichen Paradigmenwechsel, der unser Bild vom Menschen und vom Universum derart nachhaltig verändert hat, wie die Quantenphysik. Das Newton-Zeitalter liegt hinter uns, und damit die linearen Prinzipien von Ursache und Wirkung sowie die herkömmlichen Modelle der Wirklichkeitsstruktur. Der entscheidende Unterschied zur traditionellen Physik ist dabei die Begrifflichkeit von Materie, Energie und Einfluss. Materie ist kein unveränderlicher Stoff. Sie wird geformt und verändert durch Bewusstsein und Geist, durch Energien also, die nicht zu den physikalisch messbaren Einflüssen wie Wärme, Licht oder Beschleunigung, gehören."* [2]

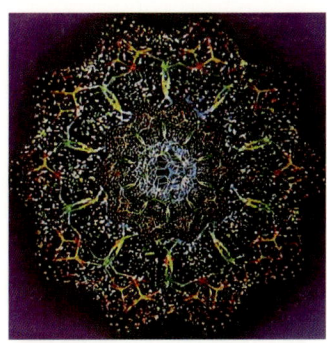

Querschnitt der Doppelhelix der DNA

So wollen wir uns zunächst in diesem letzten Kapitel des Buches mit dem Axiom beschäftigen, dass es Geist und eine geistige Welt gibt. Geist und Geisteshaltung manifestieren sich laut den universell geltenden Gesetzen in der Materie und somit auch in der Architektur. Deren Formen wirken wiederum zurück auf Geist und Seele der Menschen.

Aufgrund der vielfachen Zusammenarbeit mit Geomanten und Feng-Shui-Beratern innerhalb der letzten fünfundzwanzig Jahre scheint uns ein kurzer Exkurs zu diesem Thema geboten — zumal auch die Phänomene, mit denen sich diese Experten beschäftigen, nur durch die Existenz einer geistigen Welt oder zumindest physikalischer, feinstofflicher Felder erklärt werden können. Wir denken auch, dass das Erspüren von feinen Energien für das Bauen und das Wohlbefinden der Menschen von Bedeutung ist, wenngleich ganz offensichtlich sowohl die Geomantie als auch das Feng Shui derzeit noch weit davon entfernt sind, objektiv messbare Ergebnisse auf breiter Basis zu liefern.

Die Spiralform der Nautilus ist sowohl für die Bionik als auch für die heilige Geometrie von Bedeutung.

Weiters wollen wir uns mit dem weiblichen Element in der Architektur auseinandersetzen, dessen Stärkung uns dringend geboten erscheint. Danach werden mit der „heiligen Geometrie" und der „Bionik" sowie mit dem Vergleich von Baukörper und Wesenheit weitere Themen angesprochen, welche die schrittweise Verschmelzung von Architektur und Natur ermöglichen können. Schließlich wird das „heiße Eisen" der „freien Energie" behandelt, welches möglicherweise in absehbarer Zeit tatsächlich nicht nur das Leben auf der Erde im Allgemeinen, sondern auch die Architektur im Speziellen revolutionieren könnte.

Als „Bautypen" werden diesem letzten Kapitel Bauten zur Erholung, insbesondere Wellnesshotels, zugeordnet. Hier geht es um Orte zum Verweilen bzw. um Orte, die dazu geeignet sein sollten, den Menschen den angemessenen Rahmen für Entspannung, Besinnlichkeit, Muße, Regeneration und Meditation zu bieten.

Geist und Geisteshaltung manifestieren sich laut den universell geltenden Gesetzen in der Materie und somit auch in der Architektur. Deren Formen wirken wiederum zurück auf Geist und Seele der Menschen.

„Es gibt keine Materie an sich. Jede Materie existiert nur vermögens einer Kraft, welche die Teilchen eines Atoms in Schwingung versetzt [...]. Wir müssen hinter dieser Kraft die Existenz eines bewussten und intelligenten Geistes annehmen." [3]
Max Planck

Geist und Materie —
Wahrheit und Weltbild

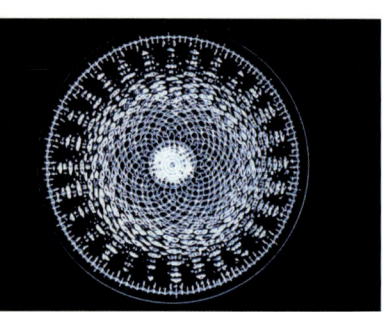

Wasserklangbilder, wie sie E. Cladni, E. Jenny oder A. Lauterwasser geschaffen haben, zeigen eindrucksvoll, wie schwingende Felder Materie formen.

Seitdem Rupert Sheldrake uns in seinen Büchern durch eine Fülle von Experimenten das Vorhandensein sogenannter morphischer und morphogenetischer Felder nähergebracht hat, ist auch für „wissenschaftlich ausgerichtete" Menschen die Vorstellung einer Existenz von Geist, welcher „über" der Materie steht, plausibler geworden. Wenn wir in unserer Auseinandersetzung mit diesem „Mysterium" weitergehen, gelangen wir zu einem universellen Informationsfeld, einem das ganze Universum durchdringenden Geist, den die alten Rhisis in Indien *Akasha* nannten. In der Alchemie des Abendlandes hieß er *Äther*, bis er von der klassischen Physik abgeschafft wurde. Mittlerweile wird er von der Quantenphysik als universelles Feld wieder akzeptiert. Unter diesem Gesichtspunkt wird unser Denken und Handeln auf der Welt noch bedeutungsvoller, vor allem, da wir davon ausgehen können, dass unsere Denkweisen und Handlungen diesen Bewusstseinspool verändern können. Seit die Existenz von Geist nicht nur in allen Religionen dieser Welt und innerhalb neuer spiritueller Bewegungen als selbstverständlich angesehen wird und selbst von der Quantenphysik letztlich sogar mindestens so real wie die Materie an sich eingeschätzt wird, darf über dieses Mysterium wieder gesprochen und geschrieben werden.

Das nach der Durchführung unterschiedlicher wissenschaftlicher Experimente der letzten Jahrzehnte aufgestellte Axiom, dass Geist und mit ihm eine geistige Welt existiert, eröffnet unserer Generation die Chance, die „Ersatzreligion" des Materialismus zu überwinden.

Und wollen wir die Architektur wie auch unsere Umwelt verbessern, so sollten wir vor allem die Gründe, insbesondere die Hintergründe, für den derzeitigen Zustand unserer Welt verstehen. Eine wichtige Voraussetzung dafür ist, Klarheit in unserem Geist zu schaffen. Zu diesem Zweck ist es zunächst notwendig, wichtige Grundprinzipien zu kennen und zu verstehen, dass es fundamentale Unterschiede zwischen dem persönlichen Weltbild, der Wirklichkeit und der Wahrheit gibt.

Wir möchten nochmals auf die am Beginn dieses Buches genannten Verwirrungen unserer Gesellschaft hinweisen und gleichzeitig zeigen, dass es möglich ist, diese zu entwirren.

Laut dem Mathematiker, Weisheitslehrer und Anthroposophen Axel Burkart können wir Wahrheit von Illusion und Irrtum nur unterscheiden, wenn wir, wie in der konkreten Wissenschaft, mit folgenden drei Instrumenten arbeiten:
1. der exakten Betrachtung,
2. der exakten Logik und
3. dem Experiment.

„Der erste Teil betrifft unsere ‚Wahrnehmung'. Wissenschaft ist nur erfolgreich, wenn unsere Beobachtung auch korrekt ist. Eine falsche Wahrnehmung führt zu unwissen-

Die Spiralform tritt in allen Ebenen der Schöpfung auf.

4. Feinstoffliche Aspekte — das Thema der Zukunft

schaftlichen Ergebnissen. *Der zweite und wesentliche Teil betrifft eben das Wie des Denkens, die korrekte Form des Denkens, die Logik. [...] Logik bedeutet korrektes, klares, sachliches Denken und ist der Schlüssel zur Wahrheit. Mit der Logik bilden wir Aussagen, Thesen und Theorien, die es dann zu überprüfen gilt. Innerhalb der Logik gibt es bereits die erste Ebene der Überprüfung, die logische Prüfung.*

[...] In der Naturwissenschaft ist das Instrument für diese Überprüfung das Experiment. Und das ist es, was wir normalerweise mit ‚beweisen‘ meinen. Jedoch wissen wir, dass es in der Mathematik keine Experimente gibt, sondern nur logische Beweise, was uns auch zeigt, dass die Mathematik eine Geisteswissenschaft ist.

Wenn wir nun diese Definition genauer betrachten, dann erkennen wir, was Wissenschaft ist: Wissenschaft ist eine gesetzmäßige Methodik unseres Geistes. Diese Methode dient dazu, systematisch zweifelsfrei die Wahrheit zu finden und somit Wissen zu gewinnen. Mit der Methode der Wissenschaft erhebt sich der menschliche Geist über den Glauben, weil er die Wahrheit in sich selber und aus sich selber gewinnen kann. Die Wissenschaft erst macht den Menschen frei.“ [4]

Auf der Ebene der Architektur entspricht diese Geisteshaltung dem in der Einleitung geforderten *„Bauen des Alltages mit Anstand und Würde“* (Paul Schmitthenner), oder auch jener der renommierten Architekten Gerkan, Marg und Partner: *„Unsere Architekturtheorie verpflichtet sich der Einfachheit, dem Sinnfälligen, dem Natürlichen, dem Dauerhaften. Für uns ist die Balance zwischen der Einheit des Ganzen und der Vielfalt des Einzelnen eine Grundfeste aller Gestaltungsabsichten. So wie menschliches Denken und konzeptionelles Arbeiten logischen Ordnungsprinzipien folgt, verstehen wir die strukturelle Ordnung in der Architektur als eine Grammatik unserer Gestaltsprache.“* [5]

Sowohl im täglichen Baugeschehen als auch in der Lehre vermissen wir allerdings diese klare Haltung. Um zu verstehen, warum die heutige Architektur nur selten von dieser Haltung bestimmt ist, sei auf die ihr konträre Geisteshaltung hingewiesen, welche seit vielen Jahrzehnten das Kulturschaffen beeinflusst und ihren Ursprung im „dadaistischen Manifest“ von Tristan Tzara aus dem Jahr 1920 hat:

„[...] Dada; Vernichtung der Logik, Tanz der Ohnmächtigen der Schöpfung: [...] Ich bin gegen die Handlung; für den fortgesetzten Widerspruch, für die Bejahung und bin weder für noch gegen und erkläre nicht, denn ich hasse den gesunden Menschenverstand. [...] Logik ist Komplikation. Logik ist immer falsch [...] Mit der Logik vermählt würde die Kunst im Inzest leben, würde ihren eigenen Schwanz, immer ihren Körper verschlucken.“ [6]

Wie schon im Buch „Architektur und Zeitgeist“ dargestellt wurde, sind die geistigen Parallelen von verschiedenen Richtungen der zeitgenössischen Architektur — vor allem jene des Dekonstruktivismus zum Dadaismus — unübersehbar. Ja, sie sind geradezu vom gleichen Geist gelenkt, auch wenn ihre Äußerungen Jahrzehnte später getroffen wurden.

Helmut Richter etwa proklamierte: *„Erklärungen in der Architektur haben nichts mit einer logischen Aussage zu tun.“* [7]

Und Wolf Prix vertrat die Ansicht: *„Um Komplexität in der Architektur zu erreichen, muss man etliche Dinge loswerden: erstens muss man architektonische, historische Gesetze loswerden, zweitens muss man aufhören, über die Bauherren nachzudenken, drittens muss man aufhören, zu viel über das Geld nachzudenken, das man verdient, und letztlich muss man aufhören, über die Kosten nachzudenken.“* [8]

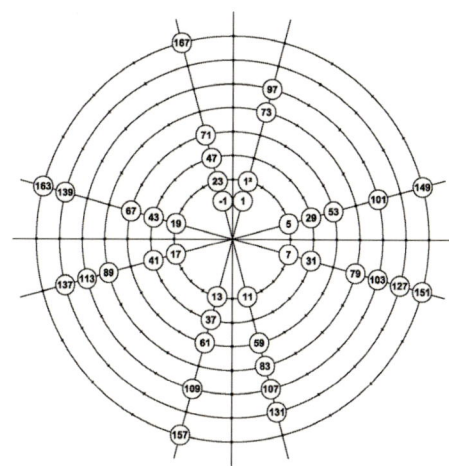

Das Primzahlenkreuz (nach Peter Plichter) zeigt, dass selbst die Primzahlen einer strengen Ordnung unterworfen sind.

Der größte bislang erschienene Kornkreis von außergewöhnlicher Komplexität hatte einen Durchmesser von ca. 360 Metern und bestand aus 410 Einzelkreisen.

Solche Aussagen sind für junge Menschen in den prägenden Jahren des Architekturstudiums eine schwere, für die meisten eine unverdauliche geistige Kost. Vielen Architekturstudenten wurde möglicherweise durch derartige Informationen die Basis für eine solide schöpferische Tätigkeit entzogen. Die Folgen einer ständigen Verunsicherung ausgebildeter Fachleute haben sie selbst zu tragen, darüber hinaus bekommt sie aber die gesamte Gesellschaft zu spüren.

Viele Menschen sind vom äußeren Schein der Dinge geblendet. Autokonzerne, Banken und Entscheidungsträger öffentlicher Bauten lassen sich von der Faszination harter Kuben einerseits und von der Originalität der Dekonstruktivisten andererseits verführen, wie auch Meinhard von Gerkan feststellt: *„Diese Heilslehre hat viele Apologeten, Jünger, Kopierer und Mitläufer gefunden. Alle diese Zerstörmanöver der tradierten Baukunst sieht man weltweit, einige wenige als authentische Werke einer avantgardistischen Rebellionsarchitektur, in einer dominierenden Überzahl jedoch als verkitschte Clowns oder Baukrüppel.“* [9] Aber die Abstürze der Fehlgeleiteten sind nun nicht mehr wegzuleugnen: Nur zehn Jahre nach Fertigstellung des prominentesten Bauwerkes dieser Art in Kärnten, der Hypo Alpe-Adria-Bank in Klagenfurt, wirkt der bauliche Ausdruck in seiner symbolischen Kraft wie eine sich selbsterfüllende Prophezeiung. Damals lobte die Tagespresse die neue Hypo-Zentrale — welche den Anschein erweckt, als seien Bauklötze vom Himmel gefallen und lägen nun an der Osteinfahrt Klagenfurts kreuz und quer herum — als den längst ersehnten Einzug der „Weltarchitektur“ in die Landeshauptstadt. Um keine Unsicherheiten über die Sinnhaftigkeit solch ungewöhnlicher Formen aufkommen zu lassen, wurden in den Medien die Worte des Juryvorsitzenden zitiert, dass dieses Bauwerk „ [...] *in seiner architektonischen Qualität und Komplexität hierzulande unantastbar“* sei. Aber zerstört nicht seit vielen Jahren die neue *„Weltarchitektur“* gewachsene Baukultur in nahezu allen Teilen unseres Landes, wie auch die vieler anderer Länder?

Durch die Kultivierung des Chaos im Dekonstruktivismus wird der Menschheit nicht nur ein enormer finanzieller Mehraufwand abverlangt, es wird auch ein Störungsprozess innerhalb der notwendigen Suche nach Ruhe und Ausgewogenheit eingeleitet. Man könnte diesen Architektur-Extremismus als Aufzeigen der Symptome allgemeiner Irritation und der irrationalen Sehnsucht nach dem Weltuntergang verstehen und aus Distanz belächeln, wären da nicht so viele, welche solche *„Vorbilder“*, denen man bei aller Verrücktheit Witz und Originalität nicht absprechen kann, in die Bauaufgabe des Alltags transportieren. Wehe aber einer solchen Architektur, wenn sie kommerzialisiert und ohne Detailgenauigkeit produziert wird.

Heute steht die Bank vor den Trümmern der Misswirtschaft ihrer Manager. Dabei hatte die Architektur längst alles verraten: Das Bankgebäude versinnbildlicht jedenfalls die Zerstörung. Es gibt keinen destruktiveren Stil in der Architektur als den Dekonstruktivismus. Architektur ist sichtbarer Ausdruck der Geisteshaltung.

Als Antwort auf die öffentliche Kultivierung des Chaos wird in vorliegender Publikation eine Neuordnung des Geistes gefordert. Neue Architektur bedarf eines klaren Geistes, eines Geistes, welcher das Streben nach Logik und Sinnhaftigkeit als Ideal anerkennt.

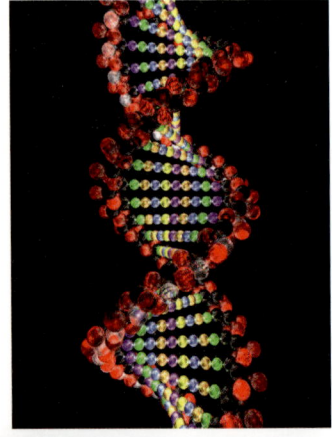

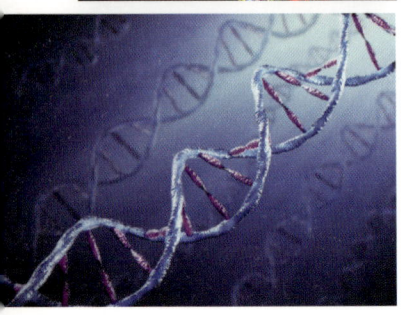

In der Natur herrscht Ordnung auf allen Ebenen der Schöpfung.

4. Feinstoffliche Aspekte — das Thema der Zukunft

Dem Bauen gehen die Arbeitsschritte des Zeichnens und Konstruierens voraus. Dem Zeichnen und Konstruieren gehen Intuition und Denken voraus. Intuition und Denken haben ihren Ursprung in der geistigen Welt.

K. O. Schmidt erläutert die Verbindung der geistigen Welt mit der materiellen Welt mit folgendem Sinnbild: *„Die Umwelt ist nur ein Spiegelbild der Innenwelt. Wenn aber das Gesicht der Welt der Sicht entspricht, aus der die Welt betrachtet wird, dann gipfelt alle Lebensweisheit in der Kunst, uns selbst in unserem Leben zum Ausdruck zu bringen, unsere Ideale selbstbewusst in unserem Leben zu verwirklichen und so die äußere Wirklichkeit von innen her zu idealisieren, ihr das Gesicht und Gewicht zu geben, das wir wünschen.“* [10]

Wir leben inmitten einer Zeit, in der ein gewaltiger Paradigmenwechsel stattfindet. Neue Weisheitslehrer entdecken uralte Geheimnisse, und trotz (oder wegen) der täglichen Zunahme an Informationen, die uns überhäufen, erreicht positives Wissen über weise und rechte Lebensführung immer mehr Menschen.

Hinter jedem Stil steht ein Geist. Jener, der den kühlen, harten Auswüchsen der Moderne entspricht, ist wohl der des Materialismus, der vielfach mit der Leugnung von Seele und Geist, einer Reduktion des Seins auf die Materie einhergeht, so wie sich auch die Wissenschaft auf den Glaubensgrundsatz bzw. auf das Axiom zurückgezogen hat, dass es nur Materie gebe und alle Geschöpfe dieser Welt quasi seelenlose Maschinen seien.

Wohin dieses beschränkte Weltbild die Menschheit brachte, wird uns täglich vor Augen geführt. Deshalb können weder der Geist der „Moderne" noch der Geist des „Dekonstruktivismus" die Grundlagen für ein neues Bauen bilden. An dieser Stelle wird klar, dass eine Erneuerung des allgemeinen Weltbildes dringend notwendig ist. Dieses erneuerte Weltbild muss wieder die Existenz einer geistigen Welt anerkennen, deren grundsätzliches Prinzip eine Ordnung ist, die nach den Vorstellungen der alten Griechen Schönheit, Wahrheit und Güte beinhaltet.

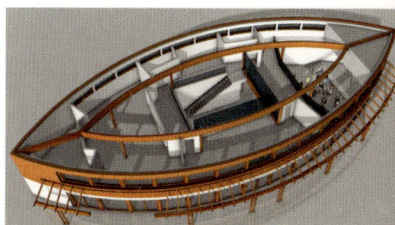

Die Linse stellt eine klassische Urform dar, welche sich auf mannigfaltige Weise in der belebten Natur wiederfindet, wie bei den Blättern und bei den Fischen.

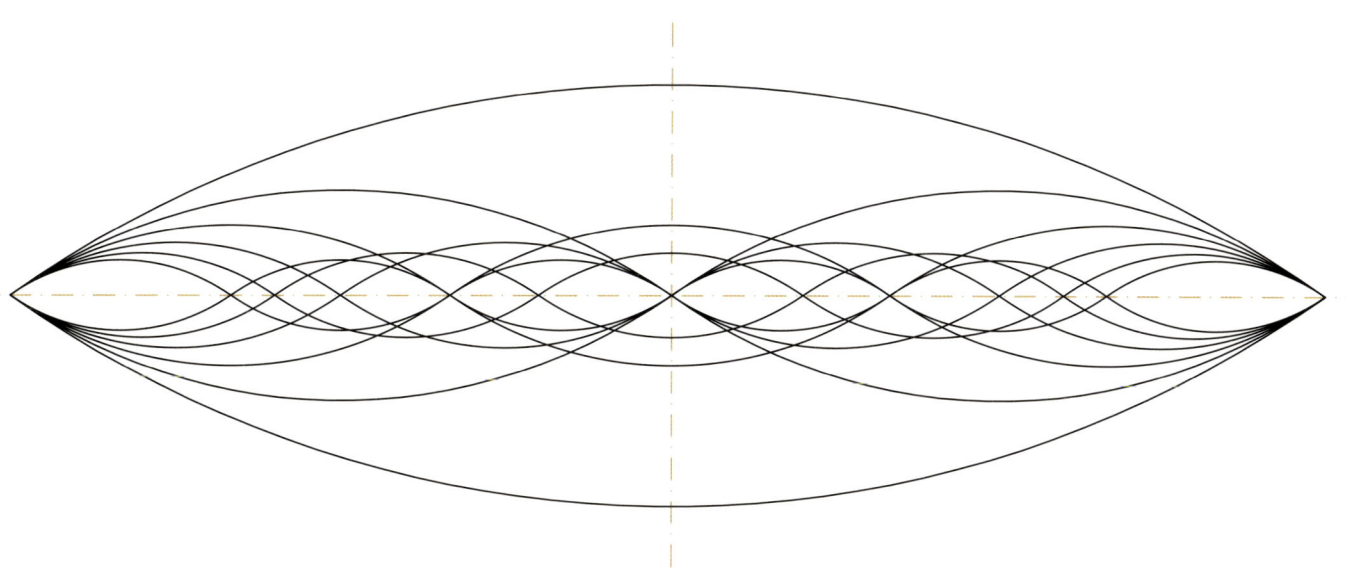

Die Ordnung der geistigen Welt bzw. im universellen Feld bestimmt auch die Musik und manifestiert sich in der Formenwelt der sichtbaren Materie. Darstellung von Grundton und Obertönen.

„Wir leben in einer Zeit des allgemeinen Erwachens für unsichtbare Dimensionen unserer Welt, welches zu einer Art ‚Wiederverzauberung unseres Lebensraumes' zu führen scheint. Anzeichen dafür bestehen nicht nur darin, dass ‚Erdstrahlen' und ‚Elektrosmog' zu allgemein geläufigen Begriffen geworden sind oder die Themen ‚Feng Shui', ‚Geomantie' und ‚feinstoffliche Umwelteinflüsse' Hochkonjunktur haben. Auch durch die Belebung des Brauchtums um heilige Stätten, um Orte also, die etwas Außergewöhnliches ausstrahlen und deren heilende Kräfte zu gewissen Zeiten besonders zur Wirkung gelangen sollen, wird dies offenkundig." [11]

Jörg Purner

Geomantie, Radioästhesie und Feng Shui

Von allen grenzwissenschaftlichen Themenbereichen, die für das heutige und für das künftige Bauen von Bedeutung sind, ist jener der östlichen und westlichen Geomantie der älteste und wohl bedeutsamste. Eine gut nachvollziehbare Erläuterung dieser Kunst gibt uns Prof. Erwin Frohmann: *„Raum und Mensch besitzen in Bezug auf ihre gemeinsame Entwicklung körperliche, seelische und geistige Qualitäten, die in ihrem Zusammenspiel die Vitalität des Lebens ausmachen. Dementsprechend sind Mensch und Raum von Bewusstsein und Seelenkraft erfüllt und stehen auf psychischer und physischer Ebene in ständiger Wechselwirkung miteinander. [...] In diesem Sinne beschäftigt sich die Kunst und Wissenschaft der Geomantie damit, die Vitalkraft und die Seelenhaftigkeit des Raumes sowie seine ästhetische Wirkung zu erkennen, zu interpretieren und deren Wechselwirkung mit uns Menschen zu begreifen."* [12]

Der Begriff *Geomantie* stammt aus dem Griechischen und bedeutet so viel wie Weissagung bzw. Wahrsagung über Erde oder Land. Sie galt im Mittelalter als heilige Wissenschaft. Mit ihrer Hilfe versuchte man gute Orte für Kultstätten, aber auch für Wohnbereiche zu erkennen.

Innerhalb der Wissensgebiete der Radiästhesie bzw. Geomantie macht sich also der Mensch auf die Suche nach Strahlungen bzw. schwachen Energien, welche sich der Messbarkeit durch die Wissenschaft derzeit noch entziehen. Laut Hartmut Lüdeling, Autor des „Handbuches der Radiästhesie", steht Geomantie in der heutigen Definition *„ ... [f]ür die Erforschung, Veränderung, Ausnutzung und Erfahrung von landschafts- und ortsabhängigen Schwingungen und feinenergetischen Wirkbeziehungen."* [13]

Nach derzeitiger Lehrmeinung der Geomanten wurden in früheren Zeiten Siedlungsplätze bewusst in Strahlungsfeldern angelegt, welche sich positiv auf die Gesundheit und das Gemüt von Menschen auswirkten, während bestimmte Gebiete für Besiedelungen tabu waren. Von den Etruskern und Römern ist überliefert, dass ihren Stadtgründungen langjährige, gründliche Untersuchungen vorausgingen, die von Auguren vorgenommen werden mussten. *„In vielen römischen Stadtgründungen ist auch heute noch — trotz erheblicher Veränderungen — nicht nur die alte Straßenplanung wiederzuerkennen, sondern auch genau zu erspüren, wo damals der Stadtmittelpunkt, die wichtigsten Kulturstätten und die besonders bevorzugten Wohnstätten gelegen haben."* [14]

Hartmut Lüdeling, Reinhard Schneider und viele andere Fachleute der Radiästhesie gehen davon aus, dass der Lituus, ein Krummstab, von den Auguren der Römer nicht nur als Zeichen ihrer Würde getragen wurde, sondern dass dieses „Gerät" auch einen Gebrauchsnutzen gehabt habe: er habe als Lokalisationsantenne ge-

Wünschelrutengänger,
Stich aus dem 18. Jahrhundert

4. Feinstoffliche Aspekte — das Thema der Zukunft

dient. Anders als aus der römischen Kultur, die viele schriftliche Zeugnisse über die Erfahrungswissenschaft der Geomantie für uns bereithält, sind aus dem Mittelalter hauptsächlich Legenden überliefert. Geomantie wurde in dieser Zeit als Geheimwissenschaft weniger Eingeweihter praktiziert, vor allem wenn es um die richtige Platzwahl für den Bau großer Kathedralen, aber auch einfacher Kirchen ging. Die Publikationen „Die Geheimnisse der Kathedrale von Chartres" von Louis Charpentier und „Radiästhesie — Ein Weg zum Licht?" von Jörg Purner mögen beispielhaft für die Werke stehen, die sich mit diesem Thema beschäftigen.

Jörg Purner

Geomanten gehen davon aus, dass der Mensch mit dem gesamten Universum in Verbindung steht, dass der menschliche Körper wie eine Satellitenschüssel alle möglichen Signale empfangen kann.

Die Vereinigung von geomantischem Wissen mit der Fähigkeit des Erspürens von feinenergetischen Qualitäten führt also bei gut ausgebildeten Geomanten zu einem Erfassen dieser Qualitäten bei Orten oder Landschaften. Aus persönlicher Sicht muss allerdings bestätigt werden, was Kritiker der Radiästhesie häufig bemängeln: Bei Untersuchungen desselben Ortes oder Gebäudes weichen die Ergebnisse verschiedener Geomanten oftmals sehr stark voneinander ab. Nach 25 Jahren der Zusammenarbeit mit Rutengängern glauben wir sagen zu können, dass die Interpretation dessen, was erspürt wird, oft sehr unterschiedlich ausfallen kann. Auffallend ist, dass problematische Befunde über Störfelder vielfach von Menschen stammen, welche selbst eher verunsichert oder sogar kränklich wirken.[15] Dramatische, negative Ergebnisse sollten daher grundsätzlich von anderen Geomanten überprüft werden. In diesem Zusammenhang möchten wir auf Jörg Purners Veröffentlichungen *„Radiästhesie — ein Weg zum Licht?"* und *„Im Zeichen der Wandlung"* verweisen, in denen er eine durchaus kritische Innenschau dieser Grenzwissenschaft liefert:

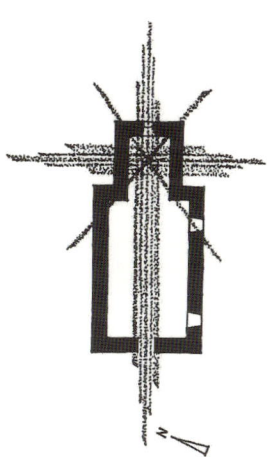

Reefert Church — geomantische Untersuchung durch Jörg Purner

„Denn ein ‚normaler' Rutengänger beachtet bei seinen Standorterhebungen gewöhnlich nur solche Phänomene, die ihm als äußere ‚Reizzonen' erscheinen, und geht nicht darauf ein, ob und inwieweit der betroffene Mensch selbst an seinen eigenen disharmonischen Zuständen und an der Erscheinung der gemuteten ‚Störelemente' beteiligt sein könnte. Deshalb sind in der Praxis nur sehr wenige, die ihre Fühligkeit auch dafür einsetzen, um sich ein umfassenderes Bild der ‚gestörten Verhältnisse' zu machen und dabei etwa zu unterscheiden versuchen, was als energetisches Milieu und als elementares Fluidum ursprünglich vorhanden war, was vom Betroffenen selbst gewissermassen ‚aktiviert' und ‚heraufbeschworen' wurde, oder ob gar noch andere ‚Flüche' und ‚unerlöste Gedanken' auf diesem Ort lasten. [...] Mit Hilfe einer ganzheitlich ausgerichteten, geistige, seelische und physische Dimensionen berücksichtigenden radiästhetischen Betrachtungsweise bestünde nämlich nicht nur die Möglichkeit, sozusagen in jene enge Wechselbeziehung zwischen den vom Menschen als innerlich und äußerlich erlebten Wirkungsfeldern Einblick zu nehmen, sondern auch die Schwerpunkte der ‚störenden' Einflüsse aufzuspüren."[16]

An dieser Stelle sollte darauf hingewiesen werden, dass die Kunst der Geomantie nicht in erster Linie mit dem Ziel angewandt werden sollte, Negatives zu finden, sondern zu entstören bzw. zu heilen, vor allem aber auch Kraftpunkte bzw. stärkende Einflüsse aufzuspüren.

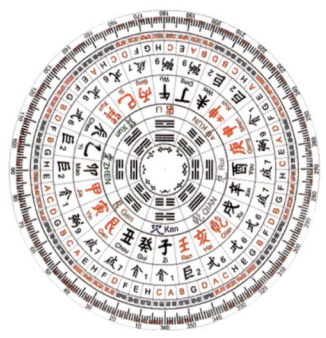

Der Lo Pan — das „Arbeitsgerät" der Feng-Shui-Berater

Der Wettbewerbsentwurf für das Garnihotel Raaba berücksichtigte den Verlauf der Wasseradern für den genauen Standort des Gebäudes.

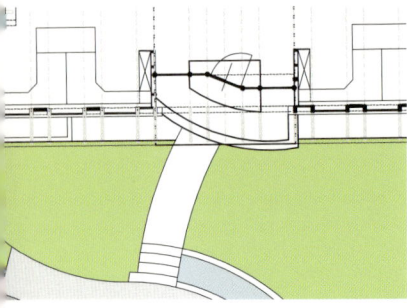

Eingangssituation
Architekturbüro Ronacher

Im Sinne dieser ganzheitlichen Sicht kommt der „energetischen Reinigung" von Bauplätzen und altem Baubestand in Form von „Raumklärungen" (Clearings) in Zukunft wohl noch eine größere Bedeutung zu, als dies heute schon teilweise der Fall ist. Bei unserem „Energie-Plus-Haus Weber", welches vorne im Kapitel „Alte Häuser neu beseelt" vorgestellt wurde, haben wir ein solches Ritual der Versöhnung durchgeführt, bevor noch mit den Bauarbeiten begonnen wurde. [17]

Ein Buch, das gleichermaßen westliche Geomantie und östliches Feng Shui zum Inhalt hat und die praktische Anwendung dieser Gesichtspunkte für das heutige Bauen anschaulich vermittelt, ist Harald Jordans *„Räume der Kraft schaffen"*. Jordan beschreibt darin, welche geistigen Gesetze im Wohnen und Bauen wirken und wie diese Gesetze von uns erlebt und in unseren Alltag stärkend einbezogen werden können.

Erstaunlicherweise hat das östliche Pendant zur Geomantie, das *Feng Shui*, offensichtlich ein höheres Maß an Akzeptanz in unserer Gesellschaft gefunden, möglicherweise weil es nie den Anspruch auf Wissenschaftlichkeit erhoben hat wie etwa die Radiästhesie. [18]

Die fernöstliche Lehre von Feng Shui versucht mittels uralter Regeln Räume zu schaffen, durch welche negative Energien ausgeschaltet und positive gefördert werden. Oder, wie es Chen Chao-Hsiu ausgedrückt hat: *„Feng Shui ist also die Lehre des Zusammenspiels der natürlichen Kräfte, die sich der Mensch zu eigen machen sollte, um sein Schicksal so günstig wie möglich selbst zu gestalten."* [19]

Dass Wissen dieser Art über den gesamten Erdball verbreitet war, zeigt eine deutliche Parallele in der Lehre der Geomantie und des Feng Shui. Sowohl im Westen als auch im Osten wurden Kraftlinien „erspürt", an deren Schnittstellen Kultstätten, Tempel, Kirchen oder andere übergeordnete Gebäude errichtet wurden.

In der Grundlehre von Feng Shui existieren viele Regeln, welche sich leicht erklären lassen, indem man den Hausverstand gebraucht. Ganz wesentlich scheint dabei das Prinzip zu sein, dass wellenartige Gebilde energetisch hochwertiger sind als die Gerade, welche schon von Hundertwasser als gottlos bezeichnet wurde. Zu dieser Erkenntnis kam auch Viktor Schauberger, der festgestellt hat, dass schlangenlinienförmige Wasserstraßen für die Flößerei das Holz deutlich schneller ins Tal befördern als geradlinige. Geschwungene Baukörper und Wegführungen werden bei guter Proportionierung in der Regel auch als angenehmer empfunden als geradlinige, was in der freien Landschaft von jedermann nachvollzogen werden kann. Im Jargon der Feng-Shui-Experten „fließt die Energie" besser.

An dieser Stelle soll eine persönliche „Feng-Shui-Geschichte" dem Leser nicht vorenthalten werden — eine Geschichte, die uns selbst betrifft und uns auch nach Jahren immer wieder zum Schmunzeln verleitet: Durchaus offen für grenzwissenschaftliche Strömungen, engagierten wir zum Zeitpunkt der zweiten Erweiterung unseres Architekturbüros auch eine Feng-Shui-Beraterin, welche unter anderem die Qualität der Richtung der Eingangstür mittels ihres „Lo Pans" [20] überprüfen sollte. Das Ergebnis war verheerend. Die geplante Tür zeigte ziemlich genau nach Süd-Süd-Ost. Diagnose: „Verderbnis!" Ihre spontanen Worte waren: „Sie werden sich doch mit diesem Zubau nicht verschlechtern wollen!" Nachdem uns unsere Feng-Shui-Beraterin daraufhin empfahl, den gesamten Anbau um circa 15 Grad zu

4. Feinstoffliche Aspekte — das Thema der Zukunft

verdrehen, musste ich mir innerlich die Frage stellen, ob wir mit unserer Offenheit für die fernöstliche Lehre des Feng Shui nicht einen Schritt zu weit gegangen waren. Als uns aber schließlich die Expertin dann noch erklärte, dass sowohl die bestehende Eingangstür zum Wohnhaus als auch jene zum Bürogebäude eine perfekte Ausrichtung nach der Lehre des Feng Shui hätten und dies ein maßgeblicher Grund für unseren bisherigen beruflichen und wirtschaftlichen Erfolg in der Führung unseres Architekturbüros sei, wurden wir nachdenklich. Das Erstaunliche daran war, dass sowohl die Tür zum Wohnhaus als auch jene zum Büro in der damaligen Planung aus der parallelen Richtung zur Fassade verdreht wurden, allerdings aus einem naheliegendem Grund, nämlich um den kommenden Besucher besser zu empfangen.

Wenngleich wir bei der Konzeption der alten Türen absolut nichts mit Feng Shui „am Hut hatten", so lagen doch die Worte „Sie werden sich doch nicht verschlechtern wollen?" bleischwer im Raum. Es machte sich erst eine innere Erleichterung breit, nachdem unser Vorschlag akzeptiert wurde, nicht den gesamten neuen Baukörper, sondern lediglich seine Eingangstür zu verdrehen, um die Sache wieder ins Lot zu bringen, Ratio und Gefühl waren wieder versöhnt. Aber die Geschichte ist noch nicht zu Ende, denn nun forderte gerade jener Schwenk die Erfüllung eines zweiten Feng-Shui-Prinzips geradezu heraus. Die neue Tür zeigte nicht mehr in die Richtung des Kommenden, sondern es war plötzlich eine regelrechte Sinuswelle erforderlich, um den neu geplanten Parkplatz und die Zugangstür zum Büro so miteinander zu verbinden, dass der Besucher sowohl diesen Parkplatz geradlinig verlässt als auch geradlinig auf das neue Entree des Büros zugehen kann. Im Nachhinein können wir resümierend festhalten, dass durch diese kuriose Geschichte eine im wahrsten Sinne des Wortes „abgerundete" Eingangssituation entstand, welche mit Sicherheit die Qualität der ursprünglichen, rationalen Lösung verbesserte.

Vieles, was die Lehre des Feng Shui zum Ausdruck bringt, lässt sich verstandesmäßig nicht nachvollziehen. Ein klassisches „Feng-Shui-Prinzip" wurde allerdings in den Projekten, die in diesem Buch vorgestellt werden — ob intuitiv oder bewusst — immer wieder angewandt: die Betonung der Mitte durch einen klaren, zentralen, hellen Raum. Dass dies einem Haus und damit seinen Bewohnern Kraft und Klarheit verleiht, steht, so meinen wir, außer Diskussion, unabhängig davon, ob man an die Lehre von Feng Shui glauben mag oder nicht.

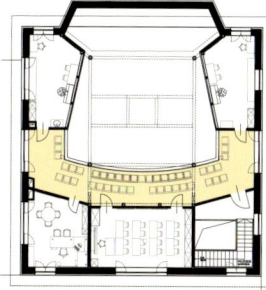

Musikschule Feistritz

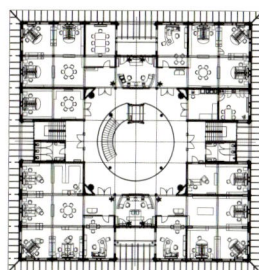

Bürogebäude ÖBf

Wohnhaus am Wörthersee

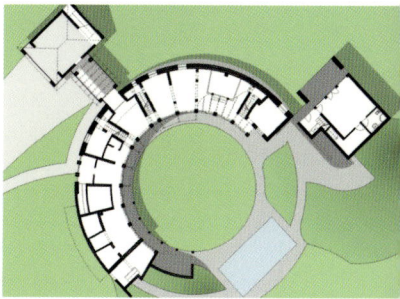

Halbkreisförmiges Atrium,
um einen zentralen Hof gebaut

„Die Verleugnung des Weiblichen in der westlichen Gesellschaft hat
wesentlich zu unserer Getrenntheit von der Natur beigetragen.
Die jahrhundertelange Herrschaft zuerst eines männlichen Gottes und dann
einer männlichen Wissenschaft hat unsere Welt so weit aus dem Lot gebracht,
dass wir kurz davor sind, endgültig den Boden zu zerstören,
auf dem wir stehen."[21]
Bruce Lipton

Die Rückkehr des weiblichen Pols

Frauen haben einen anderen Bezug zum Wohnen als Männer. Frauen entdecken, sehen und schätzen äußerliche Schönheiten, welche Männern vielfach verborgen bleiben. Häuser, in welchen keine Frauen leben, wo etwa Männer als Witwer alleine wohnen, kann man meist bereits von außen erkennen. Hier gibt es keine Blumen. Die Pflege dieser Häuser lässt oft zu wünschen übrig. Frauen lieben die Veränderung, sie lieben das ständige Umgestalten — oft zum Ärger der Männer, denn sie empfinden es häufig als unangenehm, dass ihre Lebenspartnerinnen schon wieder die Möbel umstellen, wo sie sich doch gerade erst an die neue Raumgestaltung gewöhnt haben.

Bruce Lipton greift in diesem Zusammenhang auf frühere Formen der Gemeinschaft zurück: *„In der indianischen Kultur galten die Erde, die Pflanzen und das Land als weiblich. Weil ältere Frauen den Grundlagen des Lebens wie Nahrungsmittelanbau und -zubereitung oder Geburtshilfe und Fürsorge für Kinder am nächsten standen, war ihre grundlegende Macht für die Männer keine Frage."*[22] Daher war es auch naheliegend, dass es den Frauen oblag, zumindest die Innenräume der Wohnstätten auszustatten. Dies gilt wohl für alle Kulturkreise. Die heutige Architektur ist eine zutiefst von den Männern geprägte. Sie ist hart, linear und materialistisch. Würde das weibliche Element die Architektur stärker bestimmen, wäre sie weicher, dynamischer, naturnäher und wohl harmonischer. Die Architektur wäre dem Dorf näher verwandt als der Stadt, die Häuser wären niedriger und menschlicher. Das Wohnen wäre wieder mit Ritualen verbunden. Am stärksten spürt man dieses Defizit bei Hotelanlagen, denen das weibliche Element fehlt.

> In der indianischen Kultur galten die Erde, die Pflanzen und das Land als weiblich.

Harald Jordan beschreibt die Vision, wie ein Land, wo die Frauen die Form des Lebens bestimmen, aussehen würde: *„Frieden ist über allem. Ein Frieden, der umfassend ist und auch Unstimmigkeiten einbettet. Alles bewegt sich immerzu, ist lebendig und dennoch ruhig dabei. Der Übergang vom Land zum Haus ist kaum zu spüren, doch ist eine diskrete Trennung da. Die Häuser sind rund und wölben sich nach außen. [...] Die Räume sind schön ausgestaltet, einfach, doch wohnlich. Alle Dinge haben ihren Platz und sind liebevoll gepflegt. Die Räume verändern sich mit den Jahreszeiten [...]. Das Göttliche ist übergeordnet, allen sichtbar, und durch Rituale und Feste erhöht."*[23]

Das bedeutet aber keineswegs, dass Frauen heute so bauen. Nein, im Gegenteil. Es ist schon erstaunlich zu sehen, dass die von der Fachwelt anerkannten Architektinnen der Gegenwart ihre männlichen Berufskollegen im Hinblick auf die Härte der Formensprache ihrer Werke oftmals noch überbieten. Viele Frauen — wollen sie erfolgreich und anerkannt sein — kultivieren nicht die Aspekte ihrer Weiblichkeit, sondern möchten oftmals noch männlicher als die Männer sein.

Der Vergleich mit anderen Bereichen menschlichen Handelns aber lässt uns erahnen, dass auch das Bauen vor einer grundlegenden Erneuerung stehen könnte: Die Wiederentdeckung des Geistes, der Feinstofflichkeit, ist in erster Linie dem

Weibliche Figur/Bronzestatue

4. Feinstoffliche Aspekte — das Thema der Zukunft

weiblichen Element zu verdanken. Die Zahl an Frauen, welche mit Energiearbeit Menschen heilen können, steigt kontinuierlich.

„In seinem unendlichen Sinn für Humor fordert das Universum jetzt endlich auf, die beiden Hemisphären, Links und Rechts, Norden und Süden, miteinander zu versöhnen. Diese spirituelle Wiedervereinigung, in der wir das heilige Männliche mit dem heiligen Weiblichen verbinden, ist nicht nur eine Angelegenheit indigener Naturverehrung oder eines neuen Göttinnenkults." [24]

Was sich im medizinischen Bereich und in der Biochemie nicht mehr aufhalten lässt, wird sich früher oder später auch auf die Philosophie des Bauens übertragen. Der allheilende Aspekt und zentrale Gedanke der Liebe wird auch das Baugeschehen durchdringen. Und dann sollten lebendige Baustoffe die toten ablösen und weiche, weibliche Formen die harten und aggressiven. Dann sollte vor allem an die Stelle des Gegeneinanders ein Miteinander treten.

Mit der Erfahrung, dass unsere Seelen Teil der Universalseele sind und wir selbst ein Teil eines Gesamtorganismus sind, sollte uns auch zunehmend klar werden, dass jedes Bauwerk Teil eines Gesamtwerkes ist. Gesamtheit aber beinhaltet immer beide Aspekte — den männlichen Aspekt ebenso wie den weiblichen.

Wettbewerbsentwurf Hotel Garni Raaba, das Oval als weibliche Form (Rendering M3D Manhartsberger KG)

„Die Blume des Lebens war und ist etwas, was allen Lebewesen bekannt ist.
Alle Formen von Leben, nicht nur hier, sondern überall, wussten, es war das
Schöpfungsmuster — der Weg hinein, der Weg hinaus. Der Große Geist
hat uns diesem Bild entsprechend geschaffen. Ihr wisst, dass das wahr ist;
es steht in eurem Körper geschrieben, im Körper von uns allen."[25]
Drunvalo Melchizedek

Die heilige Geometrie

Die Büste des Platon

Gibt es Archetypen der Schöpfung? Wenn ja, welche sind diese Urformen? Gibt es
so etwas wie einen kleinsten gemeinsamen Nenner? Gibt es Grundformen, die sich
durch alle Schichten, durch alle Ebenen und Dimensionen der Schöpfung ziehen
und die gleichermaßen die Grundbausteine für das gesamte Universum vom Mikrokosmos bis zum Makrokosmos darstellen — und damit auch für den für unsere
Sinne erlebbaren, spürbaren und bewohnbaren Teil der Schöpfung? Für die Qualität des Bauens interessiert uns aber darüber hinaus noch die Frage, ob die Anwendung solcher geometrischer Formen und der durch sie entstehenden Proportionen
zu einer harmonischeren Architektur führen kann.

Als gesichert kann jedenfalls angesehen werden, dass die Anwendung des **Phi-
Quotienten** nicht nur den alten Griechen und Ägyptern, sondern auch den Schöpfern der japanischen Pagoden-Architektur vertraut war, also wohl ein Allgemeingut aller alten Hochkulturen war. Der Phi-Quotient $(0,5 + \sqrt{5}/2)$ ist aber nicht nur
in antiken Bauwerken anzutreffen, sondern auch in allen bekannten organischen
Strukturen.[26] Laut Drunvalo Melchizedek findet man den Phi-Quotienten $(1,6180...)$
im Körper des Menschen genauso wie in jenem des Schmetterlings, des Frosches
oder der Libelle. Der Autor versucht in seinem Buch *„Die Blume des Lebens"* eindrucksvoll nachzuweisen, wie sich dieses Maßverhältnis durch alle Bereiche der
organischen Schöpfung zieht und sich gleichzeitig in Kunst und Architektur der
alten Kulturen wiederfindet.

Ebenso elementar wie dieses Maßverhältnis sind die Existenz der **„Blume
des Lebens"** (19 Kreise) sowie die 13 Kreise der **„Frucht des Lebens"**. Verbindet
man die Mittelpunkte der 13 Kreise der „Frucht des Lebens", erhält man „Metatrons Würfel", das „männliche" Gegenstück zur „weiblichen" „Frucht des Lebens".
In **„Metatrons Würfel"** sind alle fünf platonischen Festkörper enthalten: das Tetraeder, der Würfel, das Oktaeder, das Ikosaeder, das Dodekaeder sowie die Kugel.

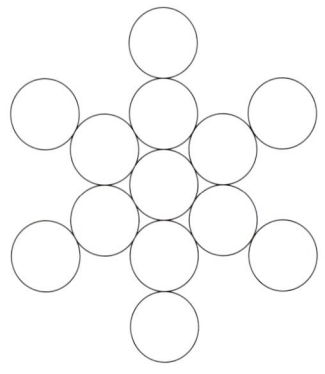

Die Frucht des Lebens

Die Blume des Lebens

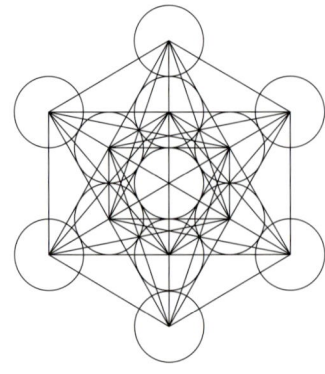

Metatrons Würfel

Alle diese Körper haben jeweils gleichartige Seitenflächen derselben Größe. Der Würfel wird aus sechs gleich großen Quadraten gebildet, das Tetraeder aus vier gleichseitigen Dreiecken. Der Innenwinkel zwischen zwei Seiten ist bei all diesen Körpern gleich groß. Sämtliche Spitzen aller platonischen Festkörper berühren die Oberfläche einer Kugel. Außer diesen fünf Körpern verfügen keine anderen geometrischen Körper über die gleichen Eigenschaften.

Plato hat jedem der Körper eines der fünf Elemente zugeordnet. Als sechstes Element lässt sich noch die Leere oder das Nichts hinzunehmen. Dieser Körper ist die Kugel. Sie ist die perfekte weibliche Form.

Das Tetraeder ist der Körper mit den spitzesten Ecken. Es besteht aus vier gleichseitigen Dreiecken. Ihm hat Plato das Element Feuer zugeordnet.

Der Würfel ist die Urform des Materiellen. Er ist dem Element Erde zugeordnet. Er verfügt über acht Ecken, zwölf Kanten und sechs Flächen.

Das Oktaeder ist ein Körper mit sechs Ecken, zwölf Kanten und acht Flächen. Es besteht aus gleichseitigen Dreiecken. Während der Tetraeder zu sich selbst polar ist, ist das Oktaeder polar zum Würfel. Ihm wurde das Element Luft zugeordnet.

Das Ikosaeder besteht aus zwölf Ecken, 30 Kanten und 20 Flächen. Blickt man senkrecht auf seine Fläche, so erkennt man seinen sechseckigen Umriss. Da das Wasser sechseckige Schneeflocken ausbildet, wird es dem Element Wasser zugeordnet.

Das Dodekaeder, auch Pentagon-Dodekaeder genannt, gilt von alters her als die vollkommenste Form. In der Schule des Pythagoras durfte man über diese heilige Form nicht sprechen. Plato ordnete diesen Körper dem Element Äther zu.

Von den fünf platonischen Körpern stehen je zwei polar zueinander. Die Ecken des einen Körpers treffen immer genau in den Flächenmittelpunkt des anderen Körpers. Zwei polare Körper durchdringen sich also derart, dass sich ihre Kanten in ihren Mitten rechtwinkelig kreuzen. Die Paare bestehen aus Ikosaeder und Dodekaeder einerseits und Oktaeder und Hexaeder andererseits. Der Tetraeder ist zu sich selbst polar.

Eine weitere Eigenschaft aller platonischen Körper ist die Existenz dreier „berührender Kugeln". Alle haben sowohl eine Inkugel (diese berührt alle Flächen von innen) als auch eine Umkugel (auf dieser liegen alle Ecken) sowie eine Kantenkugel (auf der die Mittelpunkte der Kanten liegen). Der gemeinsame Mittelpunkt der Kugeln ist gleichzeitig das Zentrum der platonischen Körper.

Da Metatrons Würfel die Verbindung der Mittelpunkte der 13 Kreise der „Frucht des Lebens" darstellt, ist es nicht verwunderlich, dass durch die Verbindung von Atomen, welche wir uns ja selbst als Kugeln vorstellen müssen, platonische Körper entstehen. Das heißt, dass die Moleküle, die sich daraus ergeben, immer einen Bezug zur heiligen Geometrie bzw. zu den fünf platonischen Festkörpern aufweisen. Im Buch *„Die Blume des Lebens"* [27] wird anschaulich dargestellt, wie alle Kristallformen letztlich durch Abstumpfung von Spitzen oder Kanten abgewandelte Formen der fünf platonischen Festkörper darstellen. Laut Drunvalo Melchizedek gibt es keine einzige uns bekannte kristalline Form, für welche dies nicht gilt. Am Anfang dieser geometrischen Metamorphosen steht immer Metatrons Würfel, die männliche Form, bzw. das weibliche Gegenstück, die „Frucht des Lebens".

Tetraeder
4 Ecken, 6 Kanten, 4 Flächen

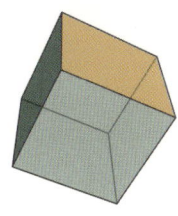

Würfel
8 Ecken, 12 Kanten, 6 Flächen

Oktaeder
6 Ecken, 12 Kanten, 8 Flächen

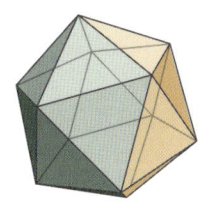

Ikosaeder
12 Ecken, 30 Kanten, 20 Flächen

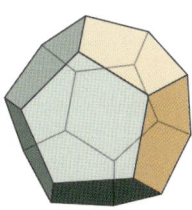

Dodekaeder
20 Ecken, 30 Kanten, 12 Flächen

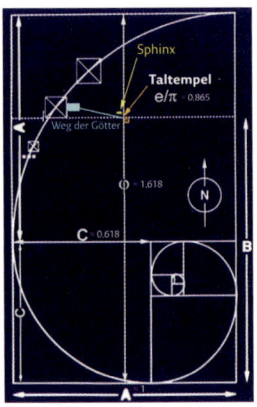

Spiralform der heiligen Geometrie

Weiter hinten, im Kapitel über die Bionik, werden wir zeigen, dass sich Richard Buckminster Fuller nach den deutschen Ingenieuren Walther Bauersfeld und Franz Dischinger intensiv mit diesen Formen auseinandersetzte.

Wie sehr die Formen des Mikrokosmos und des lebendigen Teils der Schöpfung miteinander verwandt sind, zeigt uns Drunvalo Melchizedek anhand der Darstellung der Entstehung des Lebens aus einer Kugel bzw. der Eizelle und der Samenzelle, welche sich nach Eindringen in die Eizelle zu einer Kugel in der exakt gleichen Größe wie jene des weiblichen Pronukleus aufbläht und sich mit diesem durchdringt. Er erläutert auch, wie die Vermehrung dieser Zellen nach der Geometrie der platonischen Körper abläuft.

Ein weiteres Phänomen der heiligen Geometrie, welches auch in der Bionik bekannt ist, ist die Existenz der sogenannten Fibonacci-Spirale, welche sich aus der Zahlenreihe bildet, die gleichzeitig den Phi-Quotienten darstellt. Die Fibonacci-Sequenz mit den Ziffern 1, 2, 3, 5, 8, 13, 21, 34, 55 etc. ist eine mathematische Reihe, die dadurch definiert ist, dass die nächstfolgende Zahl immer die Summe der beiden vorherigen Zahlen darstellt. Teilt man die jeweils nächste Zahl durch die vorherige, so nähert sich dieser Wert schließlich dem Wert Phi = 1,6180... Geometrisch lässt sich die Abfolge dieser Werte in die sogenannte Fibonacci-Spirale übertragen, welche sich in vielen organischen Formen wiederfindet, etwa beim Gehäuse der Nautilus-Muschel, bei Kiefernzapfen oder bei den Samen und Blütenblättern der Sonnenblumen.

Eine interessante Auseinandersetzung mit dem Thema „Naturformen" finden wir im Buch des englischen Architekten, Forschers und Autors Callum Coats „Naturenergien verstehen und nutzen" mit dem Untertitel „Viktor Schaubergers geniale Entdeckungen", das er dem Genie Schauberger widmete. Beispielhaft wird hier die Form des Kieferzapfens gezeigt, welcher „[...] *einen Zustand des ausgeglichenen Ungleichgewichts demonstriert, das aus der harmonischen Wechselwirkung zweier antithetischer, komplementärer, aber entgegengesetzt geladener Kräfte entsteht. Die positiven männlichen Energiespiralen verlaufen abwärts, hin zu den aufsteigenden, negativen, weiblichen Energiespiralen. Wo sich ihre Bahnen kreuzen, vereinigen sich beide Kräfte. Dort befindet sich der Keim für neues Leben. Die männlichen Kräfte verlangsamen sich und die weiblichen Kräfte werden schneller, wodurch sie in Resonanz miteinander geraten.*" [28]

Die Auseinandersetzung mit dem Wissen um diese Grundprinzipien der Schöpfung fasziniert uns. Inwieweit die Anwendung dieser elementaren Grundformen im Baugeschehen sinnvoll ist bzw. dazu geeignet ist, harmonischere und dem Menschen näherstehende Formen zu schaffen, mag jeder für sich selbst beurteilen. Die Tatsache aber, dass nicht nur den Molekular- und Kristallstrukturen und Lebewesen aller Art, sondern auch Bauwerken alter Hochkulturen diese Prinzipien zugrunde liegen, sollte doch für das Schaffen unserer gebauten Umwelt von Bedeutung sein. Bereits heute ist der Computer ein großes Hilfsmittel beim Zeichnen von Entwürfen. Vor allem aber für Bauten der Zukunft eröffnen sich uns durch diese neue Qualität des Konstruierens und Zeichnens ungeahnte Möglichkeiten, die wir nutzen sollten.

Die Fibonacci-Reihe
in der Sonnenblume

4. Feinstoffliche Aspekte — das Thema der Zukunft

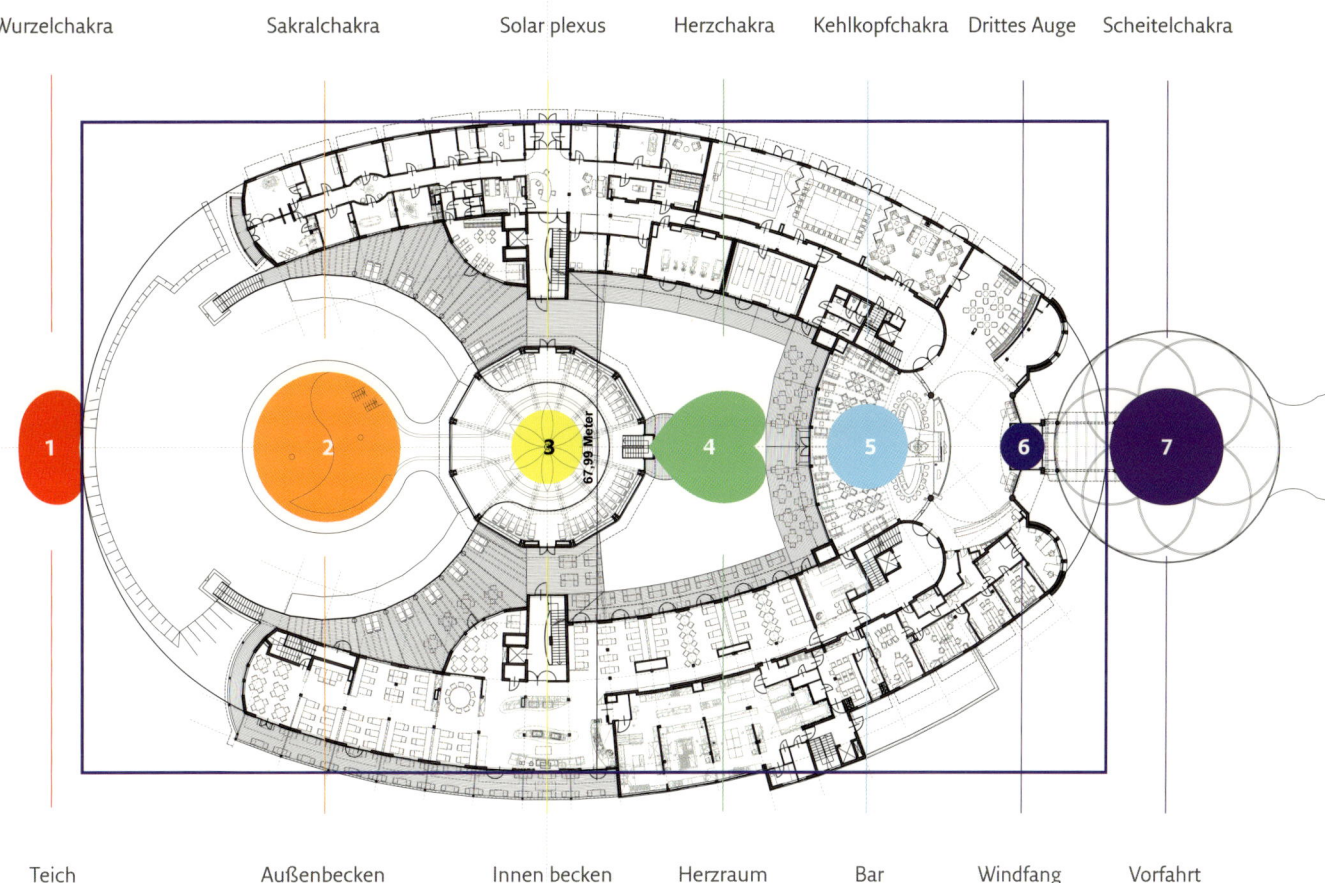

Wurzelchakra   Sakralchakra   Solar plexus   Herzchakra   Kehlkopfchakra   Drittes Auge   Scheitelchakra

Teich   Außenbecken   Innen becken   Herzraum   Bar   Windfang   Vorfahrt

Die Außenmaße des umschriebenen Rechtecks der Eiform des Hotels Larimar entsprechen
dem Rechteck des Goldenen Schnittes. Die Längsachse der Anlage enthält die sieben Chakren.
Diese finden ihre Entsprechung in den jeweiligen Funktionsbereichen. Sowohl der Eingangsbereich
als auch das Innenbecken nehmen die Gestaltung der Blume des Lebens auf. Das Außenbecken
entspricht der Form des Ying-Yang-Symbols.

„Technische Entwicklung ist Fortsetzung der natürlichen Evolution mit anderen Mitteln."[29]
Werner Nachtigall

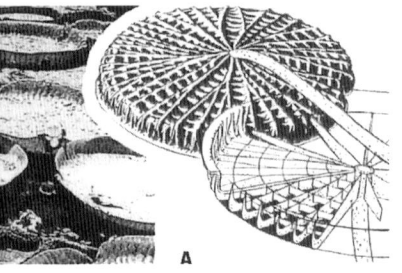

A

Der englische Architekt Joseph Paxton bediente sich der Riesenseerose als Vorbild für die Konstruktion eines großen Gewächshauses.

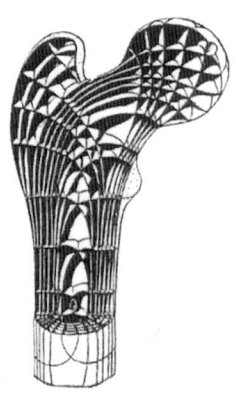

Knochenstruktur: die Natur spart Material.

Flugzeughangar in Orvieto, entworfen von Pier Luigi Nervi

Bionik — die Natur als Vorbild

Wir sind genetisch durch einen Naturraum geprägt, der aus weichen und sanften Formen besteht. Der überwiegende Teil der sichtbaren Natur ist organischen Ursprungs. Die Ausformung ihrer Gebilde ist dem Menschen vertraut und daher sympathisch. Sie ist aber darüber hinaus nach der kulturellen und geistigen Evolution des Menschen für ihn „erklärbar", durch die Wissenschaften nachvollziehbar. Jedes Blatt einer Pflanze, jedes Glied eines Tieres, jedes Organ eines Menschen sieht deshalb so aus, weil es in seiner Entwicklung aufgrund eines Ausleseprozesses unter harten Bedingungen von allem Nutzlosen befreit wurde. Aber die Wesen wurden, obwohl sie über Jahrmillionen hinweg einem harten wirtschaftlichen Kampf ums Überleben ausgesetzt waren, nie „modern" im Sinne der Schmucklosigkeit und Kälte — im Gegensatz zu Gebäuden, die angeblich so auszusehen haben, weil sie funktionalen Kriterien gehorchen. Auch eine noch so große Oberfläche eines Tieres weist Strukturen auf. Glatte Häute funktionieren nicht. Sie brauchen Schuppen, Falten, Panzer, Höcker, Löcher oder Haare. Und neueste Erkenntnisse aus Forschungsarbeiten im Bereich der Bionik zeigen uns, dass dies erst recht für den mikroskopisch kleinen Bereich gilt, dass pflanzliche und andere biologische Oberflächen selten glatt sind, sondern mikroskopisch feine Reliefs von unerwarteter Komplexität aufweisen.

Es ist unzweifelhaft die Verwandtschaft mit uns selbst, mit der lebendigen Natur und mit der Schöpfung überhaupt, die uns die jahrhundertealten Baukulturen so sympathisch machen.

Bauen ist von Anbeginn an mit der Anwendung und der Beherrschung von Technik verbunden. Im ursprünglichen Sinn bedeutet Technik (griechisch: technikos) Handwerk bzw. Kunstfertigkeit. Sie war somit direkt mit dem Menschen und seinen Handlungen verbunden. Technik hat sich aber zunehmend vom Menschen und der Natur entfernt. Sie hat ein bedrohliches, ja widersetzliches Antlitz erhalten. Dabei bedient sich auch die belebte Natur überall einer „Technik".

Die Bionik ist jene Wissenschaft, die sich mit der technischen Umsetzung und Anwendung von Konstruktionen, Verfahren und Entwicklungsprinzipien biologischer Systeme befasst. Und seit einiger Zeit ist offensichtlich, dass auch die Architektur von deren Erkenntnissen profitieren kann.

Nicht nur die Natur oder ihr Schöpfer betreiben seit Beginn des Lebens Bionik, sondern auch in jahrtausendealten Baukulturen aller Erdteile wurde bionisch gebaut.

Wohl zu Recht wird die Bionik als eine der zukunftsträchtigsten Technologien des 21. Jahrhunderts angesehen. Ihr plötzliches In-Erscheinung-Treten kurz vor der Jahrtausendwende ist kein Zufall, sondern fügt sich nahtlos in das Bild des späten Paradigmenwechsels, da viele Menschen aus blinder Technikgläubigkeit erwacht sind. Technik mit bzw. aus der Natur zu entwickeln — oder, wie Werner Nachtigall formulierte: *„Lernen von der Natur als Anregung für eigenständiges, technisches Weiterarbeiten"* —, das klingt so logisch, dass man sich fast fragen muss: Was ist eigentlich nicht-bionische Technik? Dies ist wohl jene Technik, welche in der Sum-

4. Feinstoffliche Aspekte — das Thema der Zukunft

me ihrer Auswirkungen für den Menschen und unseren Planeten Erde mehr Schaden als Nutzen gebracht hat, und immer noch dünken sich viele als fortschrittlich, die diese Technik bewundern. Diese „Fortschrittlichen" sind aber in Wahrheit die Saurier unter uns. Die Bionik sollte es uns wieder gestatten, Technik zu bewundern. So wie die harte Technik überwunden werden muss, wird auch die Faszination der harten „Maschine" in der Architektur im neuen Jahrhundert verschwinden.

Geodätische Kuppel von
Richard Buckminster Fuller (1967)

Ob die grasbedeckten Dächer Irlands, die dem Kälteschutz dienten, oder die hohen Baukörper in äußerst engen Gassen in südlichen Ländern als Sonnenbrecher, die weißen Kuppelbauten in Griechenland zur Verringerung der Wärmeaufnahme oder die weit auskragenden Vordächer in vielen Regionen der Erde, um den Gebäuden ausreichend Witterungs- und Sonnenschutz zu gewähren: all dies sind Beispiele angewandter Bionik, und gleichzeitig stehen sie für Uraltwissen im Baugeschehen, wie dies auch bei der Geomantie oder bei Feng Shui der Fall ist.

Der Bioniker Helmut Tributsch leitet für das aktuelle Baugeschehen daraus einen klaren Auftrag ab: *„Auf diese Weise haben die Völker Klimaprobleme in ihrer Umwelt gelöst, und moderne Architekten sind angehalten, diese Traditionen fortzuführen und zu pflegen."* [30]

Zeiss-Planetarium in Jena (1925)
von Bauersfeld und Dischinger

Der Einstieg in die technische Biologie und in die Bionik vollzieht sich in den verschiedensten Wissenschaftszweigen und Fertigungstechniken offensichtlich wesentlich rascher als in der Architektur. Die Bionik liefert uns auch die Erklärung dafür, warum technische Geräte schon in den letzten Jahrzehnten des 19. Jahrhunderts zum Teil gleichzeitig als faszinierend, schön und harmonisch empfunden wurden. Wenngleich Fluggeräte, Automobile und dergleichen längst noch nicht so vollendet waren (und sind) wie Vögel oder Delphine, so war dennoch ihre äußere Gesamterscheinung in wesentlichen Ansätzen das Ergebnis dessen, was der Luftkanal vorgab. Aber auch das Verhältnis zwischen Oberfläche und Kubatur oder zwischen dem Gewicht und der Summe an Funktionen und technischen Bauteilen wird seit Jahrzehnten optimiert.

Die Formensprache der gelehrten, zeitgemäßen Architektur hingegen unterliegt immer noch der moralisierenden Sprache von Architekturdoktrinen und nimmt in mancherlei Hinsicht eine geradezu entgegengesetzte Position zu den Prinzipien der Bionik ein. Dazu gehört etwa der Grundsatz, dass ein Bauwerk der Natur als künstliches Gebilde gegenüberzustellen sei. Ein Gedanke, der im 20. Jahrhundert vor allem aufgrund der Künstlichkeit des verwendeten Baumaterials dazu führte, dass sich ein großer Teil der Bauwerke dramatisch von der Natur entfernt hat. Dieser Entwicklung hält Nachtigall die Erkenntnisse der Bionik entgegen: *„Bauen hatte zu allen Zeiten in erster Linie die Aufgabe, zeitgerechte Formen und Lösungen zu finden, die den Menschen innerhalb der ihn umgebenden und sich ändernden Welt eine Zelle schaffen, die ihm Heimat bedeutet. Indem die Bionik Strukturen jahrtausendealter Entwicklungen und Verhaltensformen berücksichtigt, kann sie einen entscheidenden Beitrag zu einer menschenwürdigen Architektur leisten."* [31]

Die notwendige Forderung nach mehr Natürlichkeit im Bauen, die zuerst von Seiten der Baubiologie und -ökologie erhoben wurde, wird nun auch von der Bionik aufgestellt. Sie wird dadurch mehr Gewicht erlangen, und durch den Ruf aus die-

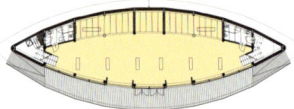

Das Blatt als Vorbild für die linsenförmigen Grundrisse beim Kompetenzzentrum Großschönau und bei der Arche des Waldes.

Bionisches Denken verbindet Tradition und Innovation.

ser Richtung besteht die große Chance, dass der Samen auf fruchtbaren Boden fällt als Argumente aus anderen Richtungen. Nachtigall beklagt: *„Wir haben den eigentlichen Maßstab verloren: über Jahrhunderte hinweg war das in der Architektur der Mensch und nur der Mensch. Deshalb hieß ‚Lernen von der Natur‘ im Architekturbereich immer auch ‚Lernen von menschlichen Verhaltensweisen‘. Heutige Bauten lassen oft das Gegenteil vermuten; sie zwingen den Menschen in ein Rasterwerk von Vorstellungen, die ein Architekt — nicht immer und nicht notwendigerweise funktionell und menschenbezogen — entwickelt. Das muss sich ändern.“* [32]

Mit dem Aufstieg der Bionik zur neuen Wissenschaftsdisziplin und der Vorliebe für die Baustoffe Holz und Lehm lassen sich für ein menschengerechtes und ökologiebewusstes Bauen große Möglichkeiten erahnen. Die Einflussnahme der Bionik auf die Gesamtform von Gebäuden kann entscheidend dafür sein, dass eine grundlegende Steigerung der „Harmonie des Bauens“ stattfindet und grobtechnische Formen überwunden werden, welche den Dogmen des 20. Jahrhunderts verhaftet sind.

Das Verhältnis zwischen Architektur und Bionik entspricht am Beginn des neuen Jahrtausends etwa jenem zwischen Architektur und Baubiologie bzw. Ökologie vor 25 Jahren. Noch existiert bionisches Denken in Bezug auf das Bauen zum überwiegenden Teil noch außerhalb der Architekturlehre bzw. des architektonischen Schaffens. Es sind die Bioniker bzw. Professoren des Faches Bionik, welche aus den Bereichen der Biologie, der Chemie und der Physik stammen, die die Berücksichtigung bionischer Gesichtspunkte für eine Vielzahl von Schaffensgebieten der Menschen vorschlagen und einfordern. Dies gilt etwa für die Entwicklung neuer Materialien und Strukturen, für die Konstruktion neuer Geräte, für Steuerungstechnik, für Laufmaschinen, Flugzeuge, für biomedizinische Technik und schließlich eben auch für das Bauen.

Auch hier sind es Einzelkämpfer, welche ein Wissensgebiet, ein Studienfach, eine Denkweise praktisch neu erfunden und entwickelt haben und uns Architekten seit längerer Zeit Bälle zuwerfen, welche wir auffangen sollten. Die Bioniker haben bereits umfassendes Material vorgelegt, das einerseits Hinweise auf bionische Prinzipien im Bereich des traditionellen Bauens, andererseits aber auch Ideen für die zeitgemäße Architektur liefert. Dies hätte längst in die Lehrpläne einer zeitgemäßen Lehre der Architektur mit aufgenommen werden müssen, um neue, wichtige Ansätze für ökologisches und menschengerechtes Bauen zu finden.

So zeigt uns etwa Professor Helmut Tributsch bionische Vorbilder für eine solare Energietechnik bzw. klimatechnische Lösungen bei Tieren, die Quervergleiche für Isoliermaterial und Energiesparmodelle in der Architektur ermöglichen. Es existiert eine Fülle von energiesparenden Techniken in der traditionellen Architektur, wie Wärmeisolierung durch Zonierung, Windtürme zur Kühlung, Häuser mit Bodenversenkung und Grasbewachsung als Kälteschutz und viele andere mehr. Diese Beispiele des traditionellen Bauens, das die lebendige Natur nutzt, sind nur die eine Seite, welche uns die Bioniker demonstrieren.

Studiert man die Bionik solarer Energiesysteme, die solaren Kraftwerke der Pflanzen, und lernt man von den molekularen Prozessen, wie Licht in elektrische und chemische Energie umgewandelt wird, so wird einem sehr schnell bewusst, dass die Menschheit mit der Erfindung der Photovoltaik erst am Beginn eines neuen Zeitalters steht, in welchem wohl kein Platz mehr für umweltfeindliche Technik und

4. Feinstoffliche Aspekte — das Thema der Zukunft

die Ausbeutung von Ressourcen sein sollte. Davon, wie schnell unsere Generation zum Umdenken fähig ist, wird es abhängen, ob es uns gelingt, die Krise zu meistern, sie als Chance zu nutzen und in eine neue Qualität des Schöpfungsprozesses aufzusteigen, welche eine Symbiose zwischen natürlicher Harmonie und den faszinierenden Erkenntnissen menschlichen Geistes bildet.

Noch sind die Widersprüche zwischen bionischem Denken und den Formalismen der „zeitgemäßen Architektur" groß. Noch entwickelt sich Technik, die sich fortschrittlich dünkt, oftmals geradezu in die entgegengesetzte Richtung von bionischem Denken. Das Konzept der biologischen Evolution besteht laut Professor Nachtigall nie in der Maximierung innerhalb eines Systems, sondern vielmehr in der Vermeidung der Maximierung zugunsten eines optimalen Zusammenspiels *aller* Komponenten. Aus dieser Sicht ist auch der eingeforderte Weg der Mitte und der Blick aufs Ganze dem bionischen Denken sehr nahe.

Bionisches Denken verbindet Tradition und Innovation. Für ganzheitlich denkende Architekten sind Postulate von Bionikern wie etwa Werner Nachtigall in einer technisch-maskulin dominierten Architekturlehre Balsam für die Seele: *„Umwelt, ökologische, strukturfunktionelle und ästhetische Gesichtspunkte fordern gebieterisch eine Rückbesinnung auf alte Tugenden des Bauwesens. [...] Nicht das menschliche Verhalten darf sich der formalen Ordnung des Bauens unterordnen. Das Bauen muss das menschliche Verhalten als Maßstab für seine Ordnungsprinzipien nehmen."* [33]

Bionisches Bauen bedeutet nicht nur technisch ausgereiftes, ökologisches und der Witterung standhaltendes Bauen, sondern in hohem Maße auch ästhetisches Bauen. Die Ästhetik ist ein wesentlicher, zusätzlicher Aspekt bionischen Bauens.

Für das konstruktive Element des Bauens wird hier noch auf den Baum verwiesen, dessen Archetypus für viele Holzkonstruktionen als Vorbild herangezogen wird. Der Baum dient als Musterbeispiel einer materialhomogenen Struktur mit einer angemessenen und ästhetisch befriedigenden Linienführung.

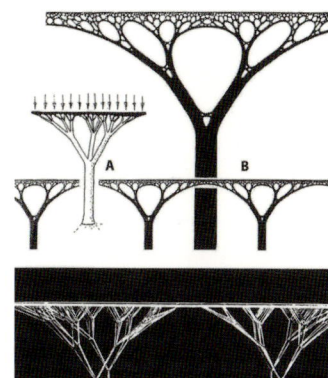

Durch evolutionsstrategische Optimierung bzw. Selbstbildungsprozesse entstehen baumstützenartige Flächentragwerke (nach Nachtigall und Otto).

Schnitt durch ÖBf-Bürogebäude

Vier Bäume als Tragwerk beim Büro der Österreichischen Bundesforste (ÖBf)

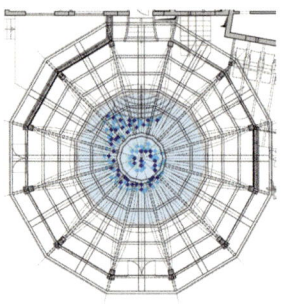

3D-Modell und Grundriss
Schwimmbad Kärntnerhof
in Heiligenblut

Andere bionische Prinzipien, welche bereits im modernen Bauen Einzug gefunden haben, sind etwa die transparente Wärmedämmung, das Prinzip der Wärmepumpe, die Photovoltaik als Übertragung der Photosynthese, die Trombe-Wand[34], die Nutzung des Bernoulli-Prinzips[35] und der Venturi-Lüftung[36] nach dem Vorbild von Tierbauten und die kuppelförmigen Knotenstabtragwerke, welche sich aus den regelmäßigen Grundformen der platonischen Körper ableiten.

Robert Le Ricolais, ein französischer Ingenieur, entwarf nach Radiolarienzeichnungen von E. Heckel und V. Hecker im Jahre 1935 räumliche Tragwerke als Radiolarienskelette. Später wurden solche Konstruktionen zu stabilen Tragwerken weiterentwickelt.

Weitgehend unbekannt ist die Tatsache, dass die beiden deutschen Ingenieure Walther Bauersfeld und Franz Dischinger bereits 1925 für das Zeiss-Planetarium in Jena eine geodätische Kuppel mit 16 Metern Spannweite bauten. Auf dieser Pionierleistung baute der amerikanische Ingenieur und Architekt Richard Buckminster Fuller auf und entwickelte daraus die geodätischen Kuppeln, deren Tragwerke aus an ihren Kreuzungspunkten miteinander verbundenen Stäben bestanden. Als Grundbaukörper dienen Oktaeder oder Tetraeder. Als sein Hauptwerk gilt die Kuppel des amerikanischen Pavillons auf der Weltausstellung in Montreal 1967.

Schwimmbad mit bionischer Dachkonstruktion aus Holz beim Hotel Kärntnerhof in Heiligenblut

4. Feinstoffliche Aspekte — das Thema der Zukunft

Inzwischen sind weltweit großartige Flächentragwerke entstanden, welche dem bionischen Gedanken nicht nur in ihrem äußeren Erscheinungsbild gerecht werden, sondern durch den Einsatz des Baustoffs Holz und durch einen äußerst geringen Materialverbrauch gleichzeitig in höchstem Maße ökologische und ökonomische Bauwerke darstellen, dadurch also bionisch im gesamtheitlichen Sinne sind. Hervorzuheben sind diesbezüglich die Arbeiten von Otto Frey, Julius Natterer, Philippe Samyn und Jörg Schlaich, Gerkan, Marg & Partner sowie des spanischen Ingenieurs und Architekten Calatrava.

Die Umsetzung natürlicher Vorbilder ins Baugeschehen ist aber keineswegs auf komplizierte Prinzipien statischer oder technischer Art beschränkt. Unabhängig von Bautechnik und Baustoff werden Archetypen des lebendigen Teils der Schöpfung zunehmend die architektonischen Entwürfe von Einzelhäusern und komplexen Bauwerken, oder, wie einst bei der mittelalterlichen Stadt, die Grundrisse unserer Siedlungen und Städte bestimmen.

Das Rechteck, das Quadrat, der rechte Winkel haben — als Sonderform, als Einzelfall der Geometrie — natürlich ihre Berechtigung für die Entwicklung von Bauformen. Ihre Dominanz in der traditionellen Baukunst und die Steigerung dieser Strenge in der zeitgenössischen Architektur sind jedoch gebauter Ausdruck des Materialismus und, wie dieser, Zeichen von Begrenzung und Isolation von einer ganzheitlichen Weltsicht. Während die Bauformen der klassischen Baustile noch von rechtwinkeligen Grundstrukturen mit runden und vieleckigen Detailausbildungen geprägt waren, hat die moderne Architektur des 20. Jahrhunderts den harten rechten Winkel auch in die Detailausformung hineingetragen und sich von der Natur, von den Grundformen der Schöpfung noch deutlicher entfernt als frühere Bauweisen.

Die Bionik ist einer von vielen neuen Impulsen innerhalb des Paradigmenwechsels des neuen Jahrtausends, welche diese Starrheit des Bauens aufbrechen bzw. auflösen können. Bionisches Denken ist letztlich selbst nur ein „Sonderfall" für die Betrachtung der gesamten Schöpfung. Denn diese lässt sich ja gar nicht — wie es eine verbreitete Sichtweise des 19. und 20. Jahrhunderts war — in eine unbelebte und belebte „Hälfte" teilen. So wie die Grenzen zwischen den einzelnen Naturwissenschaften und auch die Grenzen zwischen Wissenschaft und Religion bzw. Spiritualität nach Jahrzehnten der unseligen Trennung und Spezialisierung wieder zu schwinden beginnen, so löst sich auch in unseren Köpfen die Abgrenzung zwischen dem „unbelebten" und „belebten" Teil der Schöpfung zunehmend auf. Und in der Tat sind ja nicht nur die Lebewesen — ob Mikroben, ob Pflanzen, ob Tiere, ob der Mensch — sowohl im zellulären Bereich als auch in ihrer Gesamtheit ausschließlich auf geschwungenen, rundlichen, gebogenen, weichen Formen aufgebaut, sondern die gesamte Schöpfung, also auch die von uns als unbelebte, anorganische oder gar als tote bezeichnete, kennt tatsächlich Formen solcher Art. Und unabhängig davon, ob wir den Mikrokosmos oder den Makrokosmos betrachten, so sind geradlinige, kubische Formen eine Ausnahmeerscheinung, ein Sonderfall.

Wenn wir also am Beginn des 21. Jahrhunderts Gebäude mit ovalen, eiförmigen, kreisrunden, blattförmigen, linsenförmigen, herzförmigen, nierenförmigen, Ying-Yang-förmigen, mäanderförmigen (sinuswellenförmigen), spiralförmigen, schlangenförmigen, tropfenförmigen Gebilden entwerfen und entwickeln, so

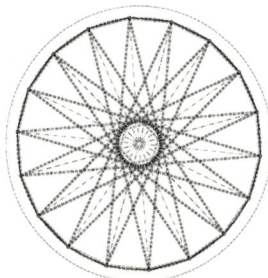

Entwurf für eine Holzkuppel im Smaragdmuseum in Bramberg (nicht realisiertes Projekt)

Radiolarienanaloge Raumstrukturen von Le Ricolais (ca. 1940)

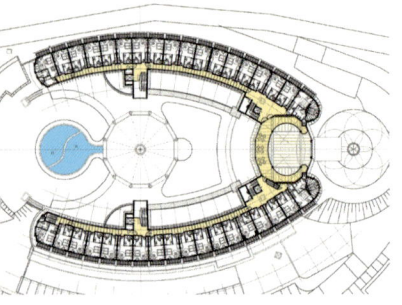

3D-Modell und Grundriss
des Hotel Larimar (2. OG)

Baukörper werden künftig
mehr und mehr
Analogien zu organischen
Körpern aufweisen.

nicht nur deshalb, weil dies „organische" bzw. „bionische" Formen sind, sondern weil sie darüber hinaus aus „Archetypen", also Urformen der Schöpfung, abgeleitet sind.

Die „Ausnahmeerscheinungen" unserer materialistischen Welt in Form von harten, kantigen Baukörpern sind Ausdruck des Losgelöstseins des Menschen von der geistig vernetzten Welt. In dem Ausmaß, wie der Mensch heute wieder zu erkennen beginnt, dass er sich nicht von Gott, den alles durchdringenden Schöpfer, abtrennen kann, wird sich auch die gebaute Form wieder der „Naturform" annähern, im gleichen Maß wird sie wieder — wenn auch mit höchster technischer Perfektion und Detailausformung — weich und harmonisch werden.

Wie der Begriff „Baukörper" schon besagt, besteht er aus einem Körper. Die Analogie zum menschlichen Körper ist in vielfacher Hinsicht gegeben. Der menschliche Körper besteht — wie auch die Körper der Tiere — aus unterschiedlichsten Gliedern und Organen. Dasselbe gilt sinngemäß für Baukörper. Natürlich kommen Bauwerke im Hinblick auf Komplexität, Funktionsweise und formale Reife nicht an die sich vollendenden Geschöpfe der Natur heran, aber die Entwicklung der von uns Menschen geschaffenen Werke ist, wie die gesamte Evolution, geprägt durch die ständige Zunahme an Komplexität.

Einen Baukörper vom Grundansatz her in Anlehnung an ein Lebewesen zu entwerfen, macht also aufgrund der vorhandenen Analogien Sinn. So entspricht etwa die Eingangstüre bzw. das Eingangsportal dem Mund, die Fenster entsprechen den Augen, das statische Gerippe eines Hauses entspricht dem Knochengerüst, die Fassade der Haut, die elektrischen Leitungen sind vergleichbar mit den Nervenbahnen, die Wasserversorgungsleitungen mit den Adern, eine Lüftungsanlage mit der Lunge usw.

Hier sollen jedoch, über das Thema Bionik hinausgehend, auch Analogien in Bezug auf den geistig-seelischen Aspekt betrachtet werden. Aus der fernöstlichen traditionellen Medizin ist bekannt, dass Körperteile und Organe nicht nur durch sichtbare Adern und Nervenbahnen miteinander verbunden sind, sondern auch durch Energiebahnen. Denn der Körper verfügt über Energiezentren, von welchen die sieben Chakren die stärksten und bekanntesten sind. Diese sieben Chakren haben innerhalb des Systems Mensch spezielle Aufgaben und Entsprechungen, stellen aber gleichzeitig die energetischen Verbindungen der einzelnen Individuen mit dem Gesamten — mit dem Kosmos — dar. Sie alle liegen an der Längsachse eines lebendigen Wesens.

Wenn wir nun die Aspekte der Bionik im Baugeschehen berücksichtigen, so ist es nur noch ein weiterer, konsequenter Schritt, das Wissen um die Beseelung des Lebendigen, um den allem Lebendigen zugrunde liegenden Aspekt der Geistigkeit miteinzubeziehen, damit wir unsere gebaute Umwelt den seelischen Bedürfnissen der Menschen anpassen können. Einige der in den letzten Abschnitten beschriebenen Grundlagen, wie die Umsetzung der Gesetze von Feng Shui und der heiligen Geometrie sowie die Verwirklichung bionischer Formen, waren bereits in den Entwurf des Hotels Larimar eingeflossen, als wir uns gemeinsam mit dem Bauherrn und Betreiber dazu entschlossen, das Gebäude zusätzlich mit den geistig-seelischen Aspekten der Chakren zu überlagern.

4. Feinstoffliche Aspekte — das Thema der Zukunft

Als ein Resümee der vorangegangenen Betrachtungen kann also festgehalten werden, dass Gebäude nicht nur immer komplexer werden, sondern zunehmend quasi zu „Organismen" mutieren. Und da sie als solche über dieselben Elemente wie Lebewesen verfügen und denselben Prinzipien unterworfen sind, werden sie in Zukunft der „belebten Welt" auch immer verwandter und ähnlicher werden.

Prototyp eines bionischen Gebäudes für das Hochgebirge
Grundidee dieses Gebäudes ist es, nach bionischen Prinzipien eine Klimahülle zu schaffen, welche den extremen Wetterbedingungen des Hochgebirges gerecht wird. Die Oberfläche bietet ein optimiertes Oberflächen-Volumen-Verhältnis.

Durch die Schließbarkeit der Terrasse erhält das Bauwerk eine zweite, passive Klimahülle. Damit bietet das Gebäude dem Angriff durch die extremen Wetterbedingungen eine sehr geringe Oberfläche. Dachintegrierte thermische Solarkollektoren und Photovoltaikmodule stellen die erforderliche Energie für den Sommer und für die Frostfreihaltung im Winter bereit.

Das weitgehende „Schweben" des Bauwerks beschränkt die Massivbauarbeiten vor Ort auf das notwendige Maß.
Trotz der bionischen Form ist ein hoher Vorfertigungsgrad des überwiegend aus Holz konzipierten Objektes möglich.
(Nicht realisierter Wettbewerbsentwurf)

„Die Herausforderung liegt nicht darin zu entscheiden, ob es die Freie Energie gibt oder nicht. Es gibt sie. Statt dessen ist unser gemeinschaftlicher Wille gefordert, uns von unserer Ignoranz loszusagen, uns aus unserem elektrischen Gefängnis, von der Umweltzerstörung, dem Kästchendenken, der Newtonschen Starrheit, der Gier und den monopolistischen Finanzinteressen zu befreien"[37]
Brian O'Leary

Freie Energie für unsere Häuser

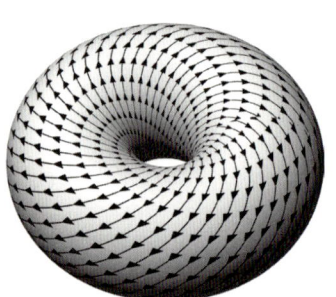

Der Torus als elementare Form bildet die Grundlage für viele Technologien der freien Energie.

Wenn wir hier im letzten Teil unseres Buches über die Zukunft des Bauens sprechen, so ist vor allem der Aspekt der künftigen Energiegewinnung von großer Bedeutung. Seit Jahrzehnten gibt es Forscher, welche uns in Aussicht stellen, auf unterschiedlichen Wegen freie Energiequellen zu erschließen und zur Verfügung zu stellen, was vollkommen neue Perspektiven für die Entwicklung dieses Planeten und für die Freiheit der Menschen eröffnen würde.

Seit ebenso langer Zeit ist es offensichtlich gelungen, den Durchbruch dieser Technologien zu verhindern. Heute, Mitte des Jahres 2013, sind wir allerdings davon überzeugt, dass es nur noch eine Frage der Zeit sein kann, bis die Forschung sich dieser Themen annehmen wird. Bereits vor über 100 Jahren hat Nikola Tesla den Begriff der freien Energie geprägt und neben etwa eintausend erfolgreich angemeldeten Patenten auch dieses Thema aufgegriffen. *„Die meiste Zeit des zwanzigsten Jahrhunderts über betrachtete die Wissenschaft den Raum als leer. Das ist er nicht. Raum — sowohl der interplanetare als auch der irdische Raum — ist unglaublich dicht angereichert mit Energie, einem Meer von Energie. Dieses Energiemeer erfüllt alles, einschließlich unserer eigenen Körper."*[38]

Wie mittlerweile gemeinhin bekannt ist, wurde allerdings diese größte Entdeckung unterdrückt, und er selbst wurde am Ende seines Lebens, aufgrund der Brisanz dieses Themas, verfolgt.

Nikola Tesla war nicht der einzige, wenngleich der bekannteste Vertreter jener Genies, welche die Möglichkeiten zur Nutzung dieser „freien Energie", auch „Raumenergie" oder „Nullpunktenergie" genannt, entdeckten und entwickelten und dafür teuer bezahlen mussten, da sie sich eine unglaublich mächtige Lobby gegen diese Energieform zum Feind machten. Die bekanntesten Persönlichkeiten — deren Lebensgeschichten von Erfolg und Verfolgung einander fast wie ein Ei dem anderen gleichen — sind: Viktor Schauberger, Wilhelm Reich, John Keely, Walter Russell, Thomas Henry Moray und Lester Hendershot. Glaubt man der neuen Literatur zu diesem Thema, haben diese Persönlichkeiten bereits am Beginn oder in der Mitte des 20. Jahrhunderts bahnbrechende Beiträge geliefert, um der Menschheit grenzenlos saubere Energie zur Verfügung zu stellen und sie vom Machtmonopol der Energielobbyisten zu befreien. Aber erst um die Jahrtausendwende wurden ihre Arbeiten dank der Recherchen einzelner Persönlichkeiten und Buchautoren langsam einem größeren Teil der Öffentlichkeit bekannt. Es sei hier auf das außergewöhnliche Engagement des Engländers Callum Coats[39] hingewiesen, der sogar seinen Beruf als Architekt zugunsten einer jahrelangen Erforschung von Viktor Schaubergers Lebenswerk aufgab. In seinem Buch ist das breite Spektrum der Erkenntnisse und Erfindungen Schaubergers rund um die freie Energie bis hin zu der in den Mainstreammedien immer noch unerwähnte „Repulsine" seiner „fliegenden Untertasse", sehr übersichtlich und verständlich beschrieben.[40]

Nikola Tesla — „Urvater der freien Energie"

4. Feinstoffliche Aspekte — das Thema der Zukunft

Aber auch sein tragisch endender Lebensweg wird dargestellt. Nicht mindertragisch verlief das Leben von Wilhelm Reich, dem Erforscher der „Orgonenergie" dessen Werk und Schicksal Bernd Senf in seinem Buch „Die Wiederentdeckung des Lebendigen" würdigt. *„Sein Lebens- und Forschungsweg endete 1957 in den USA im Gefängnis, begleitet vom Verbot seiner Forschungen über die Lebensenergie und der wiederholten Verbrennung seiner Bücher. Das Gericht verkündete, dass es die Lebensenergie nicht gibt (!) und dass mit ihr zu arbeiten und sie zum Beispiel für Heilung zu nutzen, kriminell sei."* [41] Reich starb bald nach seiner Inhaftierung unter mysteriösen Umständen. Auch Erfindern aus der Nachkriegszeit bzw. der letzten Jahrzehnte des 20. Jahrhunderts erging es kaum besser. Im Speziellen die sensationellen Entdeckungen und Versuchsergebnisse von Stanley Pons und Martin Fleischmann zur kalten Fusion wurden so lange medial schlechtgemacht, bis sie aufgeben mussten.

Viktor Schauberger:
„Ihr bewegt falsch."

Von den Büchern, die seit zwei Jahrzehnten zu diesem Thema geschrieben worden sind, ist neben dem Buch von John Davidson „Das Geheimnis des Vakuums" [42] u. a. das Werk „Freie Energien — die Revolution des 21. Jahrhunderts" von Jeane Manning sehr zu empfehlen. Dieses Buch gewährt einen tiefen Einblick in das Thema und beschreibt eingängig und dramatisch das Spannungsfeld zwischen den unzähligen Versuchen, neue Energien auf den Markt zu bringen, und den Lobbyisten, denen es bis heute gelungen ist, diese neuen Technologien zu unterdrücken, um ihre Gewinne aus den konventionellen Energien wie Öl und Atomkraft nicht zu verlieren. Jeane Manning zeigt aber auch eindrucksvoll auf, dass die Zeit nunmehr reif ist und es an uns liegt, uns mit den neuen Entdeckungen auseinanderzusetzen und ihnen zum Durchbruch zu verhelfen. Nicht zuletzt deshalb wird auch hier dieses Thema aufgegriffen.

Wenn diese freien Energien tatsächlich für die Menschen und ihre Häuser zur Verfügung stehen, wird dies ungeahnte Auswirkungen auf die Gebäude der Zukunft haben. Diese neugewonnene Freiheit ist aber auch eine große Herausforderung, denn unsere Gebäude werden weit weniger als derzeit von Versorgungsnetzen abhängig sein, da sie die Energie direkt aus der Umgebung beziehen können. Für die Raumordnung sollte dies bedeuten, dass der ländliche Raum wieder gestärkt werden kann, nicht nur weil Häuser energieautark sein könnten, sondern auch weil die Menschen freier würden und nicht mehr so sehr von der Infrastruktur und der Arbeit in Ballungszentren abhängig wären. Auf diese Herausforderung sollten wir uns frühzeitig einstellen, damit wir die gewonnene Freiheit in geordnete Bahnen lenken können. Die Nutzung dieser neuen Energiequellen wird wohl auch die Oberflächen unserer Gebäude (Dächer und Fassaden) verändern, es könnten Membranen entwickelt werden, welche die Energien direkt aus der Umgebung aufnehmen. Vielleicht werden die neuen Energieerzeuger aber nur kleine, unscheinbare Geräte sein, die kaum ins Auge fallen.

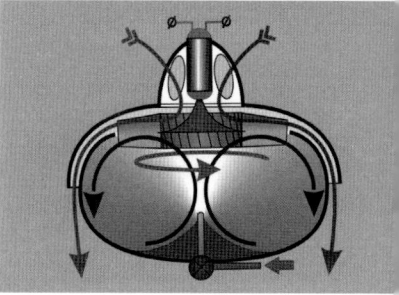

Schnittzeichnung durch
eine Repulsine

Resümierend können wir wohl davon ausgehen, dass die langersehnte Bereitstellung der „freien Energie" das Bauen wieder vereinfachen und von teurer, aufwendiger und umweltbelastender Haustechnik befreien sollte. Dadurch könnte ein großes Potenzial für die Kernaufgaben der Planung, vor allem für die Schaffung ästhetischer Baukörper, zurückgewonnen werden.

Hotels — Orte zum Wohlfühlen

Für unser persönliches architektonisches Schaffen ist der Entwurf und die bauliche Umsetzung von Hotelbauten innerhalb der letzten zwei Jahrzehnte zur tragenden Säule unserer Arbeit geworden. Die Tätigkeit in diesem Bereich ist von einem hohen Maß an Kontinuität bestimmt, denn einige Hotelanlagen wurden schon sechs bis sieben Mal erweitert und ihre Kubatur somit bereits vervielfacht. Diese vielen Erweiterungen stehen daher naturgemäß in einem Spannungsfeld zwischen dem Erhalt des Bestandes und der Innovation, denn einerseits müssen immer neueste Trends erkannt werden und in die Planung einfließen, andererseits sollte das Gesamtwerk nach jeder Erweiterung ein harmonisches Ganzes ergeben.

Das Planen und Bauen für die Hotellerie ist innerhalb des Baugeschehens eine sehr verantwortungsvolle und schwierige Aufgabe. Einerseits besteht ein enormer Anspruch an die Qualität, andererseits sind die dafür zur Verfügung stehenden finanziellen Mittel sehr begrenzt. Da die Situation im Tourismus hauptsächlich die Erneuerung bestehender Anlagen und notwendige Erweiterungen fordert, ist der richtige Umgang mit der bestehenden Bausubstanz von großer Bedeutung. Vorausschauendes Denken und Planen sind dabei die Grundvoraussetzungen für den Erfolg. Die geänderten Bedürfnisse der Gäste, die ständig steigenden Ansprüche, aber auch die Notwendigkeit, Kapazitätsvergrößerungen vorzunehmen, zwingen Unternehmer meist in kurzen Intervallen zu Investitionen. Die Aussichten auf eine Erwirtschaftung der Ausgaben sind nur dann gegeben, wenn Bauherr und Architekt Bereitschaft zur Kontinuität zeigen und dennoch über Weitblick bzw. über „den Blick aufs Ganze" verfügen.

Ein wichtiges Kriterium dabei ist neben der bestmöglichen Funktionslösung die Schaffung von wohlproportionierten Außen- und Innenräumen. Ein neuer Baukörper nimmt Außenraum weg. Ein gut durchdachter Baukörper formt den Außen-

Ausblick vom Schwimmbad
Edelweiss

Auch nach vielen
Erweiterungen sollten
Hotels ein harmonisches
Ganzes ergeben!

Yogaraum im Biohotel Daberer

4. Feinstoffliche Aspekte — das Thema der Zukunft

raum und definiert Freiräume. Gerade in der Hotellerie hat Prestigedenken vielfach voluminöse Baukörper entstehen lassen, die den verbleibenden Außenraum als den „übrigen Rest" einengten. Wenn aber die Proportion dieses „Restes" nicht stimmt, kann das „Ganze" zerstört werden.

Aber auch im Hinblick auf Form und Material ist die richtige Auswahl von enormer Bedeutung. Nachdem schon der ständig steigende Komfortstandard die Wirtschaftskraft eines Hotels aufgrund unabdingbarer Investitionen überfordern kann, so geschieht dies erst recht durch die Korrekturen, sprich Umbauarbeiten, die wegen der Kurzlebigkeit von Mode und Zeitgeist innerhalb weniger Jahre notwendig werden. Im Hinblick sowohl auf die architektonische Gestalt als auch auf die Auswahl von Materialien kann die Umsetzung nur darin liegen, ein Mindestmaß an Naturnähe und Kontinuität zu schaffen.

Weder die Forderung nach bedingungsloser Modernität noch die Fortsetzung der pseudoalpinen Schwere kann die Antwort auf die Frage nach dem Ideal in der heutigen Hotelarchitektur am Lande sein. Gerade bei dieser Bauaufgabe gilt es, den Archetypus einer Region zu finden und ihn in eine zugleich zeitgemäße wie auch zeitlose Form zu führen, Raumbildungen und Proportionen zu entwickeln, die den Gästen und Mitarbeitern ein Höchstmaß an Wärme und Atmosphäre schenken.

Passivhaus-Schwimmbad
Hotel Edelweiss in Wagrain

Mountain Resort Feuerberg nach der sechsten Baustufe

Hotelarchitektur lässt sich heute kaum noch vom Begriff des „Wellnesshotels", oder sogar des „Wellnesstempels", trennen. Nahezu jeder engagierte Hotelier möchte seinen Gästen in dieser rastlosen und unruhigen Zeit eine Oase der Ruhe und Geborgenheit bieten.

Wenn man als Architekt mit dem Entwurf eines Schwimmbades beauftragt wird, kommt aber auch Unbehagen auf: Der Betrieb von Wellnesshotels und vor allem Schwimmbädern benötigt überdurchschnittlich viel Energie. Gerade hier scheint es daher wichtig und sinnvoll, den derzeit höchsten Baustandard hinsichtlich Energieeffizienz, nämlich die Passivhausbauweise, zu verwirklichen. Dies ist ein Anliegen, das wir mit zwei Projekten in diesem Buch, des Hotel Edelweiss in Wagrain sowie des „Kärntner Badehauses" in Millstatt, bewerben möchten. Letzteres entstand auf der Grundlage eines Forschungsauftrages zu diesem Thema.[43]

Die Planung solcher Anlagen ist für einen Architekten — vor allem, wenn es sich um Gesamtkonzepte handelt — fast gleichbedeutend mit der Schaffung kleiner Universen, gilt es doch, eine Fülle an Funktionen und Formen zu einem funktionierenden und ästhetischen Ganzen zu vereinen.

Und gerade bei dieser hohen Komplexität und bei der großen Zahl an Räumen Baukörpern ist die Schaffung einer klaren Mitte, um welche alles sowohl ruhen als auch pulsieren kann, für das Wohlbefinden von Gästen und Mitarbeitern von großer Bedeutung. Wie bei einer kleinen Stadt gilt es, zentrale Räume zu schaffen, die vielen Menschen Platz bieten müssen und für unterschiedliche Bedürfnisse und Tätigkeiten differenziert auszuformen sind, dennoch aber ein harmonisches Ganzes ergeben sollen. Hier an diesen Orten sollte es für jedermann möglich sein, zur Ruhe zu kommen und den notwendigen Ausgleich zum täglichen Leben zu finden.

Hier an diesen Orten sollte es für jedermann moglich sein, zur Ruhe zu kommen.

Wettbewerbsprojekt für ein Wellnesshotel in Seeboden

Wettbewerbsprojekt für ein Wellnesshotel in Seeboden — Blick vom Millstätter See

Anmerkungen ^{Kap. 4}

1. CHOPRA, Deepak, Bewusst glücklich, S. 44, Kalifornien 2006

2. BROERS, Dieter, Gedanken erschaffen Realität — die Gesetze des Bewusstseins, Berlin, München 2010

3. PLANCK, Max, (* 23. April 1858 in Kiel; † 4. Oktober 1947 in Göttingen) war ein bedeutender deutscher Physiker auf dem Gebiet der Theoretischen Physik. Er gilt als Begründer der Quantenphysik. Für die Entdeckung des planckschen Wirkungsquantums erhielt er 1919 den Nobelpreis für Physik des Jahres 1918.
Quelle: Wikipedia — Die freie Enzyklopädie

4. BURKART Axel DI-Math., Akademie Zukunft Mensch, Anger/Aufham, Deutschland

5. GERKAN, Meinhard v., Von Gerkan, Marg & Partner, architecture 2001 bis 2003, Birkhäuser Verlag für Architektur, Basel, Schweiz 2005

6. TZARA, Tristan, Dada Manifest 1918; vergl. dazu: Senger, Alexander v., Mord an Apollo, S. 110f., Viöl/Nordfriesland 1992

7. RICHTER, Helmut, Architektur — Kultureller Auftrag — Kleine Galerie im Künstlerhaus 1985–1992, S. 72, Kärntens Haus der Architektur „Napoleonstadel", Klagenfurt 1995

8. PRIX, Wolf D. (Coop Himmelblau); vergl. dazu: Mund, Hillmar, Endzeit-Architektur, S. 85, München 1994

9. GERKAN, Meinhard v., Von Gerkan, Marg & Partner, architecture 2001 bis 2003, Birkhäuser Verlag für Architektur, Basel, Schweiz 2005, S. 17

10. SCHMIDT, K. O., Neue Lebensschule III. Die schöpferischen Kräfte, S. 34, St. Goar

11. PURNER, Jörg, Internationaler Herbstkongress 2009, Österreichischer Verband für Radiästhesie und Geobiologie (2.-4. Oktober 2009, Schloss Puchberg bei Wels, Ankündigungstext zum Vortrag „Im Zeichen der Wandlung — Über einen Weg zu den Orten der Kraft")

12. FROHMANN, Erwin, Univ.-Prof. Dr., Universität für Bodenkultur in Wien, H85 Department für Raum, Landschaft und Infrastruktur, Gestaltungsqualitäten in Landschaft und Freiraum

13. LÜDELING, Hartmut, Handbuch der Radiaesthesie, Schwerpunkt Grifflängentechnik, Erfahrungswissenschaftlicher Verlag Eike Hensch, Nienburg 1998

14. LÜDELING, Hartmut, Handbuch der Radiaesthesie, Schwerpunkt Grifflängentechnik, Erfahrungswissenschaftlicher Verlag Eike Hensch, Nienburg 1998

15. Diese persönlichen Erfahrungen decken sich weitgehend mit den Ergebnissen der bislang umfassendsten wissenschaftlichen Untersuchung, des sogenannten „Wünschelruten-Reports" aus dem Jahr 1989 von H. L. König und H. D. Betz. Zu dieser Studie schreibt Jörg Purner in seinem Buch „Im Zeichen der Wandlung": *„Am bestehenden ‚Negativ-Image' der Radiästhesie konnten auch jene aufwendigen wissenschaftlichen Untersuchungen nichts ändern, durch die statistisch ‚abgesichert' werden konnte, dass das Phänomen ‚Rutenausschlag'* im Sinne eines gesetzmäßigen Vorgangs existiert. (Siehe: H. L. König und H.-D. Betz, Der Wünschelruten-Report. Wissenschaftlicher Untersuchungsbericht, München 1989). *„Allerdings wurde durch dieses Forschungsvorhaben auch ersichtlich, dass sich die breite Masse der Rutengänger unter den gegebenen experimentellen Bedingungen im Bereich der ‚Zufälligkeit' bewegte und der Großteil der an diesen Experimenten Beteiligten längst nicht jene Leistungen zu erbringen vermochte, die sie letztlich von sich selbst erwarten. Durch diese Arbeit wurde jedenfalls der Nachweis erbracht, dass es weder gerechtfertigt ist, die Radiästhesie pauschalierend als reinen Humbug abzutun, noch ein Anlass zu übertriebenen Erwartungen in die durchschnittlich gegebenen Fähigkeiten von Rutengängern besteht. [...] Zur Besinnung und Ernüchterung hat diese Arbeit jedenfalls nur wenig beitragen können, und die Fronten der ‚gläubigen' Rutengänger und ‚ungläubigen' Wissenschaftler sowie deren Anhänger stehen sich wie eh und je ziemlich unverändert gegenüber."* Quelle: PURNER, Jörg, Im Zeichen der Wandlung, S.110f., Novalis Verlag, Quern-Neukirchen, 2000

16. PURNER, Jörg, Radiästhesie - ein Weg zum Licht?, Zürich 1996

17. RONACHER, Herwig, Endbericht Forschungsauftrag Bundesministerium für Verkehr, Innovation und Technologie: Energie Plus Haus Weber — höchste Energieeffizienz im Spannungsfeld zwischen Tradition und Moderne, S. 34: Die raumenergetische Reinigung wurde nicht zuletzt deshalb als sinnvoll erachtet, da die Vorgeschichte in diesem Gebäude durchaus dramatische bzw. tragische Aspekte aufweist.

18. HERZNER, Robert A., Radiästhesie und Naturwissenschaft, Stellungnahme auf der Homepage „Forum für Radiästhesie und Geobiologie" zum Thema „Der Mensch als Instrument": *„Als die in einem ganz anderen Bereich [als die Technik und Naturwissenschaft, Anm. d. Verf.] angesiedelten ‚geheimen Künste' der Wünschelrutengehens und Pendelns in diesem Jahrhundert an die Öffentlichkeit traten, warfen sie sich sogleich das Mäntelchen der ‚Wissenschaftlichkeit' über, um in einer restlos wissenschaftsgläubigen Zeit überhaupt Gehör zu finden. Gerade diese Auffassung steht bis heute als unüberwindliche Schranke zwischen Radiästheten und Naturwissenschaftlern! Denn der ‚Fühlige' (Pendler oder Rutengeher) verfügt über keinerlei Instrument - er ist das Instrument! Deshalb kann Naturwissenschaft nur den Pendler anerkennen (nicht das Pendel), nur den Rutengeher testen (nicht die Rute) und nur die „Fühligkeit" erforschen (nicht das Gefühlte direkt)! Radiästhesie ist also (noch) keine Wissenschaft. Und wenn sie einmal eine werden sollte, so wird sie sich weitgehend auf Erfahrungswerte stützen und dazu mit lebenden Objekten arbeiten, die sich einer Normung weitgehend entziehen — wie dies in der Biologie, Psychologie und Parapsychologie der Fall ist."* Quelle: http://www.frg.at/aufsaetze/radiaesthesie-und-naturwissenschaft.php www.frg.at, Abruf am 12.11.2012

19. CHAO-HSIU, Chen: Feng Shui – Gesund und glücklich wohnen in Buddhas Haus und Garten, Heyne, München 1996

20. Der Lo Pan ist ein erweiterter Kompass, der im Feng Shui verwendet wird. Um den eigentlichen Kompass, der das Zentrum der Fläche bildet, sind auf mehreren, meist drehbaren Ringen Symbole angebracht, die vom Feng-Shui-Berater interpretiert werden Quelle: Wikipedia — Die freie Enzyklopädie, 2012

21. LIPTON, Bruce, Spontane Evolution — Wege zum neuen Menschen, S. 123, Koha-Verlag, Burgrain 2009

22. LIPTON, Bruce, Spontane Evolution — Wege zum neuen Menschen, S. 121, Koha-Verlag, Burgrain 2009

23. JORDAN, Harald, Räume der Kraft schaffen, S. 171-173, Freiburg im Breisgau 1998

24. LIPTON, Bruce, Spontane Evolution — Wege zum neuen Menschen, S. 124, Koha-Verlag, Burgrain 2009

25. MELCHIZEDEK, Drunvalo, Die Blume des Lebens, Band I, S. 7, Koha-Verlag, Burgrain 2004

26. MELCHIZEDEK, Drunvalo, Die Blume des Lebens, Band I, S. 156 Koha-Verlag, Burgrain 2004

27. MELCHIZEDEK, Drunvalo, Die Blume des Lebens, Band I, Koha Verlag, Burgrain 2004

28. COATS, Callum, Naturenergien verstehen und nutzen. Viktor Schaubergers geniale Entdeckung, S. 101, Aachen 2005

29. NACHTIGALL, Werner, Bau-Bionik, S. 174, Berlin 2003

30. TRIBUTSCH, Helmut und Udo Küppers — Bionik der Verpackung, Teubner, Wiesbaden; ISBN 3519004046, 07/2001

31. NACHTIGALL, Werner, Bau-Bionik, S. 15, Berlin 2003

32. NACHTIGALL, Werner, Bau-Bionik, S. 16, Berlin 2003

33. NACHTIGALL, Werner, Bau-Bionik, S. 16, Berlin 2003

34. Der französische Ingenieur Félix Trombe entwickelte 1950 eine massive Speicherwand, die außen dunkel angestrichen bzw. verkleidet ist, damit sich dort möglichst wenig Sonnenstrahlen reflektieren. Vor dieser Wand wird eine Glas- oder Kunststoffschicht installiert, dadurch wird die Sonnenenergie in Wärmeenergie umgewandelt und die Konstruktion auch klimatechnisch stabilisiert. Die Wand wird von der Sonne tagsüber erwärmt und speichert die Wärmeenergie. Die Wärme wird abends an den Innenraum abgegeben. Durch diese Phasenverschiebung steht die Wärme in den kühlen Abendstunden zur Verfügung, während sie tagsüber in der Wand gespeichert wird und nicht in den Raum gelangt. Quelle: Wikipedia — Die freie Enzyklopädie

35. Als Strömung nach Bernoulli und Venturi bezeichnet man von Giovanni Battista Venturi und Daniel Bernoulli im 18. Jahrhundert entwickelte Theorien über die Strömungsmechanik, die aufeinander aufbauen und die Grundlage für wichtige aero- und hydrodynamische Berechnungen darstellen.

36. Der Italiener Giovanni Battista Venturi entdeckte, dass sich die Fließgeschwindigkeit eines durch ein Rohr strömenden inkompressiblen Fluids zu einem sich verändernden Rohrquerschnitt umgekehrt proportional verhält. Das heißt, die Geschwindigkeit des Fluids ist dort am größten, wo der Querschnitt des Rohres am kleinsten ist. Nach dem Kontinuitätsgesetz für inkompressible Fluide tritt aus jedem beliebigen Rohrabschnitt dieselbe Fluidmenge aus, die in ihn eingeführt worden ist. Das Fluid muss die Engstelle also mit dem gleichen Durchfluss (Menge/Zeit) passieren wie den Rest des Rohres. Deshalb muss sich die Geschwindigkeit des Fluids (Gas oder Flüssigkeit) zwingend erhöhen. Quelle: Wikipedia — Die freie Enzyklopädie

37. O'LEARY, Brian, (*1940 –† 2011, Physiker und ehemaliger Astronaut. Er war Mitglied der Sixth Group der NASA seit August 1967. Die Mitglieder dieser 11-köpfigen Gruppe waren auch als Forscher-Astronauten bekannt und trainierten für das Apollo Applications Program, eine weitere Stufe des Apollo Program, welche dann aber abgebrochen wurde. Quelle: Wikipedia — Die freie Enzyklopädie

38. MANNING, Jeane, Freie Energie – die Revolution des 21. Jahrhunderts, S. 25, dt. Übersetzung: Omega Verlag 5. Auflage 2007

39. Callum COATS gibt in seinem Werk „Naturenergien verstehen und nutzen" (Aachen 2005) einen umfassenden Einblick in die Forschungen und Entwicklungen sowie in das Leben von Viktor Schauberger, beginnend bei Schaubergers Verständnis von Energie, Ur-Bewegung, Magnetismus, Elektrizität über die Natur des Wassers, der Strömungsthematik seiner Holzschwemmanlagen, Forstwesen und Landwirtschaft bis hin zur Erfindung bzw. Entwicklung seiner „fliegenden Untertasse", die er „Repulsator", „Repulsine" oder „Vakuummaschine" nannte. Laut Callum Coats wurden Baupläne dazu höchstwahrscheinlich von den Alliierten beschlagnahmt und er zitiert u. a. Schauberger, der berichtet, dass das letzte Gerät, an dem er gearbeitet hatte, nach seiner Haft durch die Amerikaner von deren Geheimdienst beschlagnahmt wurde. Seine Freilassung erfolgte demnach unter der Drohung, jedwede Forschung in dieser Richtung zu unterlassen. Nachdem sich in den Nachkriegsjahren in Österreich niemand für die Erfindungen Schaubergers interessierte, trat die größte Tragödie in sein Leben. Laut Callum Coats vertraute er den amerikanischen Geldgebern Donner und Gerchsheimer und unterschrieb 1958 in der Meinung, man werde ihn fördern, einen Vertrag, der ihn aller Freiheit und aller seiner Modelle, Prototypen, Zeichnungen und Unterlagen beraubte. Fünf Tage nach seiner Rückkehr aus Amerika starb er völlig verzweifelt, aber wenigstens in seiner Heimat.

40. COATS, Callum: Bei aller Dramatik und Tragik, die das Leben von Viktor Schauberger und die Verhinderung der breiten Nutzung seiner „Energiemaschinen" kennzeichnen, stellt dieses „Schicksal" nur die Spitze eines großen Eisberges an Erfindungen dar, welche nach dem Ende des 2. Weltkrieges von den Alliierten nach Amerika gebracht und unter Verschluss gehalten wurden. Im Buch von Friedrich Georg „Unternehmen Patentraub 1945" ist von insgesamt mehreren 10.000 Tonnen Papier in Form von Dokumenten sowie von hunderttausenden Patentanmeldungen und Erfindungen die Rede, die zwischen Mai und September 1945 unter größter Geheimhaltung systematisch aus Deutschland in die USA gebracht wurden. Dass dabei die Geheimtechnologie von Flugscheiben und freier Energie eine Schlüsselrolle gespielt haben dürfte, wird durch die umfassende Literatur zu diesem Thema immer klarer.

41. SENF, Bernd, Die Wiederentdeckung des Lebendigen, Zweitausendeins, 3. Aufl., Frankfurt a. M. 1998

42. DAVIDSON, John, Das Geheimnis des Vakuums, Omega Verlag, 1. Aufl., Düsseldorf, 1996

43. RONACHER, Herwig, Forschungsauftrag „Energieeffiziente Schwimmbäder", 2013

4. Feinstoffliche Aspekte — das Thema der Zukunft

Projekte

Schwimmendes Saunahaus

Ein Haus, das keine feste Verankerung im Boden hat

Terrasse und Einstieg zum See
des schwimmenden Saunahauses

4*-Hotelanlage Familienferiendorf Pressegger See mit Seesauna
Standort: **Pressegger See** (Kärnten)
Planung: **1987/2003**
Ausführung: Feriendorf 1988, Saunahaus 2003
Auszeichnung: **Kärntner Landesbaupreis 1988**
Mitarbeiter: **Jürgen Fina, Harald Madritsch**
Link zum Hotel: www.familienferiendorf.at

4. Feinstoffliche Aspekte — das Thema der Zukunft

Bereits im Jahre 1987 wurde für die damaligen Besitzer, die Familie Bergmann, ein Feriendorf aus Holz geplant, welches 1988 mit dem Kärntner Landespreis für gutes Bauen ausgezeichnet wurde. Bald nach Übernahme durch die neuen Eigentümer, die Familie Richter, sollte eine neue Attraktion für die Gäste geschaffen werden, und zwar in Form eines schwimmenden Saunahauses.

Der Entscheidung, an welcher Stelle des Areals des Familienferiendorfes Pressegger See das Wellness- und Saunagebäude errichtet werden sollte, ging eine intensive Diskussion mit Varianten-Untersuchungen voraus. Die Betreiberfamilie wollte schließlich ihren Gästen den attraktivsten Standort für diese Einrichtung bieten und nahm dafür auch viele zusätzliche Überlegungen und Mühen in Kauf: Man entschied sich schlussendlich für eine dem Areal vorgelagerte kleine Insel, welche nur über einen Steg erreicht wird.

Angesichts dieser ungewöhnlichen Lage entschloss man sich, einen neuen Weg zu gehen: Und zwar sollte das Bauwerk, wie auch die übrige Ferienwohnhausanlage, auf Lärchenpfählen fundamentiert werden, jedoch in diesem Falle sollte das Gebäude nicht fix mit diesen verankert, sondern auf Schwimmkörper gesetzt werden.

Das Volumen der Schwimmkörper wurde auf das Gewicht des Gebäudes abgestimmt, sodass man davon ausgehen kann, dass das Gebäude bei ansteigendem Wasser — wenn ein Anstieg von mehr als einem Meter erreicht ist — „mitschwimmt". Damit es aber nicht davonschwimmt, ist

Einen tollen Ausblick und eine große Liegefläche bietet die Terrasse.

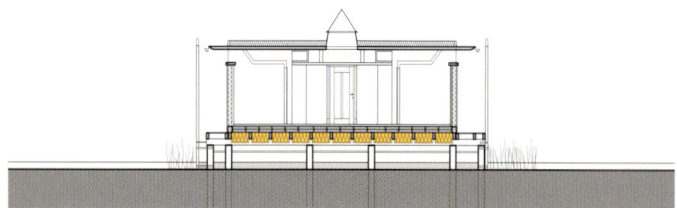

Die Ansicht des Saunahauses zeigt den symmetrischen Baukörper.

es an den vier Eckpunkten mit horizontalen Ringen verankert, welche die Höhenbewegung des Gebäudes mitmachen. Alle Anschlüsse an das Versorgungs- und Entsorgungsnetz inklusive der Abwasserleitungen mussten daher flexibel bzw. dehnbar und beweglich ausgeführt werden.

Das Gebäude selbst ist ein reiner, ebenerdiger Holzbau. Er enthält zwei Sau-

Terrasse und Steg, beide zur Gänze aus Holz, sind zum See hin ausgerichtet.

4. Feinstoffliche Aspekte — das Thema der Zukunft

Schwimmendes Saunahaus. Ein Haus, das keine feste Verankerung im Boden hat

nakabinen, einen kleinen Fitnessraum sowie einen Ruhe- und Aufenthaltsbereich, der direkt zum Pressegger See hin ausgerichtet ist. Charakteristisch für die Architektur ist das umlaufende Oberlichtband, direkt unterhalb der glatten Holzdecke, welches dem Gebäude Leichtigkeit und Transparenz verleihen soll.

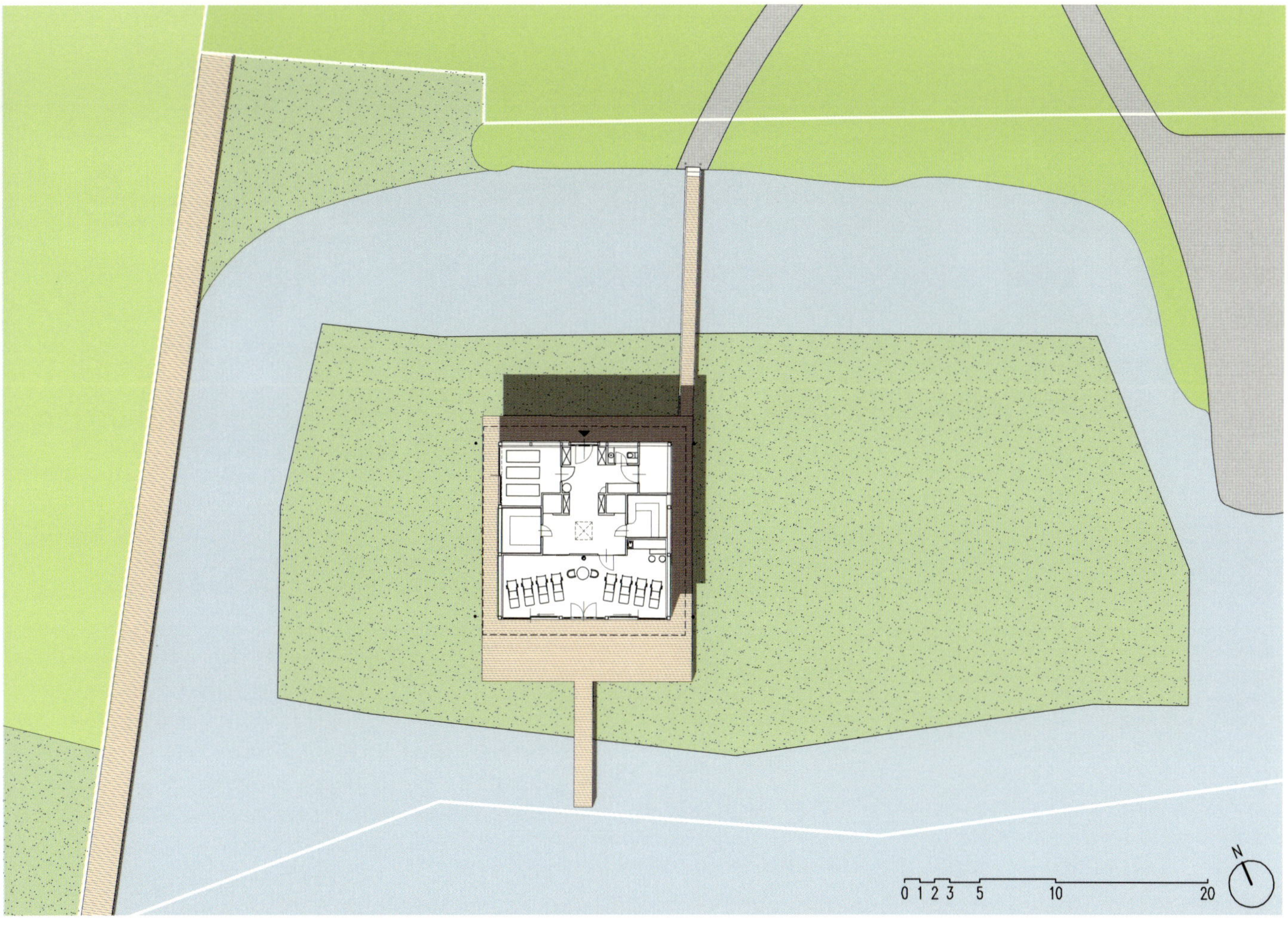

Biohotel Daberer

Erweiterung nach höchsten ökologischen und baubiologischen Grundsätzen

Die gesamte Anlage des Biohotels Daberer in St. Daniel nach der letzten Baustufe

Vier-Sterne-Hotelanlage im oberen Gailtal

Standort: **St. Daniel im Gailtal** (Kärnten)

Planung: **1991–2007**

Ausführung: 1. Baustufe 1991, 2. Baustufe 1993, 3. Baustufe 1995, 4. Baustufe 2000, 5. Baustufe 2003, 6. Baustufe 2006, 7. Baustufe 2010

Mitarbeiter: **Alexander Gressel, Yvonne Maier, Markus Rauscher, Klaus Mösslacher, Helene Zavodnik, Gerhild Goldberger, Christian Kanzian**

Link zum Hotel: www.biohotel-daberer.at

4. Feinstoffliche Aspekte — das Thema der Zukunft

In der kleinen Ortschaft St. Daniel im Gailtal hat die Familie Daberer seit nunmehr etwa 30 Jahren eine vormals kleine Frühstückspension der Eltern sukzessive zu einem Landhotel aufgebaut, welches als Geheimtipp für ein feines, gediegenes Hotel der Vier-Sterne-Kategorie gilt. Naturnähe in jeglicher Hinsicht ist das gelebte Leitmotiv der Hoteliersfamilie. Nicht nur die vorzügliche Bio-Küche von der ersten Stunde an, sondern natürlich auch die ökologische Architektur und im Speziellen das bauliche Konzept der Spa-Wellness-Anlage spiegeln diesen Gedanken wider.

Seit circa 1990 wurden sechs Bauetappen geplant und realisiert und die damals vorgefundene zentrale Baumasse zu einem gewachsenen Ensemble erweitert. Die gesamte Anlage verrät erst auf den zweiten Blick die Tatsache, dass zuvor schon zwei Architekten am Hauptgebäude am Werk waren, da diese zentrale Baumasse gestalterisch trotz ihrer Größe zurücktritt.

Heute präsentiert sich die Anlage mit zwei zum Stammhaus verschwenkten Turmbaukörpern im Westen und im Osten und einem Schwimmbad mit einer attraktiven Holzkuppel im Süden. Die einzelnen Baukörper schaffen durch ihre Stellung, Ausformung und Höhenlage zueinander gegliederte und terrassierte Außenbereiche unterschiedlicher Qualitäten. Das Schwimmbad wurde in Zwölfeckform mit einer runden Holzkuppel und Gründach ausgeführt. Fünf Flächen dieses Zwölferpolygons wurden großzügig nach Süden und Südosten ver-

glast und durch Schiebeelemente großflächig zu öffnend ausgeführt. In der Mitte der Holzkuppelkonstruktion sorgt ein rundes Oberlicht zusätzlich für Helligkeit. Schließlich wurde im Osten der Hotelanlage als Pendant zum westseitigen Turm ein neuer Bettenturm mit je zwei Zimmereinheiten pro Geschoß errichtet. Der Bettenturm besteht aus vier Hauptgeschoßen, wobei das Dachgeschoß in Holzbauweise realisiert wurde.

Im Zuge dieser Baustufe wurde die Ölfeuerungsanlage durch eine Biomasseheizung — im Untergeschoß des nordseitigen Zubaus — ersetzt. Die gesamte Südfläche des neuen Daches dient als Trägerfläche für eine Solarthermieanlage, welche nicht nur 100 Prozent der Warmwasserbereitung abdeckt, sondern auch

Der neue Eingangsbereich (▲), die Anlage vor der letzten Baustufe und Entwurfsskizze (▶)

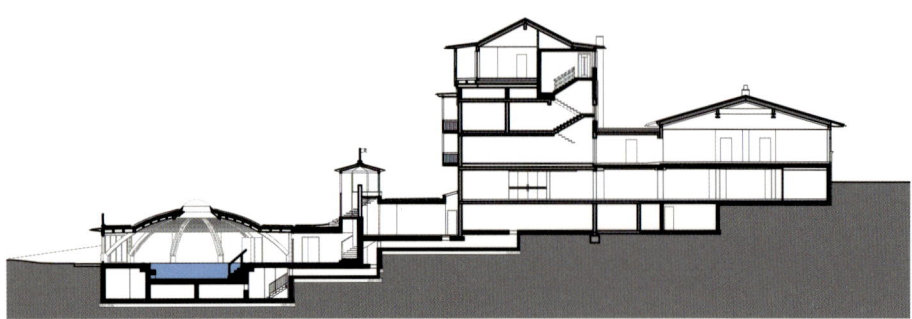

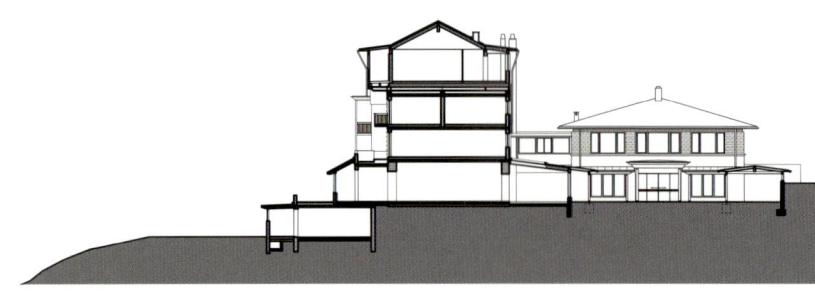

Längsschnitt durch den Gebäudekomplex mit Schwimmbad und Geländeverlauf

die Biomasseheizung für die Raumerwärmung unterstützt. Gleichzeitig wurde mit dieser Baustufe auch der gesamte Altbestand thermisch saniert.

Als vorläufig letzte und zugleich größte Baustufe wurde im Frühjahr 2010 das gesamte Dachgeschoß des Altbestands abgebrochen und durch ein neues Vollgeschoß aus Holz in Niedrigbauweise ersetzt. Hier entstanden sechs neue „Fernblick-Suiten". Durch diese Baumaßnahme war es möglich, dem Bestandsgebäude mit unterschiedlichen Geschoßhöhen und einer sehr unruhigen und zerklüfteten Dachlandschaft ein ruhiges Gesamterscheinungsbild zu verleihen und gleichzeitig dem zentralen Altbestandsgebäude die ihm entsprechende Baukörperhöhe zu geben. Parallel dazu wurde an der Nordseite ein quadratischer Querbaukörper geschaffen, welcher nunmehr für den ankommenden Gast eine Hofsituation sowie eine zentrale Eingangssituation bietet. Mit diesem Bau wurde einerseits ein geräumiger Entree- und Lobby-Bereich mit Rezeption, andererseits im ersten Obergeschoß ein großzügiger Yoga-Raum geschaffen. Der Baukörper gewährt den Gästen außerdem im ersten

Die neue Rezeption (▲), der neu gestaltete Speisesaal (◄◄) sowie die neuen Zimmer des Biohotels

4. Feinstoffliche Aspekte — das Thema der Zukunft

Biohotel Daberer. Erweiterung nach höchsten ökologischen und baubiologischen Grundsätzen

Obergeschoß eine wesentlich direktere
und witterungsgeschützte Zugangsmög-
lichkeit zur „Waldsauna".

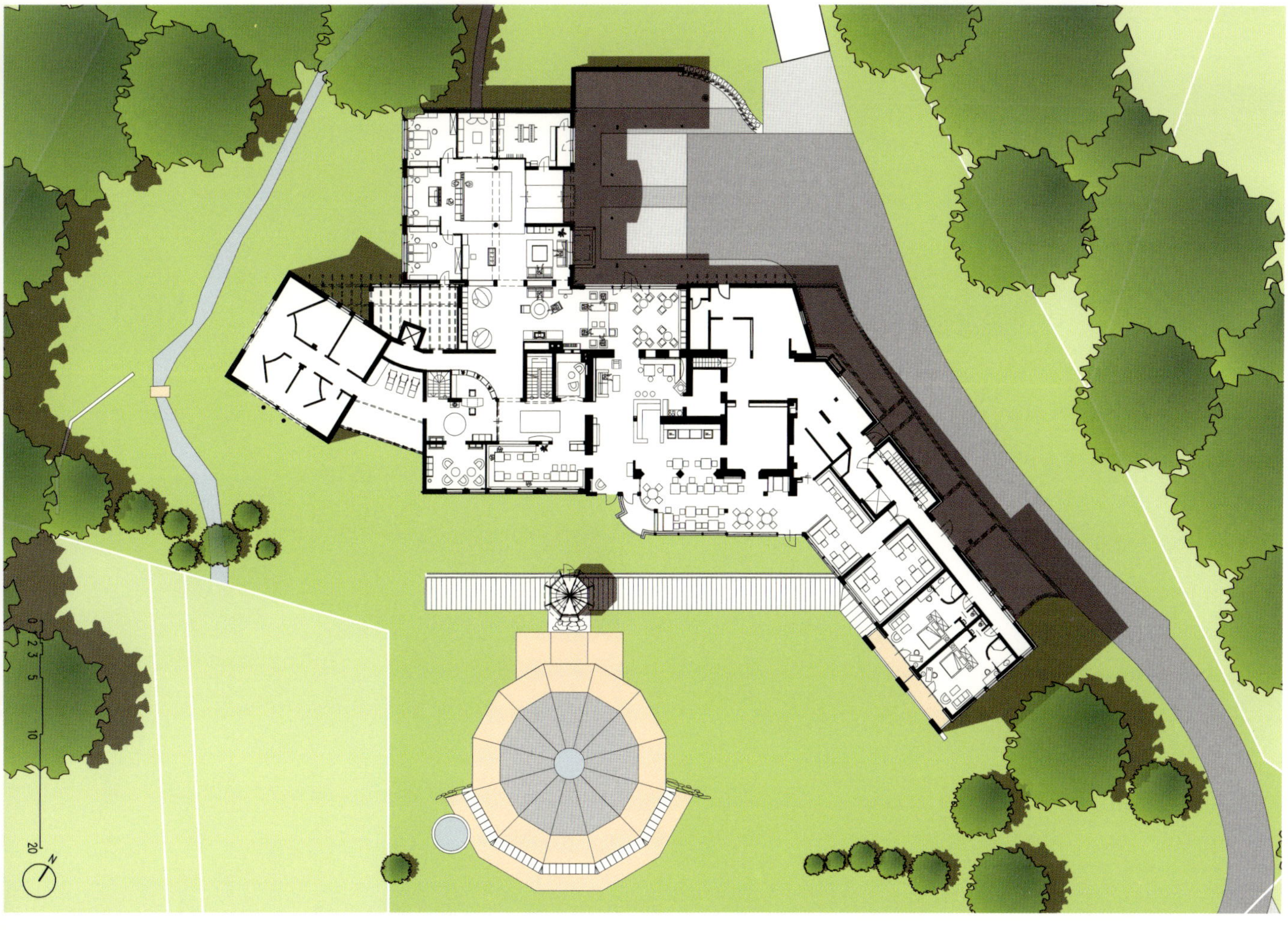

4. Feinstoffliche Aspekte — Das Thema der Zukunft

Biohotel Daberer. Erweiterung nach höchsten ökologischen und baubiologischen Grundsätzen

Mountain Resort Feuerberg

Eine moderne Interpretation alpiner Bauformen

Das Mountain Resort Feuerberg
als gesamte Anlage nach der sechsten
Baustufe

Erweiterung Wellnessbereich und Zubau Panoramaspeisesaal

Standort: **Gerlitzen** (Kärnten)

Planung: **2006/2012**

Ausführung: 1. Baustufe: 2007, 2. Baustufe: 2008, 3. Baustufe: 2009,
4. Baustufe: 2010, 5. Baustufe: 2011, 6. Baustufe: 2012

Mitarbeiter: **Thomas Freunschlag, Bernd Zerza, Johannes Pinter, Roman Popatnig,
Matthias Brugger, Franziska Dej, Christian Kanzian, Roman Schmidt**

Link zum Hotel: www.hotel-feuerberg.at

Erwin und Isabella Berger bewirtschaften das Resort in der vierten Generation. Mit ihnen wurden die sechs Baustufen, die Bade- und Wohlfühlwelt, der neue Speisesaalpavillon (2007 und 2008), die neue Eingangshalle samt Schwimmbaderweiterung (2009), eine weitere Wellnesserweiterung (2010), eine neue Rezeption (2011) realisiert, sowie die vollständige thermische und architektonische Sanierung der Bestandsbauten (2012).

Grundidee der ersten Erweiterung des Bestandes, welcher an der Hauptaussichtsseite keinerlei gut nutzbare Außenräume besaß, war die Neuerrichtung des Wellness- und Erlebnisbereiches, einschließlich eines großen Schwimmteiches an der Vorderfront. Dieser Schritt ist insofern als ungewöhnlich zu bezeichnen, da damit auch die Bewältigung der Integration der neuen Saunalandschaft bzw. der Nacktzonen in den öffentlichen Bereichen bewerkstelligt wurden. Letztlich wurde aber mit der Erweiterung ein außergewöhnlicher wirtschaftlicher Aufschwung des Resorts eingeleitet. In fünf folgenden Bauphasen wurde dieser Bereich ständig erweitert, und durch eine sehr transparente, moderne, alpine Formensprache wurde eine neue Mitte geprägt, welche durch einen fließenden Übergang der Innen- und Außenbereiche gekennzeichnet ist. Die neuen Baukörper bieten hier einen wesentlichen klimatischen Schutz (Höhenlage mehr als 1.900 Meter!), schirmen zur benachbarten Liftanlage hin ab und verstärken gleichzeitig das Erlebnis des imposanten Ausblickes auf Mittelkärnten mit seinen Seen.

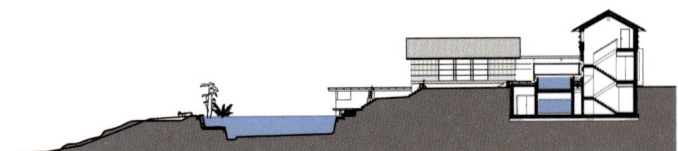

Längsschnitt und Südansicht zeigen den Geländeverlauf und den gesamten Gebäudekomplex.

4. Feinstoffliche Aspekte — das Thema der Zukunft

Mountain Resort Feuerberg. Eine moderne Interpretation alpiner Bauformen

Bereits ein Jahr nach Fertigstellung wurde die Anlage um einen Panorama-Speisesaal als Holzbau erweitert. Dadurch konnte die Hofwirkung bzw. die Atmosphäre der Geborgenheit nochmals verbessert werden. Die dritte Baustufe (2009) beinhaltet einerseits eine neue Eingangshalle samt Vordach und andererseits eine wintergartenartige Hallenbaderweiterung mit dem davorliegenden Außenschwimmbecken. Die Erweiterungen der dritten Baustufe wurden ebenfalls als reine Holzbauten ausgeführt. Mit jedem neuen Baukörper wurde durch dessen Situierung neben dem Innenraum wertvoller, geschützter und erlebbarer Außenraum geschaffen.

Innerhalb der vierten Baustufe (2010) wurde der Speisesaal für einen Ruheraum aufgestockt. Gleichzeitig wurden Bar und Lobby von Grund auf erneuert. In der fünften Baustufe (2011) wurde die Rezeption völlig neu gestaltet.

Im Jahr 2012 wurde die sechste und bislang größte bauliche Erweiterung geplant und durchgeführt: Sämtliche Bestandszimmer wurden weitgehend neu gestaltet. Durch vorgesetzte, wintergartenartige Erweiterungen sämtlicher Zimmer war nunmehr die Möglichkeit gegeben, auch das Erscheinungsbild des Altbestandes mit transparenten Holz-Glas-Konstruktionen beträchtlich zu verändern. Im Rahmen dieser sechsten Bauphase wurde auch der gesamte Altbestand thermisch saniert.

Die Mächtigkeit des Bestandsbaukörpers wurde durch jede bauliche Ergänzung weiter zurückgenommen. Nun hat die gesamte Hotelanlage vor allem in den Erd- und Untergeschoßen mit Bezug zu den Außenanlagen ein völlig neues Erscheinungsbild. Alpine Bauformen wurden als Zitate übernommen, doch modern umgesetzt. Die horizontalen Rundhölzer an den Fassaden schaffen eine durchgehende Gestaltungsgliederung. Mit jeder Baumaßnahme wurden bewusst neue Außenräume definiert und gestaltet und neue Erlebnisbereiche geschaffen.

Innerhalb von nur sechs Jahren entstand hier aus einem unauffälligen Gebäudekomplex eine außergewöhnliche Hotelanlage, die zwischenzeitlich zu den am besten ausgelasteten und beliebtesten Urlaubsdestinationen Kärntens zählt.

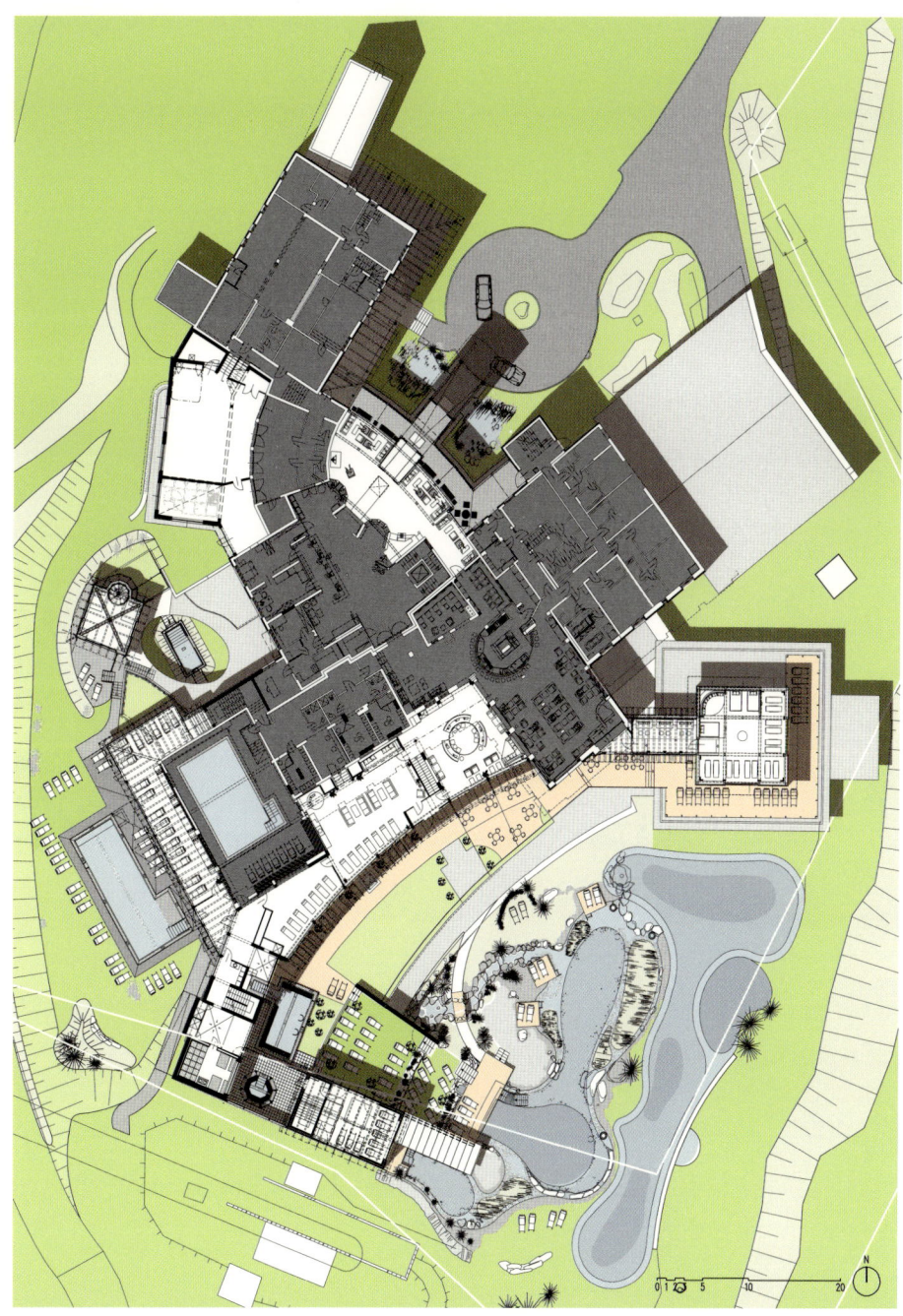

Der Lageplan zeigt, in welchem Umfang das Mountain Resort Feuerberg erneuert wurde.

4. Feinstoffliche Aspekte — Das Thema der Zukunft

Mountain Resort Feuerberg. Eine moderne Interpretation alpiner Bauformen

Die Wasnerin

Die behutsame Erweiterung eines legendären, denkmalgeschützten Hotels

Das Bestandsgebäude mit neu errichtetem Baukörper, welcher in Massiv- bzw. Holzbauweise ausgeführt wurde.

Wellnesshotel mit 180 Betten und Gesundheitszentrum

Standort: **Bad Aussee** (Steiermark)

Planung: **2004/2005**

Ausführung: 2005/2006

Auszeichnung: **Holzbaupreis Steiermark 2007**

Mitarbeiter: **Thomas Freunschlag, Bernd Zerza, Markus Rauscher**

Link zum Hotel: www.wasnerin.at

Blick auf die Wellnessanlagen im
Innen- und Außenbereich (▼)

Die große Herausforderung innerhalb des Architektenwettbewerbs war es, das umfassende Raumprogramm und Bauvolumen so behutsam an die alte „Wasnerin" anzugliedern, dass diese ihre Stärke behaupten und die Kraft des Ortes halten kann bzw. diese noch gestärkt wird.

Die angestrebte Lösung konnte nur in einer niedrigen, längsgestreckten Bebauung liegen, welche in der Höhenentwicklung lediglich die Dachtraufe der alten „Wasnerin" erreicht und sich durch ein „entmaterialisiertes", transparentes Bindeglied vom Bestand abhebt.

Die Besonderheit der Situation führte daher zu einer individuellen und außergewöhnlichen Lösung: einem Atrium mit zwei geschwungenen Bettentrakten und dem im Zentrum befindlichen, dreigeschoßigen Schwimmbad sowie dem Vital-Gesundheitszentrum und der Saunalandschaft.

Im Zuge der Planungsphase wurde die ursprüngliche Längsachse des Neubaus aus der Achse des Bestandsgebäudes gedreht und der neue Eingangsbereich ins Untergeschoß verlagert. Das teilweise zweigeschoßige Foyer kommuniziert mit der Bar und der Hotellobby des Mittelgeschoßes, welches wiederum zum Atrium und zum Schwimmbad hin orientiert ist.

Das Erdgeschoß des Bettentraktes wurde in Massivbauweise, das erste Obergeschoß zur Gänze in Holzbauweise errichtet. Die Baulichkeiten innerhalb des Atriums, wie das Gesundheitszentrum, das Schwimmbad und das Vitalzentrum, wurden teilweise massiv, teilweise in Holz ausgeführt.

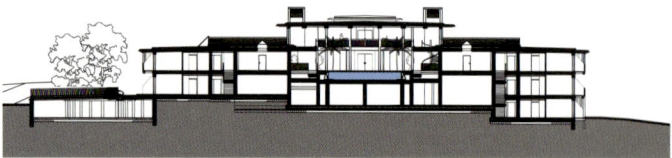

Längs- und Querschnitt zeigen die Komplexität der einzelnen Gebäude sowie den Geländeverlauf der Wasnerin.

Das zentrale Bindeglied zwischen der Wasnerin und den neuen Bettenflügeln wurde, wie auch die schräge Südfassade des Schwimmbades, in Holz-Glas-Stahl-Architektur errichtet.

Die Formensprache ist zeitgemäß schlicht, aber ebenso von traditionellen Prinzipien geprägt und erhebt daher den Anspruch auf Beständigkeit bzw. zeitlose Gültigkeit.

Ein wichtiges Prinzip für die Umsetzung dieses Projektes war auch die Berücksichtigung ökologischer und baubiologischer Aspekte. Dies bedeutet neben dem Einsatz des Baustoffs Holz die teilweise Anwendung von Lehmputzen in den Innenräumen des Gesundheitszentrums, die Integration des solaren Bauens mit insgesamt circa 230 Quadratmeter Solar-

4. Feinstoffliche Aspekte — das Thema der Zukunft

Die Wasnerin. Die behutsame Erweiterung eines legendären, denkmalgeschützten Hotels

Die neu gestaltete Eingangshalle besticht durch ihre Holzelemente.

kollektoren sowie die Ausbildung von Gründächern, welche neben dem ökologischen Aspekt vor allem den Vorteil aufweisen, als Speichermasse gegen die Überhitzung zu dienen. Diese Dachterrassen können gleichzeitig als Liege- und Aufenthaltsbereiche, zusätzlich zu den windgeschützten Höfen der Atrien, genutzt werden.

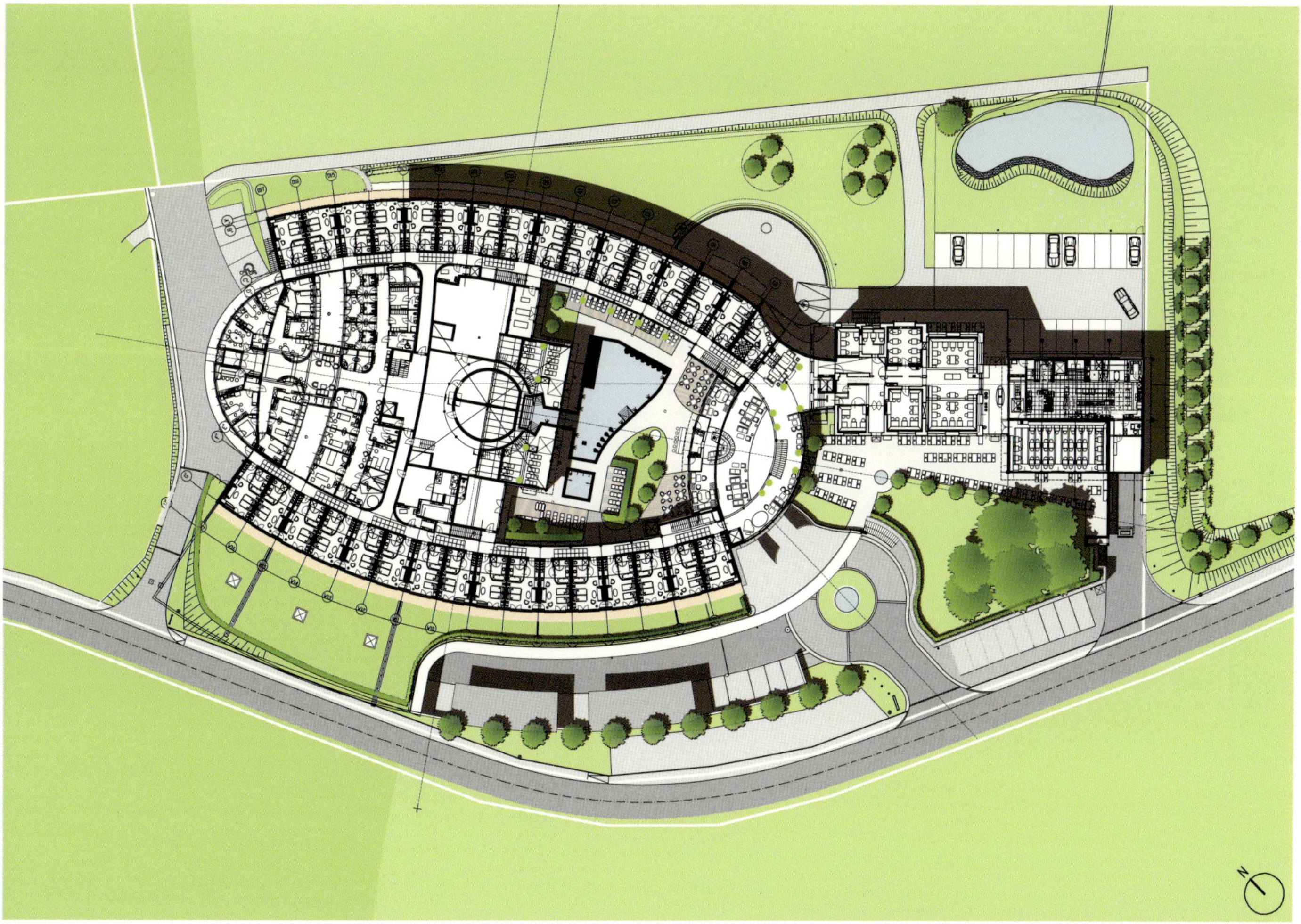

4. Feinstoffliche Aspekte — Das Thema der Zukunft

Die Wasnerin. Die behutsame Erweiterung eines legendären, denkmalgeschützten Hotels

Larimar
Hotel Therme Spa

Ein ovaler Baukörper in den Proportionen des Goldenen Schnitts

Der Innenhofbereich des Hotels Larimar

Thermen- und Wellnesshotel mit 212 Betten
Standort: **Stegersbach** (Burgenland)
Planung: **2006**
Ausführung: 2006/2007
Mitarbeiter: **Manuela Zankl, Bernd Guggenberger, Hannes Pinter,
Markus Rauscher, Alexander Gressel**
Link zum Hotel: www.larimarhotel.at

4. Feinstoffliche Aspekte — das Thema der Zukunft

Namensgeber dieses Hotels ist der karibische Edelstein Larimar, dessen Farbe zwischen Hellblau und Türkis changiert. Diesem sagt man eine positive Wirkung bei körperlichen und emotionalen Heilungsprozessen nach. Grundlegender Entwurfsgedanke war die Entwicklung eines Ovals als Baukörper, das sowohl im Inneren als auch im Außenbereich ein Höchstmaß an Geborgenheit schaffen sollte. Der elliptische Baukörper mit den zwei geschwungenen Zimmertrakten umschließt ein Atrium auf zwei Ebenen. Das Längen-Breiten-Verhältnis des umschriebenen Rechtecks des Ovals entspricht dem Goldenen Schnitt bzw. der Zahl Phi = 1,618 ...

Im Zentrum des Atriums steht die zweigeschoßige Schwimmbad-Holzkuppel mit Innen- und Außenbecken und kommuniziert mit beiden Terrassenebenen. Die Zimmer sind überwiegend nach außen orientiert. Aufgrund der starken Hanglage war es notwendig, zusätzlich zwei Bettengeschoße im ersten und zweiten Untergeschoß zur Talseite hin zu konzipieren. Dadurch konnte das Gelände ohne übermäßige Erdbewegungen ausgeglichen werden. Den Zimmern im ersten Untergeschoß sind Terrassen vorgelagert, jene im zweiten Untergeschoß verfügen über Gärten. Ein wichtiges Kriterium bei der Planung war die Schaffung von wohlproportionierten Außen- und Innenräumen. Ein neuer Baukörper nimmt Außenraum weg; ein gut durchdachter Baukörper formt den Außenraum und definiert Freiräume, die zum Verweilen und Erleben einladen.

Der Eingang befindet sich am „Kopf" der Ellipse, an der längslinearen Achse der Gesamtkonfiguration. Die Bodengestaltung des Vorplatzes zeigt die „Blume des Lebens". Eine weit ausladende Holzkonstruktion bildet hier eine großzügige Überdachung der Vorfahrt. Direkt dahinter liegt die zentrale dreigeschoßige Halle mit den Galerien. Die nach oben hin offene und lichtdurchflutete Halle ermöglicht den freien Durchblick über die zentrale Bar in den Atriumgarten.

Die Bauweise sollte ökologische Richtlinien berücksichtigen. Dazu gehören vor allem die Baustoffe Holz und Ziegel sowie begrünte Dächer. Das überwiegend massiv errichtete Gebäude wurde teilweise im konstruktiven Holzbau hergestellt, vor allem die Kuppelkonstruktion

des Schwimmbades, die Decke der Halle im zweiten Obergeschoß, die Decke über Bar und Lobby sowie die oberste Geschoßdecke der Bettentrakte. Auch wurden sämtliche Balkone samt Überdachungen aus Lärchenholz gefertigt. Die Holzrippenkuppel der Schwimmhalle überspannt einen zweigeschoßigen Raum mit einem Durchmesser von circa 20,6 Metern. Alle Bögen wurden als Doppelrippen aus Fichtenleimholz ausgebildet. Damit wurde die Holzdimension der einzelnen Rippen reduziert, und zugleich konnten in den Zwischenräumen sämtliche Lüftungsleitungen für die Zu- und Abluft der Schwimmhalle geführt werden. Für gute Raumakustik sorgen die Fichtenholzlatten mit Akustikvlies. Die gesamte Kuppel wurde mit Gründach eingedeckt.

Das Hotel verfügt über einen weiten Vorplatz (▲) sowie einen großen Hofbereich im Inneren (◄).

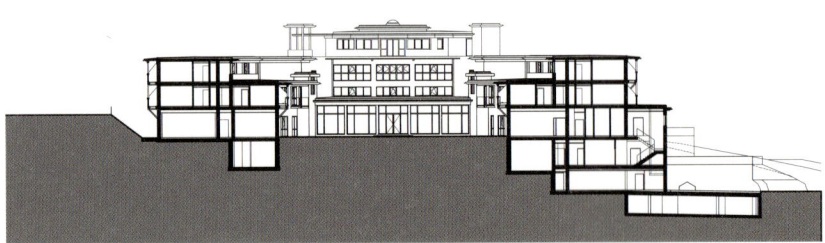

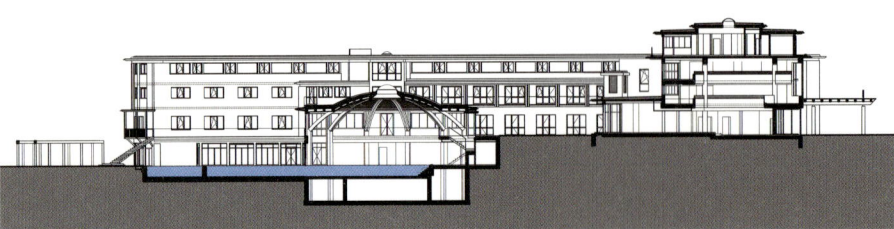

Neben den oberirdischen Geschoßen besitzt das Hotel Larimar auch einen großen Wellnessbereich.

Die vier Elemente Luft, Wasser, Feuer und Erde spiegeln sich in der gesamten Innenraumgestaltung wider. Es wurden vier Zimmertypen nach den jeweiligen Elementen gestaltet. Aber auch der Wellness- und der Restaurantbereich sind durch die vier Elemente bestimmt. Die den einzelnen Elementen zugeordneten Farben wurden gezielt eingesetzt. Die Kombination von verschiedenen Holzarten, Textilien, Keramik und Stein sorgt für eine besondere Atmosphäre.

Wie beim Menschen liegen bei diesem Bauwerk entlang der Längsachse sieben Zentren, die sieben Chakren, wobei auch die Bedeutungen dieser sieben Energiezentren hier ihre Entsprechung finden. Möglich war eine Einbeziehung solcher Ideen und ihre Umsetzung nur mit einem Bauherrn, der sich seit vielen Jahren mit spirituellen Themen befasst.

Die Räume wurden nach den Farben, welche den vier im Hotel zugeordneten Elementen entsprechen, gestaltet.

4. Feinstoffliche Aspekte — das Thema der Zukunft

Larimar Hotel Therme Spa. Ein ovaler Baukörper in den Proportionen des Goldenen Schnitts

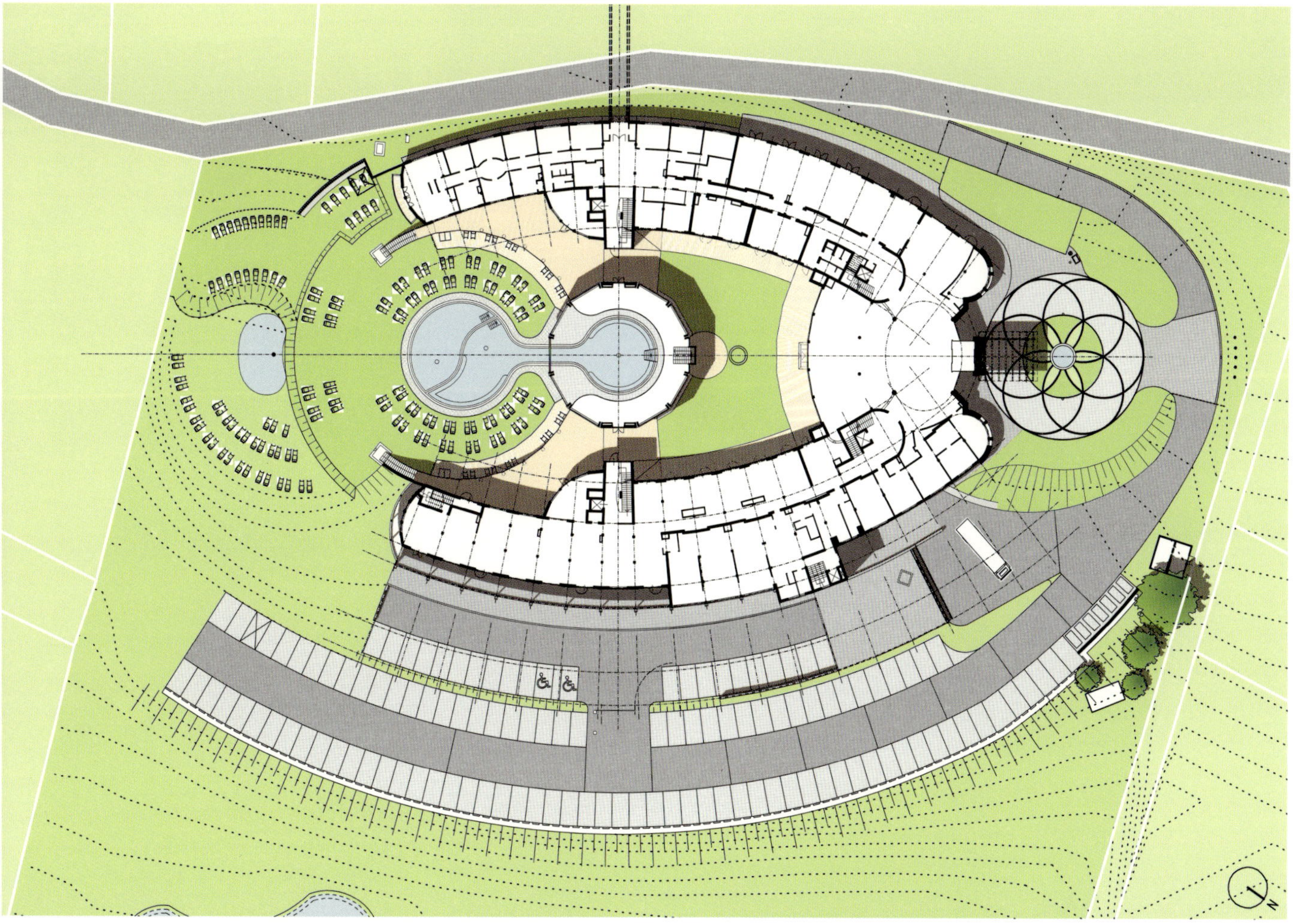

4. Feinstoffliche Aspekte — Das Thema der Zukunft

Larimar Hotel Therme Spa. Ein ovaler Baukörper in den Proportionen des Goldenen Schnitts

Passivhaus-Schwimmbad Hotel Edelweiss

Das erste Passivhaus-Schwimmbad Österreichs

Westansicht des Hotelkomplexes
mit dem neu errichteten Passivhaus-
Schwimmbad

Schwimmbaderweiterung in Holzbau- und Passivhausbauweise des Hotels Edelweiss

Standort: **Wagrain** (Salzburg)

Planung: **2010**

Ausführung: 2010

Auszeichnung: **Energy Globe Salzburg 2011**

Mitarbeiter: **Thomas Stöckl, Debora Mugnaini, Christian Kanzian**

Link zum Hotel: www.mein-edelweiss.at

4. Feinstoffliche Aspekte — das Thema der Zukunft

Wenn man als Architekt nach der Planung von Passivhäusern mit dem Entwurf eines Schwimmbades beauftragt wird, kommt auch Unbehagen auf: Darf ein Schwimmbad mit 300 Quadratmetern Innenraumfläche nach derzeitigem Standard das 20-Fache an Energie eines Passivwohnhauses gleicher Größe verbrauchen? Zu dieser Problematik wurde daher ein Forschungsauftrag bei der Österreichischen Forschungsförderungsgesellschaft eingebracht, mit dem Inhalt, ein Pflichtenheft zur Planung und Ausführung energieeffizienter, ökologischer Schwimmbäder und Wellnesseinrichtungen für den Tourismus zu erstellen. Wenn wir Energie sparen wollen, sollten wir dies vor allem auch dort tun, wo am meisten Energie benötigt wird. Die Einsparungspotenziale sind bei Schwimmbädern extrem hoch. Es lohnt sich also gerade hier, die Passivhausbauweise und den Holzbau zur Anwendung zu bringen.

Der grundlegende Entwurf eines Schwimmbades trägt bereits den Keim in sich, der in hohem Maße über Energieoptimierung oder Energieverschwendung entscheidet. Maßgeblich für einen energieoptimierten Entwurf ist vor allem das Oberflächen-Volumen-Verhältnis sowie der Anteil der sonnenzugewandten Fassade an der Gesamtfassade. Diesbezüglich bilden natürlich Südhänge große Vorteile, sodass die übrigen Fassadenanteile stark reduziert werden können. Aber auch bei ebenen Grundstücken besteht in der Regel die Möglichkeit, die Südfassade vollständig zu öffnen und die übrigen Fassaden entsprechend hochenergetisch zu dämmen.

Viele Bausachverständige und Bauphysiker stehen dem Baustoff Holz im Schwimmbadbereich sehr reserviert gegenüber. Grund dafür sind Schadensfälle im Zusammenhang mit Holzkonstruktionen in Schwimmbädern. Aber ähnlich wie beim Bauen mit Holz im Allgemeinen, wo problematische Detaillösungen und fehlender konstruktiver Bautenschutz vielerorts das Bauen mit Holz pauschal in Verruf gebracht haben, haben auch bei Hallenbädern technisch falsch eingesetzte Holzkonstruktionen dem Ruf des Holzes Schaden zugefügt. Daher liegt ein gewichtiges Augenmerk bei diesem Projekt auf der fachgerechten Anwendung des Holzes. Die ökologischen Vorzüge des Baustoffs Holz sind unbestritten, aber auch Bauphysik, Baubiologie, Statik und

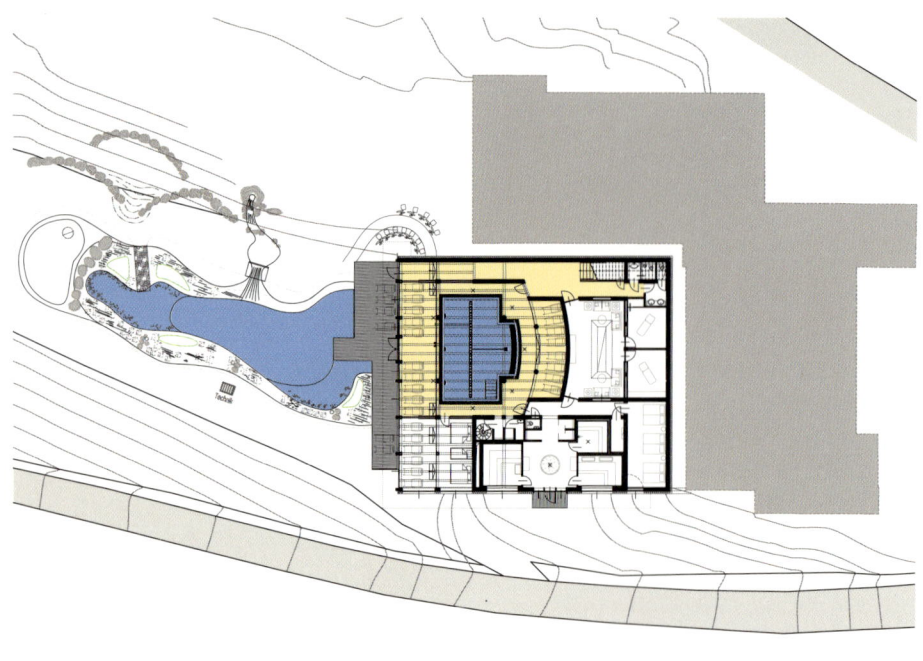

Die Draufsicht und die Südansicht des Gebäudes zeigen sowohl den Schwimmbadbereich als auch den Geländeverlauf.

ebenso die Kosten sprechen für die Verwendung dieses Baustoffs.

Aufgrund der reichen Erfahrung mit der Planung von Schwimmbädern können wir festhalten, dass der Baustoff Holz für Schwimmbäder über ein enormes Potenzial verfügt, dass es aber notwendig ist, zwischen bauphysikalisch „riskanten" und „sicheren" Konstruktionsdetails zu unterscheiden.

Anfang Dezember 2010 wurde mit dem Schwimmbad des Hotels Edelweiss in Wagrain das erste Schwimmbad Österreichs in Passivhausbauweise fertiggestellt und eröffnet. Alle baulichen Komponenten entsprechen diesem höchsten Standard an energieeffizienter Bauweise. Darüber hinaus wurde der Beckenkörper voll wärmegedämmt und eine Fülle energiesparender, technischer Einrichtungen installiert. Die primäre Aufgabe der Architekturplanung war es, eine kompakte und konsequent nach Süden geöffnete Baukörperausformung zu entwerfen. Das Gebäude wurde weitgehend ins Erdreich integriert, die Hülle konsequent und hochwertig wärmebrückenfrei ausgeführt. Im Schwimmbadbereich dominiert das Holz als ökologischer, re-

4. Feinstoffliche Aspekte — das Thema der Zukunft

Passivhaus-Schwimmbad Hotel Edelweiss. Das erste Passivhaus-Schwimmbad Österreichs

generierbarer heimischer Werkstoff. Die Haustechnikplanung und -ausführung erfolgte durch den damaligen Leiter der IG Passivhaus Salzburg, Franz Kramer. Dabei wurde eine Reihe von energieeffizienten Maßnahmen verwirklicht: hochenergieeffiziente Wärmerückgewinnung der Lüftungs- und Schwimmbadentfeuchtungsanlage, Wärmerückgewinnung der Saunaabluft, Wärmerückgewinnung des Duschwassers und Schwimmbadabwassers aus den Überlaufrinnen, Verzicht auf Zirkulationsleitungen aufgrund ausgeklügelter, wirtschaftlicher Leitungsführung sowie der Einsatz von stromoptimierten Geräten bei Pumpen. Die restliche Heizenergie wird ausschließlich durch eine Wärmepumpe mit Tiefenbohrungen gewonnen.

Lageplan des Hotels Edelweiss in Wagrain

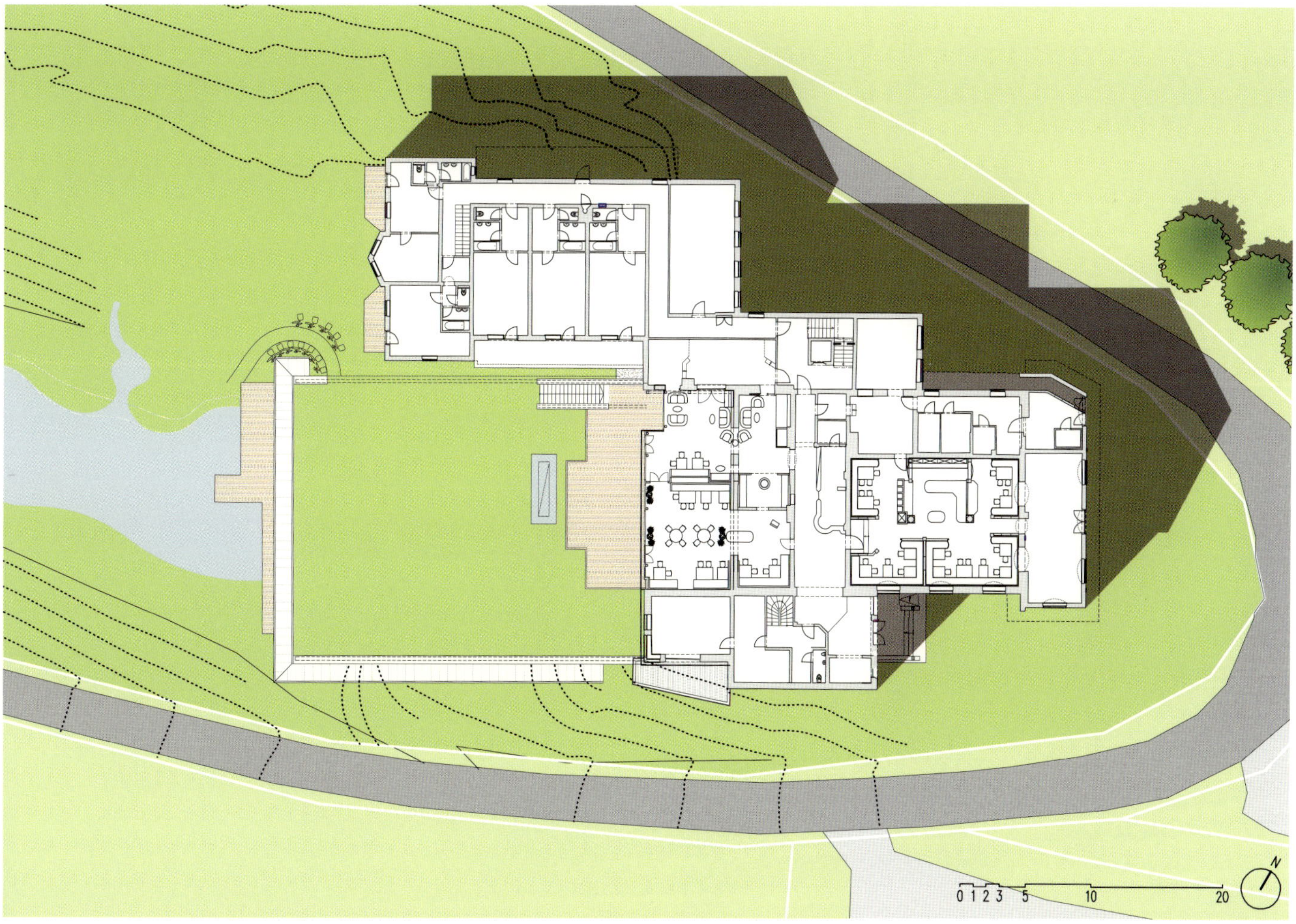

4. Feinstoffliche Aspekte — Das Thema der Zukunft

Passivhaus-Schwimmbad Hotel Edelweiss. Das erste Passivhaus-Schwimmbad Österreichs

Der Kreuzwirt

Freundliche Architektur als
einladendes Zeichen an die Gäste

Überdachter Eingangsbereich mit
Steinfassade beim Hotel Kreuzwirt
am Weißensee

Erweiterung des Familienhotels Kreuzwirt
Standort: **Weißensee** (Kärnten)
Planung: **2007–2010**
Ausführung: 2010/2011
Mitarbeiter: **Klaus Mösslacher, Christian Kanzian**
Link zum Hotel: www.hotelkreuzwirt.at

Das Familienhotel Kreuzwirt liegt auf einem Hochplateau etwa einen Kilometer westlich des Weißensees in Kärnten. Das Hotel wird von Familie Aigner als Familienbetrieb mit Mitgliedern aus drei Generationen geführt. Die Hotelanlage wurde in der Vergangenheit mehrfach erweitert. Erst die letzte Baustufe, bestehend aus einer neuen Eingangshalle, einer Restauranterweiterung, einer Wellnesserweiterung, einer Vergrößerung des Kinderspielbereiches sowie einem neuen Bettenturm, wurde von uns durchgeführt. In allen Erweiterungsbereichen wurde bewusst eine zeitgemäße, freundliche und helle Architektursprache mit sehr viel Holz im konstruktiven Bereich gewählt.

Wichtigstes und auf den ersten Blick klar erkennbares neues architektonisches Element stellt die neue Eingangshalle etwa in der Mitte der Bestandsbauten dar. Dieser neue Baukörper ist zweigeschoßig angelegt, verleiht dem Gebäude eine klare Mitte und verhilft zu einer guten Orientierbarkeit im Haus. Er beherbergt die Rezeption, die Bar und die Hotellobby sowie eine Galerie im ersten Obergeschoß, über welche die Zimmer des gesamten Hauses erreicht werden können. Im Äußeren dominieren die beiden archaischen Baustoffe Holz und Stein; die großzügigen Verglasungsflächen signalisieren Transparenz und Offenheit und bilden damit einen wichtigen Kontrast zu den traditionellen Bestandsbaukörpern, die eher schwer wirken und von dunkel gestrichenen Holzbauteilen dominiert werden.

Schwimmbadbecken mit Blick auf den Wellnessbereich und die Terrasse

Konstruktive Fassadenelemente wie Säulen, Stützen und Pfetten sowie Fassadenschalungen wurden aus farblos behandeltem Lärchenholz hergestellt.

4. Feinstoffliche Aspekte — das Thema der Zukunft

Der Kreuzwirt. Freundliche Architektur als einladendes Zeichen an die Gäste

Im Westen des Gebäudekomplexes wurde ein längsgestreckter Wellnessbaukörper aus Holz errichtet, der den Schwimmbadbereich im Südwesten vom Kinderspielbereich im Nordwesten klar trennt und zwei Hofsituationen schafft. Der Wellnessbaukörper beinhaltet einen nach Süden transparent ausgebildeten Ruheraum sowie Therapie- und Massageräume. Oberhalb des bestehenden Hallenschwimmbades wurde ein neuer, zweigeschoßiger Zimmertrakt mit Familiensuiten geplant. Dieser Baukörper ist zur Gänze in konstruktivem Holzbau errichtet und bietet sechs Familieneinheiten Platz. Konstruktive Fassadenelemente wie Säulen, Stützen und Pfetten sowie Fassadenschalungen wurden aus farblos behandeltem Lärchenholz hergestellt.

Trotz der im Verhältnis zur Kubatur der Bestandsbauten geringen Zubauflächen erhält das Gebäude nach seiner Erweiterung einen weitgehend gewandelten Gesamteindruck.

Kärntner Badehaus Millstatt

Die Tradition von Seearchitektur aus Holz
neu und zeitgemäß interpretiert

3D Rendering vom Kärntner Badehaus
in Millstatt (M3D Manhartsberger KG)

Bade- und Wellnesseinrichtung Millstätter See
Errichtung des ersten Prototyps
Standort: **Millstätter See** (Kärnten)
Planung: **2011**
Ausführung: 2012
Mitarbeiter: **Alexander Gressel, Andreas Mitterer, Christian Kanzian, Roman Schmidt**

4. Feinstoffliche Aspekte — das Thema der Zukunft

Vonseiten der Kärntner Landesregierung wurden im Sommer 2011 Kärntner See-Gemeinden aufgefordert, sich für die Errichtung eines Kärntner Badehauses zu bewerben. Aus diesen Bewerbungen wurde für die Umsetzung des ersten Kärntner Badehauses die Gemeinde Millstatt ausgewählt. Millstatt bietet dafür optimale Voraussetzungen. Die Architektur fügt sich in das historische Ortsbild von Millstatt ein. Das Badehaus liegt direkt an der Seeuferpromenade. Durch den Höhenverlauf des Geländes ist es hier möglich, das Badehaus in der mittleren Ebene zu erschließen. Dadurch erscheint das Gebäude an der Nordseite bzw. an der Rückseite lediglich zweigeschoßig. Auch für die Energieeffizienz ist dies eine günstige Ausgangslage.

Kärnten verfügt über eine reiche Bautradition auf dem Gebiet der Seearchitektur aus Holz, die vor allem in der Jahrhundertwende vom 19. zum 20. Jahrhundert entstand. Für das Kärntner Badehaus wurde daher ein Bautypus entworfen, welcher mit Blick auf seine Längsstreckung und Lage zum See diese Architektursprache aufnimmt. Um nahezu allen Bereichen eine Orientierung zur Seeseite hin zu ermöglichen, wurde ein längsgestreckter Baukörper entwickelt, der sich in Richtung See wesentlich stärker öffnet als zu den übrigen Seiten. Mit den beiden Turmbaukörpern bildet die Gesamtanlage einen Hof.

Das Badehaus steht im unmittelbaren Uferbereich und folgt dem Motto: „Raum und Wasser sollen warm sein, und draußen soll man windgeschützt liegen können". Im bewussten Gegensatz zu den Massenthermen und Hallenbädern ist es „klein und fein" gestaltet, bietet gleichbleibend warmes Wasser direkt am See und ermöglicht in Kombination mit dem warmen Ruhebereich und der See-Sauna eine Verlängerung der Badezeit und eine ganzjährige Seenutzung. Die Gesamtinszenierung des Badehauses ist daher hochinnovativ und weckt Emotionen durch „Sehnsuchts-Design". Das Gebäude verfügt über helle und warme Ruhebereiche mit Privatsphäre, sozusagen „Wellness-Wohnzimmer", mit insgesamt rund 150 Liegen.

Die Badeattraktion ist der kleine Infinity-Pool mit 35 Grad warmem Wasser und direktem Bezug zum See als Außenbecken.

Das Außenbecken bietet eine gleichbleibende Wassertemperatur von 35 °C.

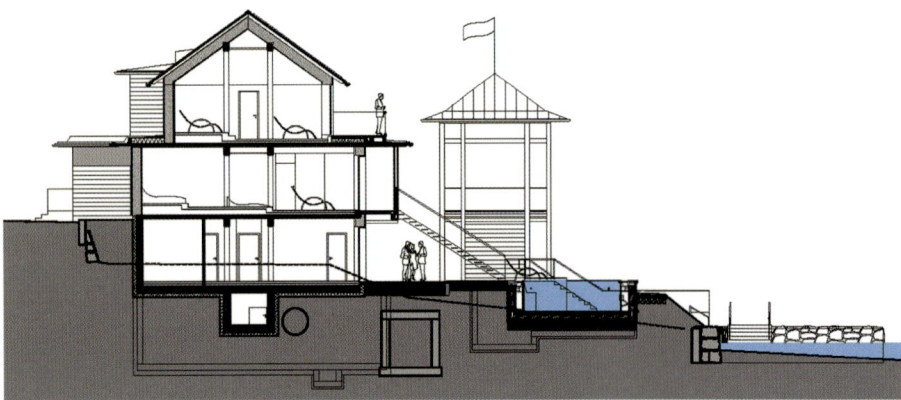

Der Querschnitt durch den Gebäudekomplex zeigt die oberirdischen Geschoße sowie den Saunaturm.

Die Kärntner Badehäuser werden in hohem Maße nach energieeffizienten und ökologischen Prinzipien errichtet. Zum einen wird die bauliche Hülle in reiner Holzbauweise und in Passivhausqualität ausgeführt, zum anderen wird auf die Ausschöpfung möglichst vieler technischer Erkenntnisse in Bezug auf eine energieeffiziente Heizungs-, Lüftungs- und Schwimmbadtechnik Wert gelegt. Zudem ist der Baukörper derart konzipiert, dass die gesamte Dachfläche zur Südwestseite hin mit Solarthermie ausgestattet werden konnte, um einen beträchtlichen Teil der erforderlichen Energie durch solare Gewinne abzudecken. Die Herstellung einer Passivhaushülle ist nicht nur für oberirdische Geschoße, sondern auch für den Technikraum konzipiert. Die energieeffiziente Lüftungstechnik ermöglicht eine 90-prozentige Rückgewinnung der Wärme. Für die Heizung und die Lüftungsanlage werden hocheffiziente Pumpen eingesetzt. Heizenergie wird mittels Fernwärmeanschluss bereitgestellt, darüber hinaus erfolgt eine Wärmerückgewinnung der Saunaabluft: Diese wird in die mechanische Lüftungsanlage eingebunden bzw. mit der Lüftungsanlage mitabgesaugt und über den hocheffizienten Doppelwärmetauscher energetisch rückgewonnen. Die Saunalüftung wird über einen Klimamanager geregelt, das heißt, dieser misst den CO_2-Gehalt in den Saunakabinen und regelt je nach Bedarf die Lüftungsleistung.

Die Baukörperausformung und die Architektursprache der Kärntner Badehäuser sollen einen hohen Wiedererken-

4. Feinstoffliche Aspekte — das Thema der Zukunft

Kärntner Badehaus Millstatt. Die Tradition von Seearchitektur aus Holz neu und zeitgemäß interpretiert

nungswert gewährleisten, bieten aber gleichzeitig Variationsmöglichkeiten für die einzelnen Regionen bzw. Seegrundstücke. Im Laufe der Planungsphase wurden mehrere Haustypen entworfen (längsgestreckte und quadratische Typen). Im Zuge einer internen Vorauswahl mit dem Auftraggeber wurde letztlich der Typ mit zwei seeseitigen Türmen und einer Gesamtlänge von circa 60 Metern für die Weiterbearbeitung empfohlen.

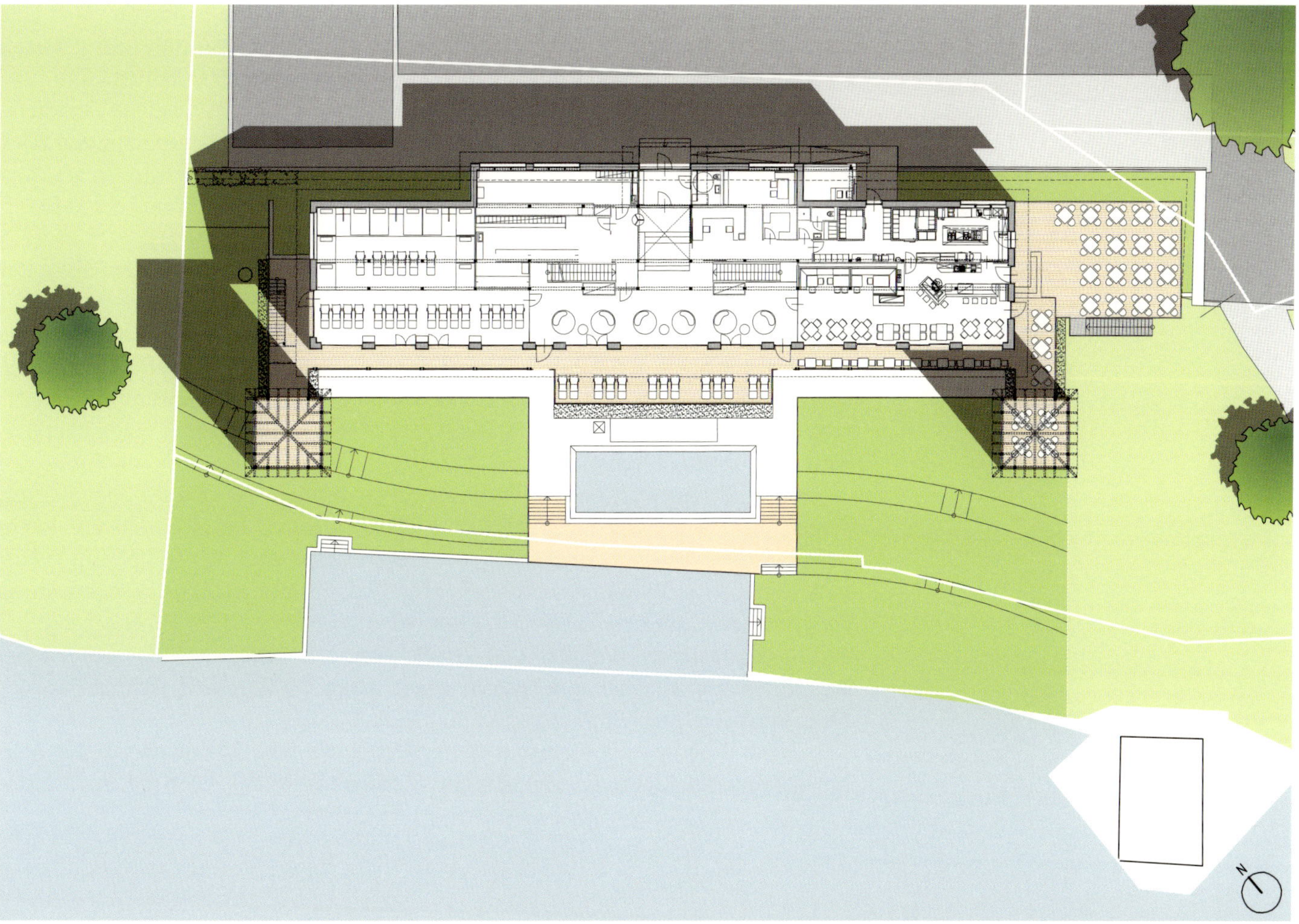

„Wahrheit zu erblicken, ist die Würde des Menschen.
Durch Wahrheit allein werden wir frei, und nur Freiheit macht uns
für Wahrheit bedingungslos bereit."
Karl Jaspers

5. Ausklang

Bereits vor 2.500 Jahren hat Platon erklärt, dass Erfolg nur durch Gerechtigkeit und Wahrhaftigkeit möglich sei. Zwar müssen wir feststellen, dass der Einsatz für diese Ideale — Platons großer Dialog über die Gerechtigkeit — offensichtlich die Athener nicht überzeugen konnte, sonst hätte die griechische Geschichte am Höhepunkt ihrer kulturellen Entwicklung vielleicht noch eine andere Richtung genommen. — Doch das sollte niemanden daran hindern, sich auch heute mit derselben Frage zu beschäftigen: Was ist Gerechtigkeit, was Wahrhaftigkeit?

Erfolg durch Gerechtigkeit und Wahrhaftigkeit.

Ich bin überzeugt: Wir können heute gemeinsam daran arbeiten, unsere Gesellschaft und Kultur vor drohenden, irreversibel negativen Entwicklungen zu bewahren. Auch die Architektur kann und muss dazu das ihre beitragen. Aber jede Analyse von Symptomen bleibt nutzlos, wenn nicht die Hintergründe und größeren Zusammenhänge mit bedacht werden. Marc A. Jaeger schreibt in seinen kulturpsychologischen Betrachtungen über *„Die Zukunft des Abendlandes"*, welche Umstände den Menschen der Jetztzeit daran hindern, die nahende Katastrophe in den Blick zu nehmen: *„Zivilisatorischer Fortschritt und technische Errungenschaften verleiten den modernen Menschen vielfach dazu, die Gefahr der inneren Leere und des kulturellen Zerfalls zu übersehen."* [1]

Ganz egal, ob wir die Geschehnisse des Alltags beobachten — in der Politik, der Finanzwelt oder der Wissenschaft, der Medizin oder der Pharmaindustrie — oder ob wir die Kunst- und Architekturkritik einer Analyse unterziehen: Ihre Diskurse sind durchdrungen von einem Jargon des dogmatischen, oft kalten Rationalismus, der Geist und Seele trennt, der die Natur vor allem unter dem Aspekt ihrer Beherrschung wahrnimmt und der sich auch beim Menschen in Gestalt eines übersteigerten Egozentrismus zu erkennen gibt.

Die notwendige Überwindung des Egozentrismus.

Ohne die Antwort auf die Frage genau zu kennen, ob Oswald Spengler mit seinen Worten am Ende seines Werkes *„Der Untergang des Abendlandes"* Recht behält oder ob der Lauf der Geschichte noch korrigiert wird, wir sollten uns jedenfalls gegen seine Prognose auflehnen: *„Die Weltgeschichte ist das Weltgericht: sie hat immer dem stärkeren, volleren, seiner selbst gewisseren Leben Recht gegeben [...] und sie hat immer die Wahrheit und Gerechtigkeit der Macht, der Rasse geopfert und die Menschen und Völker zum Tode verurteilt, denen die Wahrheit wichtiger war als Taten, und Gerechtigkeit wesentlicher als Macht."* [2]

Diese Prognose ist furchtbar. Denkweisen wie jene Spenglers hat der Zellbiologe Bruce H. Lipton in seinem Buch *„Spontane Evolution"* [3] den vier apokalyptischen Wahrnehmungsmythen zugeordnet, im Speziellen dem Mythos, dass nur die Stärksten überleben würden. Die von ihm angeführten Mythen haben die menschliche Gesellschaft an den Rand des Abgrundes gebracht. Einer davon ist die These, dass der Kampf um das Überleben für die Evolution von so großer Bedeutung sei.

Das Nutzen von Synergien anstelle des Kampfes um das Überleben.

Zunehmend wird von der Wissenschaft jedoch erkannt, dass das Nutzen von Synergien und das gegenseitige Sich-Unterstützen die wesentlich wirksameren Prinzipien für die Höherentwicklung von Systemen sind. Die Sorge um andere und um das Leben auf der Erde ist es, die uns wirklich zu dem werden lassen, was wir sind: Menschen.

Dieses Paradigma können wir Spenglers Theorie vom *„Untergang des Abendlandes"* in positiver Weise entgegensetzen. Viele Menschen haben sich einen Schutzpanzer gegen ein „Zu-viel-Sehen" zugelegt — die Kritik an grundlegenden Aspekten der Wissenschaften sowie unserer Lebenswelt und deren Infragestellung bereitet ihnen Angst. Aber man kann dieses „Viel-Sehen" auch als Befreiung interpretieren. Wir sollten und können Karl Jaspers' Plädoyer folgen, wenn er sagt: *„Wahrheit zu erblicken, ist die Würde des Menschen. Durch Wahrheit allein werden wir frei, und nur Freiheit macht uns für Wahrheit bedingungslos bereit."* [4]

Was uns Hoffnung geben kann, ist die Einsicht, dass der momentan ablaufende Prozess kein unaufhaltsamer und irreversibler sein muss. Es gibt ohne Zweifel ermutigende Zeichen, die auf eine Richtungsänderung hinweisen: Am Beginn des 21. Jahrhunderts können wir von einer lang ersehnten Rückkehr des Spirituellen und Mythischen sprechen, einer längst überfälligen Überwindung einäugiger Technikgläubigkeit und primitiven Konsumdenkens, einer Erkenntnis der Notwendigkeit, das Gesamte zu sehen.

Die Rückkehr des Spirituellen am Beginn des 21. Jahrhunderts.

Was auch immer wir als Grundlage für ein anbrechendes neues Zeitalter sehen mögen, die abendländischen philosophischen Traditionen oder alte fernöstliche Lehren: Deren Synthese — dargeboten von neuen Weisheitslehrern — kann ein Denken der Mitte, ein Denken zwischen geistiger und materieller Welt hervorbringen. An vielen Stellen keimt berechtigte Hoffnung. Dass aber die erste Voraussetzung für eine Korrektur unseres Entwicklungsweges eine offene, selbstkritische Diagnose ist, bleibt unbestritten. Dies gilt nicht nur für den einzelnen Menschen, sondern auch für Kulturen und Epochen, ja für die gesamte Menschheit. Und natürlich auch für die Architektur.

Die Fehlentwicklungen des 20. Jahrhunderts lassen sich nicht einfach mit einer nebulosen „Degeneration des Menschengeschlechts" begründen, mit irgendwelchen „Abnutzungserscheinungen" oder einer „Spätzeit" unserer abendländischen Kultur. So einleuchtend uns die Thesen Oswald Spenglers auf den ersten Blick auch erscheinen mögen, indem er uns die Parallelen zwischen unserer Gesellschaft und den das Abendland bestimmenden „Vorgängerkulturen" aufzeigt und ihren Zyklus von Werden und Vergehen darlegt — es liegt an uns und nicht an „der Geschichte", sich von Irrtümer zu verabschieden und Neues, in einem umfassenden Sinn „Besseres" zu schaffen.

Es liegt an uns, sich von Irrtümern zu verabschieden.

Der große Wandel kommt sowohl von Seiten der Natur- als auch von Seiten der Geisteswissenschaft und Religion: Rupert Sheldrake fordert in seinem Buch

„Wissenschaftswahn"[5] die etablierte Forschung dazu auf, endlich die alten, unge-prüften Glaubenssätze, die die Ideologie des Materialismus bestimmten, über Bord zu werfen und PSI-Phänomene und die Parapsychologie von ihrer Tabuisierung zu befreien.

Und Eckhart Tolle sieht die Menschheit bereits inmitten eines gewaltigen geistig-spirituellen Wandels: *„Ein noch relativ kleiner, allerdings schnell wachsender Prozentsatz der Menschheit erlebt bereits im eigenen Innern den Zusammenbruch der alten Egodenkmuster und das Erscheinen einer neuen Bewusstseinsdimension. Was jetzt im Entstehen begriffen ist, ist kein neues Glaubensbekenntnis und keine neue Religion, keine neue spirituelle Ideologie oder Mythologie [...] Der Wandel geht tiefer und weit über den Verstand und über das Denken hinaus."*[6]

Die Symptome für die „Zeitenwende" sind in vielen Wissensgebieten und Be-tätigungsfeldern der Menschen feststellbar. Die Auseinandersetzung mit möglichst vielen dieser kritischen Bereiche ist für jeden von uns von großer Bedeutung. Wir alle haben ein Interesse am Fortbestand von Individuum, Gesellschaft, Staat und schließlich unserer natürlichen Lebensgrundlagen. Deshalb schien es mir auch ge-boten, in diesem Buch immer wieder wichtige Themen anzusprechen, die über die Aspekte des Bauens hinausgehen.

Doch zurück zum eigentlichen Thema: Die Ökologisierung des Bauens ist das Gebot der Stunde — das Bauen mit Holz, die Berücksichtigung der Baubiologie, ressourcenschonendes Bauen und die Nutzung der Sonnenenergie sind bereits im Baugeschehen präsent.

Neben der Ökologisierung des Bauens geht es, aufbauend auf den genann-ten Aspekten, um die Etablierung einer Baukultur, deren geistige Grundlagen von einer wiedererwachten Spiritualität getragen werden und die wieder lebenswerte, möglichst offene und natürliche Räume entstehen lässt. Ich gebe dieser den Na-men einer „Architektur der Mitte". Sie wendet sich nicht pauschal und unreflektiert gegen die Moderne — und schon gar nicht gegen modernes Bauen im technischen Sinne —, aber sie ist ein Gegenentwurf zu bestimmten Ausdrucksformen dieser Moderne. Sie wendet sich gegen manche ihrer oft genug nicht hinterfragten Dog-men, die in leerem Formalismus ihren Ausdruck finden, und sie plädiert für eine genaue Überprüfung baulicher Prinzipien, die sich in allen Kulturen und in allen Zeitaltern wiederfinden. Die Rückbesinnung auf die Symmetrie und die Suche nach der Mitte — um hier nur zwei Themen dieses Buches zu nennen — sind Vorschläge, die mir auf Grundlage meiner langjährigen persönlichen Erfahrungen als Architekt besonders wichtig erscheinen.

Hans Sedlmayr hat vorausgesehen, dass — trotzdem die Künstler immer am stärksten unter den Zuständen der Zeit litten — die Kunst noch am längsten werde warten müssen, bis die neue Zeit anbricht. Das Gleiche gilt für die Architektur, ob-wohl ihre Auswirkungen auf die Psyche der Menschen noch viel schwerwiegender sind als jene der bildenden Kunst.

Doch die Architektur ist ein wichtiger Indikator für den Zustand der mensch-lichen Gesellschaft. Daher sollte die Architektur der Zukunft auch andere Denk-weisen widerspiegeln als nur jene, die heute unter den Sammelbegriff „Moderne" gefasst sind. Und was mir besonders wichtig ist: Auch die Architektur, auch die

Die Symptome der Zeitenwende sind in vielen Wissensgebieten feststellbar.

Die Etablierung einer neuen Baukultur wird durch die geistigen Grundlagen einer wiedererwachten Spiritualität getragen.

Baukultur sollte sich innerhalb der Ideale der Wahrheit und Gerechtigkeit entfalten. Das ist es, was ich unter Schönheit in einem umfassenden Sinn verstehe. Was diese Wahrheit und diese Gerechtigkeit genau sind, das sollte jeder für sich selbst klären und zur Diskussion stellen. — Ich habe in diesem Buch einige Gedanken, die mich seit Jahren und Jahrzehnten begleiten, zusammengefasst.

Wirkliche Schönheit unserer gebauten Umwelt kann nur im gemeinsamen Ganzen gefunden werden, dessen äußere Erscheinung durch ein vernünftiges Maß an Kontinuität und Verwandtschaft seiner Einzelteile gekennzeichnet ist.

Anmerkungen Kap. 5

1. JAEGER, Marc A., „Die Zukunft des Abendlandes",
   Klappentext, Bern 1963
2. SPENGLER, Oswald, „Der Untergang des Abendlandes",
   S. 1194, München 2000
3. LIPTON, Bruce H., Spontane Evolution — Wege zum neuen
   Menschen, S. 127ff., Koha-Verlag, Burgrain 2009
4. JASPERS, Karl, in: HELLMANN, Brigitte, „Mit Sokrates im Liegestuhl",
   S. 19f., dtv, München 2000
5. SHELDRAKE, Rupert, Der Wissenschaftswahn,
   Droemer Knaur Verlag, München 2012
6. TOLLE, Eckhart, Eine neue Erde, S. 31, München 2005

Abbildungsverzeichnis

Autoren und Verlag haben die größte
Sorgfalt darauf verwendet, die Bildrechte
gewissenhaft ausfindig zu machen.
Sollten wider Erwarten darüber hinaus
Urheberrechte bestehen, bitten wir um
Kontaktaufnahme mit dem Verlag.

Personen- und Sachwortverzeichnis

Herausgeber:
Architekten Ronacher ZT GmbH,
A-9620 Hermagor, Khünburg 86

Bibliografische Information der Deutschen Nationalbibliothek
Die Deutsche Nationalbibliothek verzeichnet diese Publikation
in der Deutschen Nationalbibliografie; detaillierte bibliografische
Daten sind im Internet über http://dnb.d-nb.de abrufbar.

© 2013
Verlag Anton Pustet
5020 Salzburg, Bergstraße 12
www.pustet.at
Sämtliche Rechte vorbehalten.

ISBN 978-3-7025-0734-3

Grafische Ausstattung:
hœretzeder grafische gestaltung, Scheffau/Tirol
Lektorat:
Mag. Ute Scholl, Mag. Anja Zachhuber
Textbearbeitung:
Anna Dermutz, Juliane Salcher, Michaela Schabus
Druck:
Druckerei Theiss, St. Stefan im Lavanttal (Österreich)

Gedruckt auf umweltfreundlichem,
chlor- und säurefrei gebleichtem Papier.

Änderungen, Irrtümer vorbehalten!